Chamäleons

Drachen unserer Zeit

Wolfgang Schmidt, Klaus Tamm, Erich Wallikewitz

124 Farbfotos
16 Schwarzweißfotos
6 Zeichnungen

Terrarien NTV Bibliothek
Natur und Tier – Verlag

Inhaltsverzeichnis

Allgemeines
1. Vorwort ... 4
2. Bemerkungen zur Systematik ... 8
3. Chamäleons Saurier der Neuzeit ... 9
   3.1 Kletterkünstler mit Niveau ... 10
   3.2 Meister der Tarnung ... 12
   3.3 Temperaturregulation, Häutung und andere Besonderheiten ... 15
   3.4 Scharfsichtige Jäger mit Panoramablick ... 16
   3.5 Der Trick mit der Schleuderzunge ... 17
   3.6 Farbenspiel als Sprachersatz ... 19
4. Auch Drachen brauchen Nachwuchs ... 21
   4.1 Geschlechtsunterschiede ... 24
5. Die Individualisten – Verhaltensbeobachtungen an Chamäleons ... 24
6. Chamäleons stehen unter Artenschutz ... 30

Terrarienhaltung
7. Unterbringung und Pflege ... 31
   7.1 Künstliche Sonne? ... 36
   7.2 Technische Hilfsmittel ... 37
8. Die Ernährung ... 38
9. Hilfe bei Krankheiten ... 42
10. Eizeitigung und Aufzucht ... 44

Artenbeschreibungen
11. Echte Chamäleons (Chamaeleoninae) ... 47
   11.1 *Bradypodion* ... 47
   11.2 *Calumma* ... 65
   11.3 *Chamaeleo* ... 78
   11.4 *Furcifer* ... 117
12. Erd- oder Stummelschwanzchamäleons (Brookesiinae) ... 137
   12.1 *Brookesia* ... 137
   12.2 *Rhampholeon* ... 152

Anhang
13. Literaturverzeichnis ... 156
14. Fachwortregister ... 159
15. Artenregister ... 160

Danksagung

Besonders bedanken wir uns bei Frau Dipl.-Biol. Ursel Friederich, Stuttgart, für zahlreiche Anregungen und Informationen und für die hilfreiche Unterstützung beim Zustandekommen des Manuskripts sowie bei Herrn Priv.-Doz. Dr. W. Böhme, Bonn, für die Durchsicht des Manuskripts.

Ferner danken wir allen, die durch Informationen zum Gelingen dieses Buches beigetragen haben. Im einzelnen seien, alphabethisch aufgelistet, besonders erwähnt: Herr Klaus Assmann, Münster; Herr Achim Breuer, Neuß; Herr Andreas Graf, Beimerstetten; Herr Andre Hauschild, Grevenbroich; Herr Sebastian Heinecke, Wuppertal; Herr Friedrich-Wilhelm Henkel, Bergkamen; Herr Walter Kunstek, CW Kerkrade; Herr Peter Langfellner, Gilching; Herr Francois Le Berre, Paris; Herr Rolf Leptien, Alveslohe; Herr Klaus Liebel, Herne; Herr Rüdiger Lippe, Dortmund; Herr Thomas Markert, Wittenberg; Herr Dr. Michael Meier, Herne; Frau Veronika Müller, Soest; Herr Petr Necas, CS-BRNO-Lisen; Herr Markus von Niekisch, Stuttgart; Herr Jens Paasch, Dortmund; Herr Jürgen Pietschmann, Aalen; Herr Lynn Raw, R.S.A. Merrivale; Frau Bettina Seume, Soest; Herr Harald Simon, Dreieich; Herr Karl Steffen, Kamen; Herr Rainer Stockey, Hagen; Herr Roland Zobel, Herne.

Nicht zuletzt danken wir Frau Gabriele Schmidt für die Fertigstellung des Manuskriptes.

Titelbild: *Chamaeleo calyptratus;* *Chamaeleo quadricornis;* *Bradypodion damaranum*
Foto Umschlagrückseite: *Chamaeleo jacksonii*
Fotos: Wolfgang Schmidt
Abbildung S. 5: „Brehms Tierleben" (zweite Auflage)

ISB N 3-931587-03-7

Grevener Str. 163, 48159 Münster
Lektorat: Heiko Werning
Satz und Druck: Druckhaus Cramer, Greven

1. Vorwort und Dank

Vorwort zur ersten Auflage

Gerade in der heutigen Zeit mit ihrer fortschreitenden Umweltzerstörung und Verstädterung haben viele Menschen den Wunsch, sich ein Stück Natur in die Wohnung zu holen. Dabei fällt die Wahl immer häufiger auf ein Terrarium. Besonders die faszinierenden Chamäleons, die häufig an urweltliche Drachen erinnern, sind oft auf der Wunschliste der Terrarianer zu finden. Leider existieren in der Fachliteratur nur wenige Publikationen über die Haltung und Zucht von Chamäleons, oft wurde auch einfach nur pauschal gesagt: „unhaltbar". Erst in der letzten Zeit häufen sich die Nachzuchtberichte.

Die vielen Besonderheiten der Chamäleons, die weit über den Farbwechsel und den „Schleuderzungentrick" hinausreichen, sind auch dem interessierten Tier- und Naturfreund häufig unbekannt. Das vorliegende Buch stellt die faszinierende Welt der Chamäleons vor, die sich als urzeitliche Geschöpfe in unsere Zeit hinübergerettet haben. Darüber hinaus soll es den zahlreichen Anfängern wichtige Hilfestellung bei der Gestaltung und Einrichtung der Terrarien und bei der Auswahl der Terrarienpfleglinge sein, aber auch dem erfahrenen Terrarianer als Nachschlagewerk und als Anregung zur Lösung der vielen noch ungeklärten Probleme dienen. Ein besonderer Schwerpunkt dieses Buches ist die Terrarientechnik. Sie scheint neben den Erkenntnissen, die wir auf zahlreichen Exkursionen in die Verbreitungsgebiete der Chamäleons gewonnen haben, ein Grund für die immer häufigeren Zuchterfolge zu sein.

Das Buch erhebt keinen Anspruch auf Vollständigkeit, sondern will nur einen Überblick über die häufig gepflegten Chamäleon-Arten geben und den Leser mit diesen allgemein zwar bekannten, im Detail aber doch recht unbekannten Drachen unserer Zeit vertraut machen.

Vorwort zur zweiten Auflage

Seit dem Erscheinen des ersten deutschsprachigen Buches über die Familie der Chamäleons sind nunmehr fünf Jahre vergangen. Seitdem hat es in der Terrarienhaltung von Chamäleons große Fortschritte gegeben. So hat sich nicht nur die Anzahl der gepflegten Arten erhöht, sondern es wurden auch weitaus mehr Nachzuchterfolge erzielt.

Wir wollen dieser Entwicklung Rechnung tragen, indem wir das bewährte Konzept des Buches grundsätzlich beibehalten, jedoch um 86 Artbeschreibungen erweitern. Dadurch soll ein möglichst umfassender Überblick über die Familie der Chamäleons gegeben werden. Natürlich können nicht alle Arten so ausführlich besprochen werden wie die 14 Chamäleons der ersten Auflage. Doch sollen wieder alle wichtigen Informationen vorhanden sein.

Foto: W. Schmidt

2. Bemerkungen zur Systematik

Bei dem Wort „Systematik" werden einige erschrecken und dieses Kapitel lieber überschlagen. Trotzdem meinen wir, daß es für den interessierten Terrarianer auf die Dauer doch notwendig ist, sich mit diesem Thema zu befassen.

Die Klasse Reptilia besteht aus 4 Ordnungen. Von diesen interessiert uns aber nur die Ordnung der Schuppenkriechtiere (Squamata). Zu deren Unterordnung Sauria gehört dann auch schon die Familie Chamaeleonidae. Die weitere Unterteilung in Gattungen, Arten und Unterarten ist im Wandel begriffen. Deshalb sei hier ein kurzer geschichtlicher Überblick gestattet.

In seiner Veröffentlichung „Prodomus einer Monographie der Chamäleonten" aus dem Jahre 1902 hat WERNER 3 Gattungen, nämlich *Chamaeleo*, *Brookesia* und *Rhampholeon* aufgeführt. Zur Gattung *Chamaeleo* gehörten die Echten Chamäleons. Bei den Vertretern der Gattungen *Brookesia* und *Rhampholeon* handelte es sich um sogenannte Stummelschwanz- oder Erdchamäleons. Insgesamt unterschied WERNER 70 Arten, in der erweiterten Liste von 1911 schon 88 Arten. 1959 veröffentlichte HILLENIUS dann eine Aufstellung, die nur noch 69 Arten enthielt. MERTENS (1966) führte 84 und SCHIFTER (1971) 86 Arten auf, die in nur 2 Gattungen, *Brookesia* und *Chamaeleo*, eingeordnet wurden.

In allerneuester Zeit haben sich KLAVER & BÖHME (1986) der schwierigen Aufgabe gestellt, die natürliche Verwandtschaft der Arten zu erforschen, die sich dann auch im System widerspiegelt. Sie untersuchten bei ca. 70% der Chamäleon-Arten zwei wichtige morphologische Merkmale, Hemipenes und Lunge, und kamen zu folgendem Ergebnis:

Die Familie Chamaeleonidae wird in die beiden Unterfamilien Chamaeleoninae (Echte Chamäleons) und Brookesiinae (Erd- und Stummelschwanzchamäleons) unterteilt.

Die erste Unterfamilie enthält 4 Gattungen: *Calumma* (z.B. *Calumma brevicornis*), *Furcifer* (z.B. *Furcifer lateralis*), *Bradypodion* (z.B. *Bradypodion fischeri*) und *Chamaeleo* (z.B. *Chamaeleo chamaeleon*). Bei der Gattung *Chamaeleo* unterscheidet man weiter die Untergattungen *Chamaeleo* und *Triocerus*, z.B. *Chamaeleo (Triocerus) jacksonii*. Die Brookesiinae dagegen bestehen nur aus den Gattungen *Brookesia* (z.B. *Brookesia stumpffi*) und *Rhampholeon* (z.B. *Rhampholeon brevicaudatus*).

Da uns diese Arbeit zukunftsweisend erscheint, werden wir die neue Klassifikation verwenden. Dies bedeutet, daß wir die 3 neuen Gattungsnamen und die dazugehörigen Arten lernen müssen. So heißt das uns bisher als *Chamaeleo lateralis* vertraute Teppichchamäleon nun *Furcifer lateralis*.

Bei *Calumma parsonii* handelt es sich um ruhige Chamäleons. Nur zur Nahrungsaufnahme und Paarung werden die Tiere aktiv. Foto: A. v. d. Nieuwenhuizen

3. Chamäleons Saurier der Neuzeit

Die Schuppenkriechtiere entwikkelten sich vor etwa 195 Millionen Jahren in der Trias. Innerhalb dieser bildete sich im Laufe der Zeit die Familie der Chamaeleonidae heraus, die rund 100 Millionen Jahre alt ist und bis in die Kreidezeit zurückreicht. Das Verbreitungsgebiet der Chamäleons muß früher wesentlich größer gewesen sein, sogar in Bayern hat man fossile Reste gefunden. Heute existieren in Europa nur noch Reliktvorkommen im Mittelmeergebiet.

Chamäleons sind höchst vielgestaltig. Die größten Unterschiede weisen die beiden Unterfamilien auf. Chamaeleoninae sind meist große (bis ca. 80 cm Gesamtlänge) und farbenprächtige Tiere, Brookesiinae dagegen meist winzige, eintönig graue oder braune Tiere. Die kleinste bekannte Art ist *Brookesia minima* mit einer maximalen Gesamtlänge von 34 mm.

Bei einigen Chamäleon-Arten sehen die Tiere je nach Alter und Geschlecht so verschieden aus, daß es einem Laien sehr schwer fällt, sie eindeutig ihrer Art zuzuordnen. Zu den eindrucksvollsten Merkmalen gehört der Kopfschmuck einiger Chamäleons. Es gibt Arten mit einem Horn, mit zwei, drei, vier oder sechs Hörnern. Andere Arten haben hornähnliche Schnauzenfortsätze ausgebildet, die ihnen ein imposantes Aussehen verleihen. Wieder andere haben Hautlappen (Occipitallappen) am Kopf, die sie wie Elefantenohren abspreizen können, so daß sie größer aussehen und Feinde (Prädatoren) abschrecken. Sehr beeindruckend ist es, wenn man ein *Calumma brevicornis*, das im Habitat nur mühsam zu entdecken ist, ergreifen will und dieses Tier keineswegs flieht, sondern die Hinterhauptlappen abspreizt und mit geöffnetem Maul laut fauchend die Hand attackiert.

Das große *Chamaeleo melleri* erinnert mit seinem urtümlichen Aussehen an die Drachen vergangener Tage. Es lebt in den abgelegenen Bergwäldern Tansanias und bewohnt dort die Baumkronen der Urwaldriesen.
Foto: A. v. d. Nieuwenhuizen

Über die genaue Bedeutung der Hörner und Schnauzenfortsätze gibt es unterschiedliche Meinungen. Sicher ist, daß die Männchen sie zum Kommentkampf benutzen. BÖHME & KLAVER (1981) wiesen an den kameruner Montanarten außerdem nach, daß sie auch zur Arterkennung dienen können. Lange Zeit ging die Wissenschaft davon aus, daß die Familie Chamaeleonidae in Madagaskar entstanden ist. Heute weiß man, daß die Chamäleons ihren Ursprung in Ostafrika haben. Von dort haben sie ganz Afrika, das Mittelmeergebiet, die Arabische Halbinsel, Indien und Ceylon besiedelt. Verbreitungsschwerpunkte sind Ost-, West- (Kamerun) und Südafrika sowie Madagaskar. In Madagaskar konnten sie die größte Artenvielfalt entwickeln, und so leben dort heute die meisten der ca. 130 Echten Chamäleon- und ca. 35 Erd- oder Stummelschwanzchamäleon-Arten.

Zwei Dreihornchamäleons beim Kommentkampf. Der Gegner soll aus dem eigenen Revier vertrieben werden. In der Regel verlaufen die Kämpfe unblutig. Foto: U. Friederich

3.1 Kletterkünstler mit Niveau

Chamäleons sind exzellent an das Leben in Bäumen und Büschen angepaßt. Dies zeigt sich besonders in ihren zu Greifzangen umgeformten Füßen, in ihrem Greifschwanz, den getrennt voneinander beweglichen Augen und ihrer Schleuderzunge. In luftiger Höhe, gut getarnt vom umgebenen Blattwerk, verbringen die Tiere den größten Teil des Tages als Lauerjäger; so warten sie auf an-

fliegende Insekten, die sie mit Hilfe ihrer Schleuderzunge fangen.

Die meisten Echten Chamäleons lieben das Sonnenlicht. Im Gegensatz zu diesen haben sich die Erdchamäleons aus Madagaskar zu Waldbewohnern entwickelt, die jede direkte Sonneneinstrahlung meiden und fast nur die Laub- und Krautschicht bewohnen. Sie verbringen den Tag damit, durch das Laub zu streifen und nach Futter zu suchen. Dank ihrer Tarnung sind sie dort so gut wie nicht zu entdecken. Die afrikanischen Erdchamäleons bewohnen ebenfalls die Laub- und Krautschicht der Wälder. Einige Arten haben sich zusätzlich die Savanne als Lebensraum erschlossen; dort findet man sie im Bodenbereich der Grasnarbe. Neben den Erdchamäleons haben sich auch einige Arten der Echten Chamäleons wieder zu Bodenbewohnern entwickelt. Hierzu gehören *Chamaeleo namaquensis* aus Namibia und Südafrika sowie *Chamaeleo chamaeleon* aus dem Süden der algerischen Sahara, wo es die Sanddünen um Oasen bewohnt. Aber auch andere Arten, von denen man dieses zunächst gar nicht vermuten würde, wie *Chamaeleo cristatus*, leben zumindest zeitweise auf dem Boden. Diese Art gräbt sich im Waldboden der küstennahen Regenwälder Kameruns regelrechte Kuhlen, in denen sich die Tiere auf die Lauer legen und manchmal auch die Nacht verbringen.

Dieser kurze Überblick zeigt schon, daß sich Chamäleons viele Biotope von der Wüste bis zum Regenwald als Lebensraum erschlossen haben. Selbst innerhalb einer Art können sehr verschiedene Habitate besiedelt werden. Daraus läßt sich ermessen, wie schwierig es ist, beispielsweise das Lappenchamäleon (*Ch. dilepis*) artgerecht zu pflegen. Diese

Art bewohnt fast ganz Afrika südlich der Sahara. Die Pflege des Lappenchamäleons ist nur möglich, wenn man den genauen Fundort kennt und weiß, in welchem Biotop die Tiere dort leben. Überrascht sein dürfte der Bergsteiger, der den Mount Kenia besteigt und dort in 4500 Meter Höhe, direkt an der Schneegrenze, auf ein Chamäleon trifft. Bei diesem Tier handelt es sich um *Chamaeleo schubotzi*, das Chamäleon mit der größten Höhenverbreitung.

Die meisten Chamäleons führen ein Leben in luftiger Höhe. Wie dieses *Chamaeleo hoehnelii* demonstriert, ist es mit seinen zu Greifzangen umgeformten Füßen bestens an das Leben im Geäst angepaßt.
Foto: A. v. d. Nieuwenhuizen

3.2 Meister der Tarnung

Ein Chamäleon in seinem natürlichen Lebensraum zu entdecken, ist ein Such- und Geduldspiel: Chamäleons sind Meister der Tarnung! Sie ahmen mit ihrem Körper und ihrer Färbung nahezu perfekt Gegenstände aus ihrer unmittelbaren Umgebung nach: lebende oder welke Blätter, Zweige und Grashalme. Eine solche Überlebensstrategie wird Mimese genannt. So sind die Tiere in ihrem Lebensraum nicht nur vom Menschen, sondern auch von ihren Freßfeinden schwer zu entdecken. Allen echten Chamäleons gemein ist, daß die Körperform entsprechend ihrem arboralen Lebensraum blattförmig ist. Diese Blattmimese können die Echten Chamäleons noch durch das

Nachahmen von Blättern, die im Wind schaukeln, verbessern: Sie bewegen sich ruckartig fort, immer ein Stück vor und ein kleineres Stück zurück, so daß die Tiere nicht mehr als statischer Punkt auffallen. Dieses Verhalten zeigen einige Exemplare, wenn sie behelligt werden oder sich beobachtet fühlen. Am ausgeprägtesten ist es bei Jungtieren.

Bei den Erdchamäleons ist die Mimese noch weiter entwickelt als bei den Echten Chamäleons. Hierin liegt wohl auch begründet, weshalb sie so selten gesehen werden. Früher wurde einfach gesagt, die *Brookesia*-Arten würden mit ihrer Rückensäge eine Zweigmimese und die *Rhampholeon*-Arten eine Blattmimese zeigen. Diese Aussagen stimmen so pauschal nicht. Wenn man ein *Brookesia stumpffi* betrachtet, erinnert es mehr an ein verdorrtes Blatt als an einen Zweig. Die Mimese kann noch verstärkt werden, indem die Tiere bei Annäherung erstarren; manche schließen sogar die Augen. Auch bei den afrikanischen Erdchamäleons gibt es weitere Mimeseformen, wie die von FRIEDERICH (1985) beschriebene Grasmimese für *Rhampholeon kerstenii*. Bei den Stummelschwanzchamäleons hat sich als weitere Besonderheit die Akinese (Sich-Tot-Stellen) entwickelt. Ein unbeweglich, wie tot daliegendes Chamäleon wird von vielen Freßfeinden nicht mehr als Beute erkannt und besitzt damit bessere Überlebenschancen. Der Ablauf dieses Verhaltens ist immer gleich. Es wird durch Berühren des Tieres, aber auch durch die

Auch eine kontrastreiche Färbung macht im Gebüsch „unsichtbar“.
Foto: A. v. d. Nieuwenhuizen

Durch Körperform und Färbung, aber auch durch ihr Verhalten sind Erdchamäleons, wie dieses *Brookesia stumpffi*, ausgezeichnet getarnt. Foto: W. Schmidt

Erschütterung des Gegenstandes, auf dem das Stummelschwanzchamäleon sitzt, ausgelöst. Das Tier winkelt dann die Beine an, macht den Körper steif und läßt sich auf den Boden fallen. Dort bleibt es bewegungslos liegen. Zusätzlich schützt manche Erdchamäleons (einige *Brookesia*-Arten) ein äußerst kompliziert aufgebautes Skelett, beispielsweise vor Schnabelhieben von Vögeln, die testen wollen, ob da etwas Eßbares zu Boden gefallen ist. Bei diesen Arten befindet sich über der Wirbelsäule ein Sparrenwerk aus akzessorischen Bögen, das dem Rückenmark einen außerordentlichen Schutz verleiht und Schnabelhiebe abfängt, so daß die Erdchamäleons die Akinese nicht aufgeben müssen. In diesem Zusammenhang sei erwähnt, daß die Erdchamäleons verkalkte Endolymph-Säcke aufweisen, ein zusätzliches statisches Organ, mit dessen Hilfe sie sich immer in die Bauchlage manövrieren können (BÖHME 1982; SCHMIDT, HENKEL & BÖHME 1989).

Im Bodenlaub ist *Brookesia peramata* kaum zu erkennen. Foto: W. Schmidt

Zusammenfassend läßt sich sagen, daß die Chamäleons durch ihre Kombination von Struktur- und Verhaltensmimesen – echte Chamäleons lebendes Blatt und Windschaukeln, Erdchamäleons dürres Blatt, Zweig oder Grashalm und Akinese – geradezu perfekt in ihrer natürlichen Umwelt getarnt sind. So läßt sich erklären, warum diese überwiegend langsamen und wehrlosen Tiere bis heute überleben konnten.

3.3 Temperaturregulation, Häutung und andere Besonderheiten

Um möglichst viel Wärme aufnehmen zu können, hat dieses *Chamaeleo namanquensis* aus der Namib-Wüste eine dunkle Färbung angenommen.
Foto: K. Paysan

Wie alle Reptilien gehören auch die Chamäleons zu den wechselwarmen Tieren. Sie sind daher nicht in der Lage, ihre Körpertemperatur wie Säugetiere und Vögel selbständig konstant zu halten, sondern sind von der Umgebungstemperatur abhängig. Dies ist einer der Gründe, warum die Chamäleons nur die wärmeren Regionen bewohnen.

Zur Temperaturregulation, das heißt zum Erreichen der Vorzugstemperatur und zum Schutz vor Überhitzung, haben die Chamäleons einige Strategien entwickelt. So sind die Tiere morgens und an kühlen Tagen dunkel gefärbt, um möglichst viel Wärmestrahlung aufnehmen zu können. Um die Sonnenstrahlen intensiv auszunutzen, strecken die Chamäleons der Sonne eine möglichst große Fläche entgegen, indem sie ihren Körper „abplatten". Werden die Tiere warm, so färben sie sich immer heller, einige Arten fast weiß, um soviel Wärmestrahlung wie möglich zu reflektieren. Steigen die Temperaturen weiter an, suchen die Chamäleons im Schatten Schutz vor der Sonne. Reicht das immer noch nicht, so versuchen sie, sich mit geöffnetem Maul durch Verdunstung Kühlung zu verschaffen. Einige Arten, z.B. *Chamaeleo montium*, graben sich bei zu großer Hitze kleine Bodenmulden, in die sie sich zurückziehen. In der Terrarienhaltung ist besondere Vorsicht bei Jungtieren geboten, da sich ihre kleinen Körper schnell überhitzen.

Die Oberhaut (Epidermis) der Chamäleons besteht aus stark verhornten Schuppen, die in Größe, Anzahl, Gestalt und Anordnung von Art zu Art unterschiedlich ausgebildet sind. Es werden folgende Schuppenarten unterschieden: Körnerschuppen, Tuberkelschuppen, Tafelschuppen, Kegelschuppen und gekielte Schuppen. Die Epidermis wächst, da sie aus abgestorbenen Keratinzellen besteht, nicht mit und muß in regelmäßigen Abständen beim Häuten erneuert werden. Deshalb häuten sich junge Tiere recht häufig, mit zunehmendem Alter aber immer seltener. Die Häutung beginnt, indem sich die Haut leicht trübt; meist löst sie sich anschließend in Fetzen ab. Die Chamäleons unterstützen diesen Vorgang, indem sie sich an Ästen und Steinen reiben. Außerdem versuchen sie mit Hilfe des Mauls und der Füße, die verbliebene Haut abzuziehen. Nach der Häutung erstrahlen sie wieder in den schönsten Farben. Der Vorgang dauert je nach Art unterschiedlich lang. Einige benötigen Stunden, andere wieder Tage.

Chamäleons zeigen viele anatomische Besonderheiten, die meist Anpassungen an den arboralen Lebensraum darstellen. So sind bei allen Arten die Füße durch Zusammenwachsen von je 2 und 3 Zehen zu idealen Greifzangen umgeformt. Zusätzlich ist bei den Echten Chamäleons der lange Schwanz sehr beweglich und an der Innenseite mit Haftschuppen besetzt, so daß er als Greiforgan zum Verankern im Geäst dient. Dagegen sind die Stummelschwanzchamäleons kaum in der Lage, sich mit ihrem Schwanz gut zu halten: Lediglich die Schwanzspitze ist etwas beweglich und wird zum Abstützen benutzt. Zur Regeneration des Schwanzes oder anderer Körperteile sind die Chamäleons nicht befähigt. In der Natur findet man daher häufig Tiere mit verheilten Verletzungen und verkürzten Schwänzen. Auf die weiteren Besonderheiten der Chamäleons wird in den folgenden Abschnitten gesondert eingegangen.

3.4 Scharfsichtige Jäger mit Panoramablick

Chamäleons besitzen mit ihren speziell konstruierten Kuppelaugen den totalen Über- oder besser Rundumblick. Die Augen können unabhängig voneinander bewegt werden, so daß das Chamäleon gleichzeitig ein Auge nach vorn und das andere nach hinten ausrichten kann. Inzwischen weiß man, daß die Chamäleons nur mit jeweils einem Auge schauen. Der genaue Ablauf und das Verarbeiten der Bilder im Gehirn sind aber bis heute ungeklärt. Durch häufiges Wechseln des sehenden Auges verfügen die Tiere über einen Panoramablick, der es ihnen ermöglicht, ihre gesamte Umgebung (zum Beispiel durch Drehen des Kopfes) zu erkunden. Bemerkenswert ist vor allem die Tatsache, daß das verhältnismäßig große, kegelförmige Auge des Chamäleons weit aus dem Kopf herausragt und eine im Vergleich zu anderen Reptilien deutlich größere Bewegungsfreiheit hat. Dies verschafft dem Chamäleon ein Sehfeld von je 180 Grad horizontal und je 90 Grad vertikal, sozusagen einen Rundumblick.

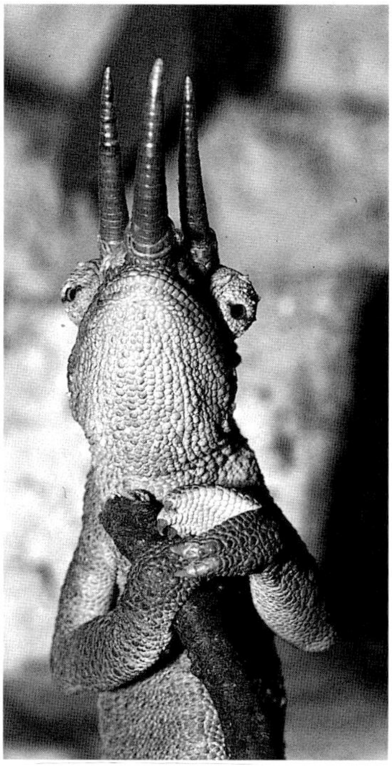

Ein Chamäleon schaut Dich an. Bei sachgerechter Unterbringung und richtiger Ernährung lassen sich Chamäleons erfolgreich halten und auch züchten. Foto: L. Bindewald

Auf der Suche nach Futter wandern die Augen rastlos umher, bis ein Beutetier aufgrund seiner Bewegungen entdeckt ist. Dieses wird dann mit beiden Augen fixiert, bis eine zum Schuß günstige Entfernung erreicht ist. Das binokulare Sehen ist zur Abschätzung von Entfernungen vorteilhaft. Es beruht auf dem Umstand, daß durch den Seitenabstand der Augen zwei unterschiedliche Bilder entstehen. Den geringen Unterschied wertet das Gehirn zum Abschätzen der Entfernung aus.

Chamäleons haben, wie fast alle Wirbeltiere, Linsenaugen. Diese Augenform gilt allgemein als die höchst entwickelte. Die Lider sind an jedem Auge zu einer Halbkugel zusammengewachsen. In der Mitte bleibt für den Lichteinfall zur Pupille ein Loch frei. Da die Lider mit dem Augapfel verbunden sind, machen sie praktisch jede seiner Bewegungen mit. Begibt sich das Chamäleon zur Ruhe auf seinen Schlafplatz, wird das Lidloch geschlossen und der Augapfel dreht sich nach unten. Auf diese Weise gelangt die

Pupille hinter ein Knochenplättchen und jeder Lichtstrahl wird abgehalten.
Das Chamäleonauge besitzt mit dem Lidloch und der Pupille eine doppelte Blendeneinrichtung. Wahrscheinlich bewirkt das Lidloch als zweite Blende beim binokularen Fixieren der Beute eine Steigerung der Treffsicherheit. Allerdings wird die Lichtstärke dadurch herabgesetzt.
Beobachtungen zeigen, daß Chamäleons zum treffsicheren Zungenschuß gute Lichtverhältnisse benötigen und ferner, daß Tiere, die bei unzureichender Beleuchtung gepflegt werden, erstaunlich häufig danebenschießen. Die Fehlschüsse liegen dann allesamt zu kurz. Um Verletzungen zu vermeiden, werden die Augen beim Heranziehen der Beute geschlossen. Manchmal kann man beobachten, wie das Auge eines Chamäleons fast ganz aus dem Kopf heraustritt und der Augapfel unter den Lidern bewegt wird. Dies geschieht immer dann, wenn das Tier einen Fremdkörper entfernen will oder sich an einem Ast scheuert, um Häutungsreste abzustreifen. Jeder, der dies zum ersten Mal beobachtet, wird unweigerlich einen Schreck bekommen, scheint doch das Auge völlig aus dem Kopf herauszuquellen.

Mit seinen beweglichen Kuppelaugen hat dieses farbenprächtige Männchen von *Furcifer pardalis* den totalen Überblick. Foto: K. Liebel

3.5 Der Trick mit der Schleuderzunge

Immer wieder die gleiche Situation: Besucher sehen sich ein Chamäleon an und plötzlich, für das unvorbereitete Auge nur schemenhaft erkennbar, verschwindet ein Insekt im Maul des Tieres. Mit leicht verblüfftem Gesichtsausdruck wird der Terrarianer gefragt: Was war das?
Nun, der Besucher hat eine der eigentümlichsten Beutefanghandlungen miterlebt, die das Reich der Tiere zu bieten hat. Chamäleons sind nämlich in der Lage, ihre Zunge herauszuschleudern, ein Beutetier damit zu fangen und sie dann mit der Beute ins Maul zurückzuziehen. Ein genialer Zungentrick! Allerdings ist auch hier nicht „jeder Schuß ein Treffer“. Faktoren wie Helligkeit, Temperatur und Geschwindigkeit des Beuteobjektes spielen eine Rolle (SCHUSTER 1979).
Das Funktionsprinzip der Chamäleonzunge war lange unklar. 1828 meinte J. HOUSTON, daß eine Blutdrucksteigerung, ähnlich der Penis-Erektion bei Säugetieren, für das Schleudern der Zunge ver-

antwortlich sei. Die Meinungen wechselten in der folgenden Zeit mit dem Fortschreiten der Wissenschaft, bis 1954 ALTEVOGT & ALTEVOGT ihre „Studien zur Kinematik der Chamäleonzunge" veröffentlichten, auf die wir uns im weiteren hauptsächlich beziehen. Die Zunge der Chamäleons ist etwa so lang wie der Körper, bei manchen Arten sogar länger. An ihrem Ende befindet sich eine keulenförmige Verdickung. An der Spitze dieser Keule liegt eine napfförmige Eindellung, die mit Drüsen ausgestattet ist. Diese sondern eine klebrige Substanz ab. Mit Hilfe des Zungenbeines und verschiedener Längs- und Ringmuskeln wird die Zunge herausgeschleudert und wieder zurückgezogen (s.Skizze).

Den Vorgang kann man in 5 Phasen einteilen:

Phase 1: Ein Beutetier wird zuerst mit beiden Augen anvisiert.

Phase 2: Das Chamäleon öffnet das Maul und schiebt die Zunge etwas vor, so daß das keulenförmig verdickte Ende sichtbar wird. Dieser Zustand kann bis zu 4 Sekunden anhalten (Protusion).

Phase 3: Nun „schießt" das Tier die Zunge ab und umfaßt mit der Zungenspitze das Beutetier. Auch durch die Klebkraft des Sekretes wird das Insekt festgehalten (Projektion). ALTEVOGT & ALTEVOGT geben für diese Phase bei *Chamaeleo chamaeleon* eine Zeit von 0,039 s bis 0,054 s bei 15 cm Abstand zum Beutetier an.

Phase 4: Das nun folgende Zurückziehen mitsamt der Beute geht 4-5mal so langsam vor sich. Beeinflußt wird die Geschwindigkeit durch das Gewicht des Beutetieres. Der Zungenkolben pendelt bei diesem Vorgang immer nach unten (Retraktion).

Phase 5: Die Beute wird gekaut und geschluckt.

Darstellung der ersten drei Phasen des Beuteschusses.

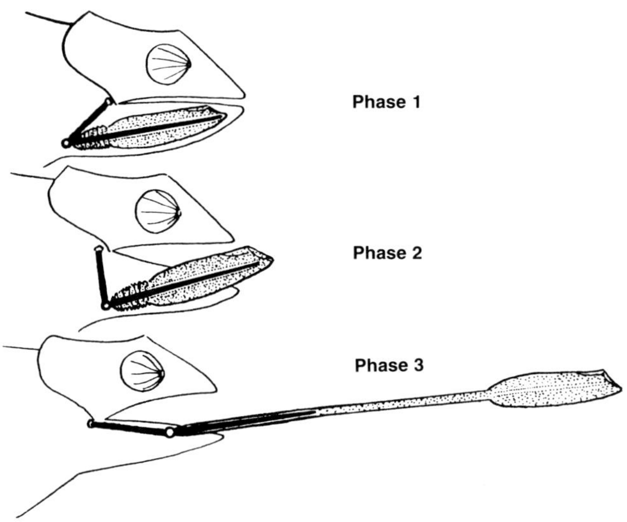

Auch wenn das Chamäleon sein Beutetier nicht getroffen hat, folgt eine Schluckbewegung.

Es ist jedoch ein Irrtum anzunehmen, Chamäleons könnten nur mit dem oben beschriebenen „Zungentrick" ihre Beute erjagen. Futtertiere wie Nacktschnecken, die mit der Zunge nicht aufzunehmen sind, oder solche, die sich in umittelbarer Nähe des Chamäleons befinden, werden einfach mit den Kiefern gepackt.

Die Leistung der Chamäleonzunge ist experimentell gemessen worden. DISCHNER (1958) benutzte eine 100-g-Federwaage, an der er Futtertiere befestigte. Dann ließ er zwei *Chamaeleo montium* auf diese Tiere „schießen". In seiner Veröffentlichung nennt er 43 g als Höchstwert für die Zugleistung der Zunge. Größere Chamäleons werden jedoch sicher noch mehr Kraft aufbringen können.

PARCHER (1974) beschreibt unseres Wissens als Erster ein Verhalten bei Chamäleons, das man vorher nur von anderen Echsen (z.B. Anolis) kannte: Die Tiere strecken die Zunge ein kleines Stück aus dem Maul und berühren mit deren Spitze kurz den Boden oder den Ast vor sich. Dieses Verhalten haben wir bei allen Chamäleons beobachtet, die wir im Terrarium hielten. Die Wahrscheinlichkeit, daß auch die anderen Arten diese Fähigkeit besitzen, ist also sehr groß. SCHWENK (1985) fand bei der Untersuchung der Zunge von *Chamaeleo jacksonii* Geschmacksknospen. Aufgrund der Tatsache, daß die Chamäleons ein rückgebildetes Jacobson'sches Organ besitzen, kommt er zu dem Schluß, daß der Geschmackssinn hier stärker als der Geruchssinn angesprochen wird.

Das Lappenchamäleon hat eine Spinne erbeutet. Foto: L. Bindewald

3.6 Farbenspiel als Sprachersatz

Die Fähigkeit der Chamäleons zum Farbwechsel ist allgemein bekannt. Dabei wird oft die Ansicht vertreten, das Chamäleon passe seine Färbung der Umgebung an, um möglichst unentdeckt zu bleiben. Hat man Gelegenheit, Chamäleons über einen längeren Zeitraum zu beobachten, so wird man bald feststellen, daß der Farbwechsel in erster Linie psychologischer Natur ist: Das Chamäleon drückt durch seine Färbung Stimmungen aus, auch gegenüber Artgenossen. So kann es sich zum Beispiel „schwarzärgern". Die Färbung und der Farbwechsel sind damit praktisch Instrumente der Kommunikation, die häufig von spezifischen Verhaltensweisen, wie z.B. dem Abplatten des Rumpfes, Kopfnicken oder Querwackeln des gesamten Körpers, begleitet werden.
Nun ist es nicht so, daß alle Chamäleons jede beliebige Farbe annehmen können. Das verfügbare Farbspektrum ist von Art zu Art unterschiedlich. Neben der artspezifischen Farbpalette beeinflussen noch andere Faktoren die Färbung. In erster Linie ist dabei die allgemeine körperliche Verfassung zu nennen. Kranke oder geschwächte Tiere sind oft nur schwach und vor allem blaß gefärbt. Ein gesundes, kräftiges Tier dagegen wird normalerweise satte und leuchtende Farben zeigen. Bei Erregung wirken die Farben oft grell und wesentlich kontrastreicher als bei ausgeglichener Stimmung. Sichtkontakt zu Artgenossen, insbesondere von Männchen zu Männchen, führt beispielsweise fast immer zu besonderer Aufregung unter den Tieren. Steht ein Tier permanent unter Erregung, so zeigt es früher oder später am ganzen Körper eine besondere Streßfärbung, im

Chamaeleo dilepis **in Erregungsfärbung.** Foto: L. Bindewald

Beim Drohen zeigt das Pantherchamäleon seine schönsten Farben. Foto: R. Zobel

allgemeinen einen auffallend dunklen Farbton, im Extremfall sogar Schwarz. Wird der Streßfaktor dann nicht beseitigt, kann dies zum Tod des Chamäleons führen. Auch Umwelteinflüsse wie Tageszeit, Lichteinfall und Temperatur beeinflussen die Färbung der Chamäleons nachhaltig. So ist die Körperzeichnung im hellen Sonnenlicht viel intensiver als in der Nacht, zur Ruhezeit der Tiere.

Wodurch kommt nun der Farbwechsel des Chamäleons überhaupt zustande? Lange Zeit war der Mechanismus dieses faszinierenden Vorgangs unbekannt, und manche mehr oder minder fehlerhafte Theorie wurde aufgestellt.

Heute gilt die Erkenntnis als gesichert, daß der Farbwechsel ursächlich auf der Verteilung eines dunklen Farbstoffes, des sogenannten Melanins, in der Haut beruht. Dieser Farbstoff wandert innerhalb der Pigmentzellen, den sogenannten Melanophoren. Breitet er sich in der gesamten Zelle aus, so erscheint die Färbung dunkler, ballt er sich an einem Punkt der Zelle zusammen, entstehen hellere Farbtöne. Auf der nebenstehenden Zeichnung eines Schnittes durch die Hautzellen eines Chamäleons wird dieser

Vorgang noch einmal veranschaulicht.

Die Grundfärbung eines Chamäleons entsteht durch die in den oberen Hautschichten angelagerten Pigmentzellen, den Chromatophoren. Sie befinden sich noch über den Melanophoren und bewirken im wesentlichen Gelb- und Rotfärbungen. Blaue und grüne Pigmente sind bei Reptilien gar nicht vorhanden, denn diese Farbtöne entstehen durch eine andere Sorte von Farbzellen, den sogenannten Guanophoren. Sie enthalten einen halbkristallinen Stoff, das Guanin, eine Substanz, die eigentlich farblos ist, jedoch als Reflektor wirkt, und damit in entscheidender Weise das einfallende Licht verändert. Durch die Lichtstreuung bestimmter Wellenlängen erzeugt es die Farbe Blau. Liegt über den Guanophoren nun eine Schicht gelber Chromatophoren, so entsteht die bei Reptilien weit verbreitete Farbe Grün. Die Färbung eines Chamäleons beruht also auf einem komplizierten Zusammenspiel der

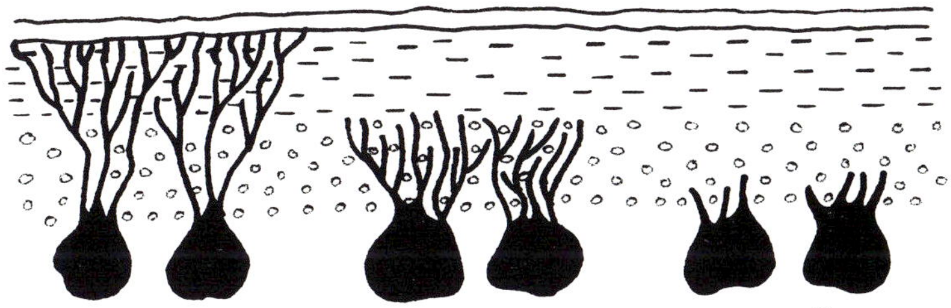

Schnittbild der Haut eines Chamäleons

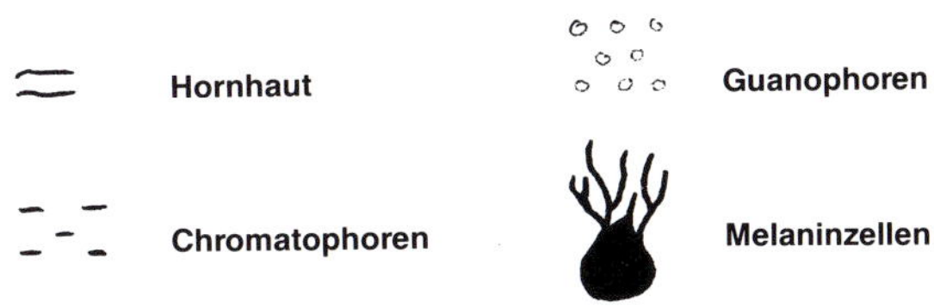

Darstellung der Farbzellen in der Chamäleonhaut.

Pigmentzellen mit den melaninhaltigen Zellen, die durch Überdeckung der Chromatophoren die wechselnden Farbtöne hervorrufen.

Die Steuerung des Melanins in den Melanophoren erfolgt mit Hilfe von Energie über das Nervensystem. Dies erklärt auch, warum kranke oder schwache Tiere blaß werden. Ihnen fehlt die Kraft, die zur Verteilung des Melanins innerhalb der Zellen notwendige Energie bereitzustellen.

4. Auch Drachen brauchen Nachwuchs

Chamäleons galten lange Zeit als besonders problematisch im Terrarium zu vermehren, doch gerade in den letzten Jahren haben sich Erfolge eingestellt. Arten wie das Teppichchamäleon (*Furcifer lateralis*), das Pantherchamäleon (*Furcifer pardalis*), das Helmchamäleon (*Chamaeleo hoehnelii*), das Bunte Zwergchamäleon (*Bradypodion pumilum*) und das Dreihornchamäleon (*Chamaeleo jacksonii*) werden heute sehr häufig nachgezüchtet. An dieser Stelle möchten wir nun einige allgemeine Dinge über die Vermehrung von Chamäleons im Terrarium zur Sprache bringen.

***Brookesia minima* bei der Balz.**
Foto: W. Schmidt

Chamaeleo senegalensis **bei der Paarung.** Foto: E. Wallikewitz

Man unterscheidet zwei Arten der Fortpflanzung:

1. ovipar („eierlegend")
2. ovovipar („lebendgebärend")

Bei den meisten Chamäleons finden wir die Ovipariе. Das Weibchen legt meistens 3-6 Wochen nach der Kopulation seine Eier ab. Dazu sucht es einen geeigneten Ablageplatz im Bodenmaterial. Findet es diesen nicht gleich, kann es die Eier noch einige Zeit im Körper zurückhalten. Jedoch ist der Zeitpunkt der Eiablage nicht beliebig lange hinauszuzögern. Tiere, die keinen guten Eiablageplatz finden oder geschwächt sind, können an „Legenot" eingehen (s. Krankheiten). Hat unser Chamäleon jedoch einen geeigneten Platz gefunden, gräbt es einen Gang in den Boden, in den es anschließend kriecht. Nach der Eiablage wird diese Röhre wieder sorgfältig zugeschüttet. Damit ist die Aufgabe des Weibchens beendet; die Tiere kümmern sich also nicht weiter um ihre Gelege. Wie manche andere Reptilien können auch die Weibchen einiger Chamäleon-Arten Sperma im Körper speichern. Auf diese Weise sind sie in der Lage, ohne eine erneute Kopulation noch mehrmals befruchtete Eier abzusetzen. Der Vorteil dieser Methode bei einzeln lebenden Tieren wird wohl jedem einleuchten.

Bei einer geglückten Eiablage im Terrarium sollte man die Eier aus dem Boden herausnehmen und in einen Brutapparat legen. Ansonsten besteht die Gefahr, daß sie zu Schaden kommen.

Der Aufbau des Chamäleoneies

soll hier nur kurz angerissen werden:

Im Ei liegt der Embryo, ein großer Dottervorrat mit -hülle und der Allantois zur Speicherung von Stoffwechselprodukten. Diese werden von der Amnionhülle eingeschlossen. Direkt unter der porösen, pergamentartigen Schale befindet sich eine weitere Embryonalhülle, die Serosa, die sich später mit der Allantois verbindet. Diese nimmt durch die Schale Sauerstoff auf und gibt Kohlendioxid ab. Die Entwicklung von der Befruchtung der Eizelle bis zum Schlupf des Jungtieres nennt man Embryonalentwicklung. Während dieser Zeit verbraucht der Embryo den gesamten Dottervorrat. Mit Hilfe des Eizahns auf der Schnauzenspitze öffnet das schlupfreife Jungtier die Schale. Der Eizahn wird später einfach abgeworfen, und nichts deutet dann noch auf dieses eigenartige „Werkzeug" hin.

Bei einigen Arten, wie bei *Chamaeleo montium*, kündigt sich der Schlupf durch Schrumpfen und „Schwitzen" des Eies an. Normalerweise sollte das kleine Chamäleon dann einige Stunden später seine Schnauzenspitze zum Luftholen aus dem Ei stecken.

Das schwierigste Problem bei der Inkubation der Eier stellt die Wahl der richtigen Temperatur dar. Temperaturen zwischen 20°C und 28°C sind nach unseren Kenntnissen besonders günstig. Jedoch sollte man auch daran denken, daß der Keim eventuell eine Ruhepause braucht. Hier sei als Beispiel auf das Teppichchamäleon (*Furcifer lateralis*) hingewiesen (s. Artenteil). Die Geschlechtsverteilung der Nachzuchten hängt von der Zeitigungstemperatur ab.

Ein frisch geschlüpftes *Bradypodion tavetanum*. Foto: W. Schmidt

Eine besonders faszinierende Art der Fortpflanzung finden wir bei den „lebendgebärenden" Chamäleons (Ovoviparie). Die Bezeichnung „lebendgebärend" ist genaugenommen falsch, da der Embryo nicht vom mütterlichen Organismus ernährt wird. Eine kalklose Hülle umgibt den während seiner ganzen Entwicklung im Eileiter befindlichen Keim. Die Eier werden vom Weibchen erst kurz vor dem Schlupf abgesetzt. Danach befreien sich die Jungtiere sehr schnell. Somit gibt es bei den ovoviparen Arten keine Inkubationszeit, sondern nur eine Tragzeit. Im Schnitt kann man hierfür 3-6 Monate ansetzen. Auch bei den „lebendgebärenden" Chamäleon-Arten gibt es eine Spermaspeicherung. ATSATT (1953) konnte diese erstmals für Chamäleons bei *Bradypodion pumilum* nachweisen.

Eine äußerst ungewöhnliche Fortpflanzung, die bei der Familie Chamaeleonidae bis jetzt nur von einer Art bekannt ist, zeigt *Rhampholeon boulengeri*, das sich durch Parthenogenese fortpflanzt. Die weibliche Form reproduziert sich selbst, ohne daß dazu ein Männchen (Sperma!) notwendig ist. Leider fehlen uns genauere Informationen über diese interessante Art.

4.1 Geschlechtsunterschiede

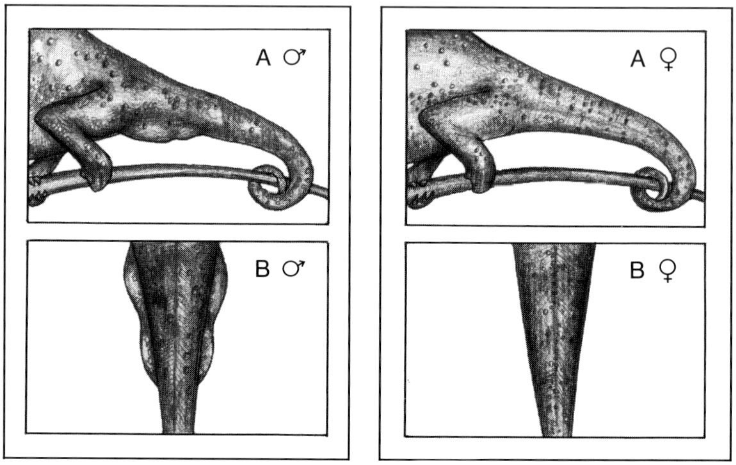

An der verdickten Schwanzwurzel lassen sich die Männchen erkennen.

Das Ziel wohl aller Terrarianer ist die Nachzucht der gepflegten Tiere. Eine wichtige Voraussetzung für die Zucht ist, daß man weiß, welches Geschlecht die gepflegten Tiere haben. In der Regel sind die Geschlechter bei den Chamäleons sehr leicht zu unterscheiden. Der Ansatz der Schwanzwurzel ist bei den Männchen deutlich dicker als bei den Weibchen. Die beiden Skizzen verdeutlichen, worauf man achten muß. Skizze A zeigt den typischen Schwanzansatz von der Seite und Skizze B den Schwanzansatz von oben. Bei einigen Erdchamäleons ist dieser Unterschied leichter aus der Sicht von oben als von der Seite zu erkennen.
Bei den kleinen Arten muß man eine Lupe zur Hilfe nehmen. Weitere Unterscheidungsmerkmale können die unterschiedlich gefärbte Zwischenhaut des Kehlsackes, die Körpergröße, die Färbung und der Kopfschmuck sein. Bei einigen Chamäleon-Arten besitzen die Männchen auffällige Fersensporne.

5. Die Individualisten – Verhaltensbeobachtungen an Chamäleons

Alle Chamäleons sind tagaktiv. Entsprechend den in ihrem Biotop vorherrschenden Temperaturen liegt die Hauptaktivitätszeit meist in den Morgen- bzw. Abendstunden. In dieser Zeit laufen die Tiere aktiv durch das Terrarium und suchen nach Futter, die übrige Zeit verbringen sie meist, indem sie im Geäst sitzen und auf Beute warten („sit and wait“).

Die Annahme, daß es sich bei Chamäleons um langsame und träge Tiere handelt, trifft nur auf wenige Arten zu. Besonders das Teppichchamäleon, welches unter anderem Wiesen im zentralen Hochland von Madagaskar bewohnt, bewegt sich im kniehohen Gras ähnlich schnell wie unsere Zauneidechse, so daß man sehr viel Mühe hat, die Tiere zu ergreifen. Werden die Chamäleons in der Natur belästigt, so zeigen sie eine ganze Reihe von Verhaltensweisen, die sie im Terrarium recht schnell ablegen. Während sich die Brookesiinae gegenüber einem Feind hauptsächlich totstellen, verhalten sich die Chamaeleoninae fast immer aktiv. Entweder flüchten sie, oder sie gehen zum Angriff über. Die einzelnen Arten sind sehr unterschiedlich aggressiv; darauf wird in den Artenbeschreibungen eingegangen. Allgemein läßt sich jedoch sagen, daß bei allen Chamäleons die Aggressivität gegenüber Artgenossen am stärksten ausgeprägt ist, gefolgt von dem aggressiven Verhalten gegen andere Chamäleon-Arten. Die Angriffslust gegenüber anderen Tieren ist dagegen gering. Entsprechend unterschiedlich ist auch die Distanz, die zu Artgenossen gehalten wird. So lassen sich die Echten Chamäleons grundsätzlich nicht zusammen pflegen. Möglich ist aber die Vergesellschaftung eines Echten Chamäleons mit einem Erdchamäleon. Unterschreitet ein anderes Tier die Individualdistanz des Chamäleons, so wird es von den lebhaften Arten sofort bedroht und angegriffen. Das Drohen ge-

Mit aufgerissenem Maul droht das Männchen von *Furcifer pardalis*. Foto: R. Zobel

Ein Chamäleonmännchen geht zum Angriff über. Foto: W. Schmidt

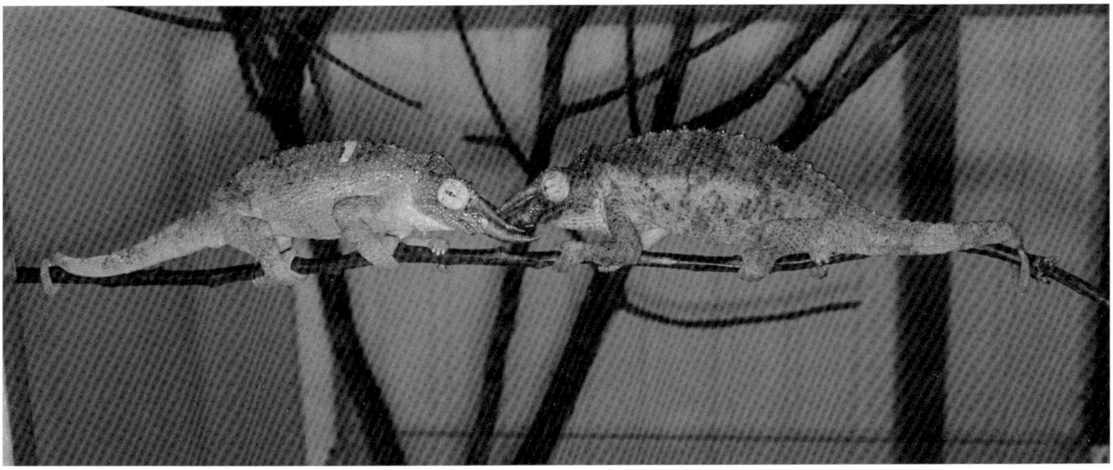

Zwei Dreihornchamäleons stehen sich zum Kampf gegenüber.
Foto: W. Schmidt

Aufgrund ihrer hohen Aggressivität müssen die meisten Chamäleons einzeln gehalten werden. Das gilt auch für das abgebildete *Chamaeleo dilepis*. Foto: W. Schmidt

schieht durch Aufrichten, Aufreißen des Mauls, Querwackeln, Fauchen und dem Zuwenden einer abgeflachten Seite in Richtung des Gegners. Dabei hält sich das Chamäleon nur mit den Hinterfüßen fest, so daß es mit dem ganzen Körper vorschnellen kann. Flüchtet der Eindringling nicht, so schnellt das Tier vor, packt ihn und versucht, ihn durch eine ruckartige Kopfbewegung wegzuschleudern, zu beißen oder mit der Schädelplatte (besonders bei den Arten mit großem Kopfschmuck) wegzudrücken.

Entdeckt ein Chamäleon-Männchen ein anderes Chamäleon, so fängt es an zu nicken. Dabei ist nicht erkennbar, ob es sich um Drohen oder Balzen handelt. Ist das andere Chamäleon ebenfalls ein Männchen, so imponiert es, indem es das Maul aufreißt, faucht, sich aufrichtet und die Färbung aufhellt. Erwidert das andere Männchen das Imponieren, so kann es zum Kommentkampf kommen. Bei einigen Arten wie *Furcifer pardalis* dauert das Imponieren nur kurze Zeit, bis die Tiere aufeinander losgehen. Das unterlegene Männchen färbt sich dunkel und sucht, verfolgt von dem anderen, das Weite. Meist kommt es aber gar nicht zum Kampf, da das kleinere Tier sofort flieht. Diese Aggressivität der Männchen untereinander führt in Gefangenschaft bei einer Zwangsvergesellschaftung oft zum Tod des unterlegenen Tieres, entweder durch die direkten Angriffe des dominanten Männchens oder aber, weil das unterlegene Männchen in eine Art Demutshaltung fällt, kaum noch frißt und über kurz oder lang an Streß stirbt.

Die meisten Chamäleons sind Individualisten, die – von der Paarung abgesehen – als Einzeltiere gepflegt werden müssen!

Begegnet dem Männchen ein Weibchen, erwidert dieses das Imponierverhalten nicht und wird so erkannt. Sofort unterläßt das Männchen die Drohungen und fängt stattdessen mit dem Balzen an. Ist das Weibchen nicht paarungsbereit, wehrt es das Männchen auf größere Distanz durch Kopfnicken oder -schütteln ab und läuft davon. Ist der Abstand zum Männchen dagegen gering, reagiert das Weibchen mit Mauldrohen, Abplatten des Körpers, Fauchen, Querwackeln und mit in Richtung des Männchens vorschnellenden Bewegungen, meist im Zusammenhang mit einer Warnfärbung. Nähert sich das Männchen trotzdem, wird es vom Weibchen gebissen. Es scheint, daß bei einigen Chamäleon-Arten die Männchen eine Art Beißhemmung gegenüber den Weibchen haben. Sie versuchen diese nur mit heftigen Nickbewegungen abzuwehren.

Ein Weibchen von *Furcifer lateralis* wehrt ein Männchen ab.
Foto: W. Schmidt

Ist das Weibchen paarungsbereit, so reagiert es meist gar nicht auf das Männchen, sondern entfernt sich nur langsam. Das Männchen hellt seine Grundfärbung auf und läuft dem Weibchen kopfnickend mit ruckenden Bewegungen hinterher. Hat es das Weibchen eingeholt, verhält sich dieses ruhig, so daß das Männchen aufsteigen kann. Während der Berührung mit dem Männchen klammert sich das Weibchen gut am Untergrund fest und hebt den Schwanz ein Stück an, so daß das Männchen seine Schwanzwurzel unter die des Weibchens führen kann. Erst dann öffnet das Weibchen seine Kloake, so daß es zur Paarung kommen kann. Die Kopulationsdauer ist bei den einzelnen Chamäleon-Arten recht unterschiedlich.

Etwas anders sieht es bei den Erdchamäleons aus. Dank ihrer guten

Tarnung und ihrer zurückgezogenen Lebensweise gibt es nur Ansätze von Beobachtungen, die wir in unseren Terrarien machen konnten. Die Männchen der Erdchamäleons fangen meist beim Anblick eines Weibchens an zu balzen. Ist das Weibchen nicht paarungsbereit, so zeigt es das durch Kopfwackeln bzw. -schütteln. Die Männchen lassen dann sofort vom Weibchen ab. Ist das Weibchen jedoch paarungsbereit, so reagiert es auf das Männchen gar nicht. Man sieht die Tiere den ganzen Tag beieinander sitzen, immer von Balzeinlagen des Männchens begleitet. Die Balz gleicht dem Werbeverhalten anderer Chamäleons: Sie verläuft unter Kopfnicken und rukkenden Bewegungen. Erst gegen Abend, meist bevor die Beleuchtung ausgeschaltet wird, besteigt das Männchen das Weibchen, und es kommt zur Paarung.

Bei der Balz läßt sich das Männchen von *Brookesia minima* oft tagelang vom Weibchen umhertragen. Foto: W. Schmidt

Brookesia minima weist ein ganz besonderes Verhalten auf. Ist das Weibchen paarungsbereit, steigt das Männchen auf das Weibchen, ähnlich wie bei den Fröschen und Kröten, und läßt sich den ganzen Tag, manchmal auch mehrere Tage, vom Weibchen durch das Terrarium tragen. Zur Paarung kommt es ebenfalls in den Abendstunden. Diese kurze Beschreibung zeigt deutlich, daß es sich bei den Brookesiinae um interessante Studienobjekte handelt. Detaillierte und weitergehende Beschreibungen über das Verhalten der Chamäleons finden sich u.a. bei SCHUSTER (1979) und KÄSTLE (1967).

Die Erdchamäleons warten noch mit einer weiteren Verhaltensweise auf: Sobald man die Tiere in der Hand hält, bemerkt man ein hochfrequentes, vibrationsartiges Körperzittern. Welche Funktion dieses hat, ist nicht geklärt. Wahrscheinlich dient es der Abwehr möglicher Freßfeinde, wie zum Beispiel Ameisen. Es könnte aber auch der Kommunikation dienen; möglicherweise finden sich die Geschlechter mit Hilfe dieses eigenartigen Zitterns. Dieses Verhalten wird auch im Zustand der Akinese ausgeführt (SCHMIDT, HENKEL & BÖHME 1989).

Die Jungtiere einiger Arten zeichnet ein besonderes Verhalten aus, das KÄSTLE (1967) erstmals für Neugeborene von *Bradypodion pumilum*, *Chamaeleo hoehnelii* und *Chamaeleo ellioti* beschreibt. Im Gegensatz zu den Alttieren laufen die Jungtiere dieser Arten stundenlang mit kurzen Unterbrechungen umher („Dauermärsche"), um sich so auf eine möglichst große Fläche zu verteilen. Dieses Verhalten kann man bei frisch geschlüpften Jungtieren der Gattung *Furcifer* nicht beobachten. Es scheint, daß sich die Jungtiere dieser Arten nur gerade so weit voneinander entfernen, daß sie sich nicht mehr sehen können, denn sie sind überaus unverträglich. Das zeigt sich schon beim Schlupf. In einem hell aufgestellten Inkubator schlüpfte das dritte Teppichchamäleonbaby erst, als die beiden bereits geschlüpften Jungtiere entfernt wurden. Diese saßen zuvor in den gegenüberliegenden Ecken des Inkubators, also so weit wie möglich auseinander.

Zusammenfassend läßt sich sagen, daß Chamäleons besonders zur innerartlichen Aggression neigen und sehr streßempfindlich sind. Nur wenige Arten können eine Zwangsvergesellschaftung außerhalb der Paarungszeit ertragen. Diese spezielle Eigenheit der Chamäleons müssen wir bei der Haltung im Terrarium unbedingt berücksichtigen!

6. Chamäleons stehen unter Artenschutz

Auch die Chamäleons unterliegen den verschiedenen Artenschutzgesetzen. Deshalb ist es für jeden Chamäleonliebhaber unumgänglich, sich die entsprechenden Vorschriften zu besorgen. Dies sind:

1. „Erstes Gesetz zur Änderung des Bundesartenschutzgesetzes“ vom 10.12.86, Bundesgesetzblatt 1986, Teil I, Nr. 66, 2349-2360.
2. „Verordnung zum Schutz wildlebender Tier- und Pflanzenarten“ vom 19.12.1986, Bundesgesetzblatt 1986, Teil I, Nr. 7, 2702-2762.
3. „Verordnung (EWG) Nr. 36 36/82 des Rates zur Anwendung des Übereinkommens über den internationalen Handel mit gefährdeten Arten freilebender Tiere und Pflanzen in der Gemeinschaft“, Amtsblatt der Europäischen Gemeinschaft Nr. L 384 mit den jeweils gültigen Anhängen.

Beziehen kann man diese Rechtsvorschriften beim Bundesanzeiger-Verlag GmbH, Postfach 13 20 in 53003 Bonn.

Man könnte jetzt ein ganzes Buch über Sinn und Unsinn dieser Bestimmungen schreiben. Wir wollen nur erwähnen, daß die Chamäleons unseren Beobachtungen nach nicht selten sind, sondern dank ihrer perfekten Tarnung nur sehr schwer zu entdecken sind. Als bedroht ansehen muß man das *Chamaeleo chamaeleon* in Europa, da hier sein natürlicher Lebensraum weitgehend vernichtet worden ist. Dasselbe gilt auch für einige der hochspezialisierten Urwaldbewohner. Andere Arten, vorwiegend solche, die geschlossene Waldgebiete meiden, entwickeln sich zu Kulturfolgern.

Eine besondere Aufgabe stellt die Zucht von Chamäleons dar. Viele Arten, wie z. B. das abgebildete *Chamaeleo ellioti*, werden bereits erfolgreich im Terrarium vermehrt.

Foto: W. Schmidt

Seit dem 01.01.1984 ist die CITES-Bescheinigung (vergleichbar mit einem Personalausweis für Tiere) Formvorschrift für die Weitergabe von Chamäleons. Jeder ernsthafte Terrarianer sollte sich deshalb nur Tiere mit den erforderlichen Papieren anschaffen. Mit der CITES-Bescheinigung muß man die Chamäleons bei der zuständigen Behörde (je nach Bundesland verschieden) anmelden. Nachzuchten und Tod der Tiere sind der zuständigen Behörde innerhalb von 4 Wochen anzuzeigen. Alles Weitere, wie das Anmelden der Tiere, die Ein- und Ausfuhr ist in den genannten Gesetzen geregelt. Als einschlägige Literatur seien hier noch der Ratgeber vom BNA (1987) und ein Artikel von R. PODLOUCKY (1987) empfohlen.

In naher Zukunft sind noch weitere Vorschriften, wie die Haltungsrichtlinien (sie regeln, wie die Chamäleons in Zukunft zu pflegen und unterzubringen sind) und der Sachkundenachweis (eine Art Angel- oder Führerschein für Terrarianer) zu erwarten. Wer sich weitergehend mit den Chamäleons beschäftigen möchte, kann dies am sinnvollsten innerhalb der Chamäleon-AG der DGHT (Kontaktadresse: Wolfgang Schmidt, Isenacker 4 in 59494 Soest) verwirklichen.

7. Unterbringung und Pflege

Wenn man sich Statistiken des Bundesamtes über den Import von Chamäleons bis 1986 anschaut (veröffentlicht im DGHT-Rundbrief Nr. 95, November 1987), könnte man meinen, daß Chamäleons in unseren Terrarien überaus häufig seien. Dem ist aber leider nicht so. Denn in der Statistik steht nicht, daß die meisten Chamäleons unsachgemäß importiert worden sind. Wer um die Schwierigkeiten bei der Haltung von Chamäleons weiß, kann sich vorstellen, wieviele von den importierten Tieren lebend bei den Liebhabern ankamen. Fast alle Chamäleons bergen Parasiten, die sich in den vom Transport geschwächten Tieren stark vermehren und eine zusätzliche Todesursache sein können. Der Terrarianer, der dann das in erbärmlichem Zustand befindliche Chamäleon kauft, hat kaum noch eine Chance, es länger als 1-2 Monate am Leben zu halten. So entstand das Märchen von der Unhaltbarkeit der Chamäleons. Wir wollen im folgenden auf wichtige Gesichtspunkte ihrer Haltung eingehen, denn Chamäleons, die man aus einem fachgerechten Eigenimport oder besser noch aus einer Nachzucht erhält, sind durchaus dankbare Pfleglinge im Terrarium.

Leider stehen uns für die Haltung und Zucht keine Universal-Terrarien zur Verfügung. Vielmehr muß jedes Terrarium nach den spezifischen Ansprüchen des Pfleglings gebaut oder ausgewählt, eingerichtet und aufgestellt werden.

Der ideale Standort eines Terrariums sollte einer direkten Sonneneinstrahlung nur in den frühen Morgen- oder späten Abendstunden ausgesetzt sein. Den Chamäleons droht sonst leicht der Tod durch Überhitzung. Bei Erdchamäleons und Urwaldbewohnern muß das Becken sogar so aufgestellt werden, daß es von der Sonne nie erreicht werden kann. Südzimmer sind nur bedingt zur Unterbringung von Hochlandformen geeignet, da die Temperaturen dort im Sommer zu hoch steigen können. Ihr Terrarium steht im Sommer am besten im Freien.

Am gebräuchlichsten und am leichtesten zu handhaben sind mit Silikon geklebte Glasterrarien. Ihr Bau wurde schon sehr oft und ausführlich in der Literatur beschrieben, so daß wir hier nur auf einige Einzelheiten eingehen, die berücksichtigt werden müssen. Adressen, wo man sich geeignete Terrarien anfertigen lassen kann, sind im Anhang aufgeführt.

Für alle Chamäleons gilt, daß sie lieber Terrarien mit einer großen Tiefe bewohnen als schmale Behälter. Eine Rückzugsmöglichkeit nach hinten trägt maßgeblich zum Wohlbefinden der Pfleglinge bei. Die benötigte Größe des Terrariums ist abhängig von der Größe und dem Temperament des Tieres (genauere Angaben s. Artenbeschreibungen). Für baum- und buschbewohnende Chamäleons eignen sich Terrarien, die höher als lang bzw. tief sind. Für Bodenbewohner kommen Terrarien in Frage, die länger und tiefer als hoch sind. Die meisten der im Handel üblichen Terrarien sind nur für bodenbewohnende Chamäleons geeignet. Wichtig bei der Auswahl des Terrariums sind die Lüftungsflächen. Mit ihrer Hilfe steuert man die relative Luftfeuchtigkeit, besonders bei kleinen Becken, aber auch die Temperatur: Außerdem kann man mit ihnen dem „Frischluftbedürfnis“ der Chamäleons Rechnung tragen. Die häufig geäußerte Meinung, daß Chamäleons ein besonderes „Frischluftbedürfnis“ haben, trifft nur auf einige Arten zu. Vielmehr wurde häufig versucht, Krankheiten und Haltungsfehler wie Streß oder zu hohe Temperaturen so zu erklären. Für alle Chamäleons ist es unumgänglich, daß im Deckel und an den Seiten oder in der Front ein Lüftungsgitter vorhanden ist, damit keine Stickluft entsteht. Vergrößert man die Lüftungsflächen, so sinkt die relative Luftfeuchtigkeit. Verkleinert man die Lüftungsflächen, so steigt sie. Urwaldbewohner, wie die meisten Erdchamäleons, brauchen für ihr Wohlbefinden eine relative Luftfeuchtigkeit von nachts 100% und tagsüber 70-100%. Dies erreicht man nur in Terrarien mit kleinen Lüftungsflächen und durch häufiges Sprühen. Für einige afrikanische Hochlandbewohner eignen sich sehr gut Terrarien, die aus einem Holz- oder Aluminiumgestell be-

stehen, das an allen Seiten mit Gaze bespannt ist. Hier muß man allerdings Tücher zwischen die Terrarien hängen, damit kein Sichtkontakt besteht.
Unsere „Normalterrarien“ sind aus Glas. Die Seiten und die Rückwand sind mit dünnen Korkplatten beklebt, und auch der Boden kann mit Kork ausgelegt sein. Ansonsten dienen alle üblichen Materialien als Bodengrund. Bei einigen Arten hat es sich als vorteilhaft erwiesen, an einer Seite oder an der Rückwand einen kleinen, flachen, rauhen Stein zu kleben, an dem die Chamäleons ihre lose Haut abscheuern können. Die Einrichtung besteht aus zahlreichen Kletterästen, durch die der Innenraum geschickt unterteilt wird und auf denen die Tiere ihren Bewegungsdrang befriedigen können. Eine Stelle wird als Rückzugsgebiet für die Chamäleons etwas dichter bepflanzt. Ansonsten runden einige Rankpflanzen die Dekoration ab. Will man Terrarien an einander gegenüberliegenden Wänden aufstellen, so muß man auch hier darauf achten, daß kein Sichtkontakt besteht. Notfalls kann man einen Vorhang zwischen die Terrarien ziehen.

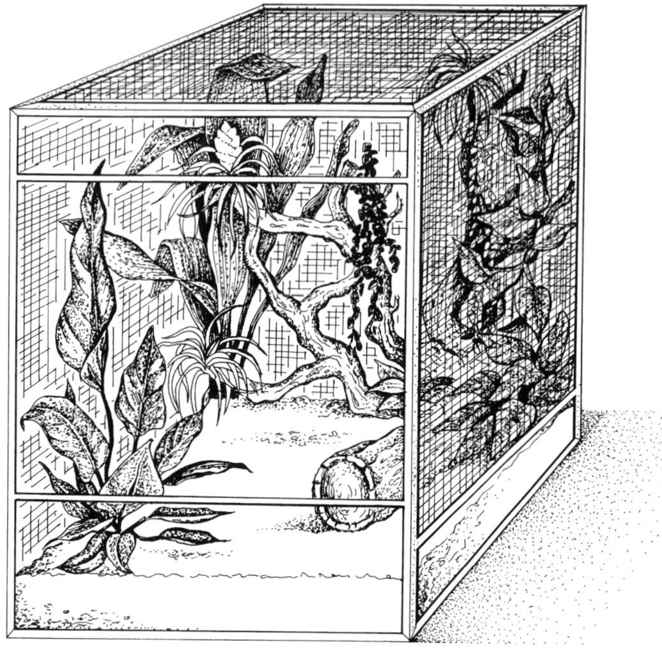

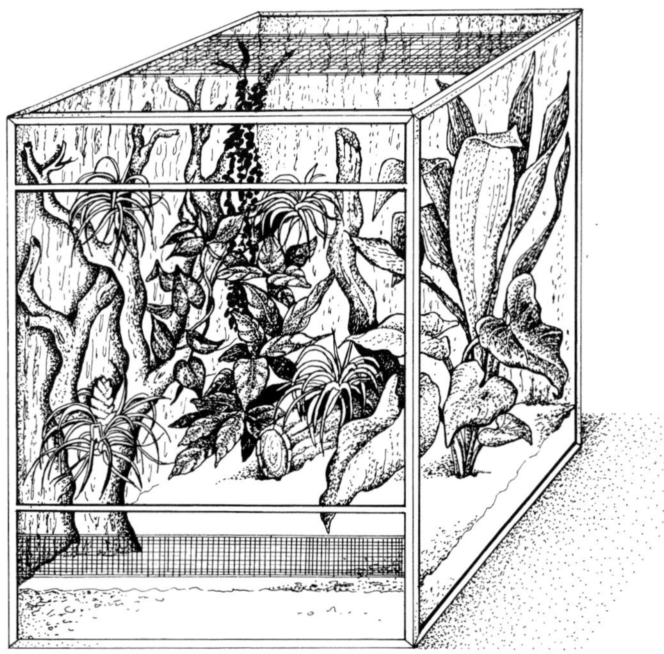

Entsprechend der unterschiedlichen Anforderungen an ihren Lebensraum benötigen Chamäleons verschiedene Terrarientypen.
Das oben abgebildete Terrarium eignet sich mit seinen großen Lüftungsflächen in erster Linie für Arten aus den Trockengebieten.
Nebenstehend ist ein Terrarientyp dargestellt, bei dem sich durch die kleineren Lüftungsflächen eine hohe Luftfeuchtigkeit erzeugen läßt.

Hoffnung auf Nachzucht: Ein Weibchen von *Furcifer lateralis* vergräbt seine Eier im Bodengrund.
Foto: W. Schmidt

Nun zu den für bestimmte Chamäleongruppen zu berücksichtigenden Besonderheiten. Als erstes müssen die Weibchen der eierlegenden Arten erwähnt werden. Damit diese ungestört ihre Eier vergraben können, benötigen sie je nach Größe eine unterschiedlich hohe Bodenschicht. Bewährt hat sich eine untere Schicht aus Lekaton oder Styroporschnipseln zur Drainage, auf der ein 10-30 cm hohes, leicht feuchtes Sand-Torf-Gemisch geschichtet wird. Ohne eine geeignete Eiablagemöglichkeit behält das Weibchen die Eier im Körper und stirbt schließlich, wenn diese sich zersetzen.

Bei den Erdchamäleons verzichtet man am besten auf den Bodengrund und beklebt stattdessen den Boden mit Kork. Darauf wird eine aus Korkschnipseln bestehende Schicht gelegt, durch die die Tiere gerne laufen, und in der die Weibchen ihre Eier ablegen. Diese Schicht soll die Laubschicht ersetzen. Natürlich vergraben auch die Erdchamäleon-Weibchen ihre Eier im Substrat. Da es sehr schwierig ist, die Eier dort zu finden, sollte man hierauf verzichten.

Zur Aufzucht der kleinen Chamäleons eignen sich eine ganze Reihe von kleinen Behältern und Terrarien. Besonders häufig werden umgebaute Vorratsdosen verwendet, weil man sie bei unregelmäßigem Bedarf gut einsetzen kann. Hierfür kommen klarsichtige, viereckige Plastikdosen, die eine Mindestgröße von L12xT12xH18 cm haben, in Frage. Der Deckel wird ganz ausgeschnitten und mit feinmaschigem Draht beklebt. Zusätzlich kann man noch in eine Seite ein Loch schneiden und dieses mit Gaze abdichten. Eine andere Seite wird mit einer dünnen Korkplatte beklebt, so daß man die Dosen nebeneinander aufstellen kann, ohne daß Sichtkontakt zum Nachbarbehälter besteht. Die Einrichtung besteht aus kleinen Ästen und einer Rankpflanze wie *Ficus pumila*. Auf die Dosen kann man jetzt eine Leuchtstoffröhre legen, und schon ist die Aufzuchtstation „für alle Fälle" fertig. Sollten die Temperaturen in den Dosen nicht ausreichen, kann man die Dosen gut mit einem Heizkabel von unten erwärmen. Aber Vorsicht, die kleinen Chamäleons sterben schnell an

Die im Text beschriebene Kinderstube für Chamäleonbabys mit einem frisch geschlüpften *Chamaeleo montium*.
Foto: W. Schmidt

Während der ersten Lebenswochen können Dreihornchamäleons noch in kleinen Gruppen zusammen sein. Danach ist die Einzelhaltung jedoch unumgänglich. Foto: W. Schmidt

Überhitzung! Damit das Ganze nicht wie eine lose Dosensammlung aussieht, kann man die Dosen in einem aus Holz gebauten, kleinen Schrank unterbringen, was bei einigem Geschick recht hübsch aussieht. Wer regelmäßig und in größeren Mengen kleine Chamäleons zu versorgen hat, für den lohnt sich der Bau einer fest installierten Aufzuchtanlage. Unsere Anlagen bestehen aus langgestreckten Terrarien der Größe L10xT10xH30 cm, die dann langsam mit der Größe der kleinen Chamäleons bis auf L 20 x T 20 x H 50 cm anwachsen. Besonders bewährt hat sich das Format L 10 x T 15 x H 50 cm. Wegen der großen Gefahr der Überhitzung sollten der gesamte Deckel und ein breiter Streifen der Vorderfront als Lüftung dienen. Als Beleuchtung verwenden wir in der Zeit nach dem Schlupf ausschließlich Leuchtstoffröhren. Erst später werden zusätzlich kleine Spotstrahler eingesetzt. Frau FRIEDERICH bietet ihren Nachzuchten sofort die milde Strahlungswärme einer 25-W-Lampe. Ausstattung und Einrichtung gleichen denjenigen in den großen Terrarien.

Alle neu erworbenen Tiere sind zunächst mit großer Vorsicht zu behandeln. Bei Chamäleons ist eine längere Quarantäne in speziellen Becken unumgänglich. Für diesen Zweck eignen sich alle üblichen Terrarien, besonders die im Handel angebotenen Plastikbecken. Die Ausstattung sollte denkbar einfach sein: Bodengrund aus Zeitungspapier, eine eingetopfte Pflanze und einige Äste (bei nachgewiesenem Parasitenbefall ist alles nach Abschluß der Behandlung wegzuwerfen). Auf eine Pflanze sollte man nicht verzichten, da die geschwächten Tiere ohne Versteckmöglichkeit einem dauernden Streß ausgesetzt wären und dieser die Chamäleons weiter schwächen würde. Während der Eingewöhnungsphase sollte man überprüfen, ob die Tiere einwandfrei fressen und trinken und ob Verletzungen vorliegen. Empfehlenswert ist es, einige Kotuntersuchungen durchführen zu lassen (s. Krankheiten). Besonders erwähnen möchten wir noch, daß sich einige Chamäleon-Arten für die freie Haltung im Zimmer, im Wintergarten oder im Gewächshaus eignen. Die Chamäleons bewohnen gerne eine gut bepflanzte Fensterbank. Dabei müssen einige Punkte beachtet werden. So müssen Spotstrahler installiert sein, an denen sich die Tiere jederzeit aufwärmen können. Eine Futterdose stellt man an einen Platz, den die Chamäleons gut erreichen und einsehen können. Da die relative Luftfeuchtigkeit im Zimmer niedriger ist als im Terrarium, müssen die Tiere auch häufig getränkt werden. Ihr Wasserbedarf wird ausreichend gedeckt, wenn man die Pflanzen jeden Tag etwas ansprüht und das Tier jeden zweiten Tag getränkt wird. Bei freier Haltung ist es unerläßlich, sich anzugewöhnen, das Zimmer vorsichtig zu betreten und zunächst auf den Boden zu sehen. Viele Chamäleons scheuen sich nicht, auf dem Fußboden umherzulaufen. Allzuleicht tritt man auf ein Tier oder quetscht es mit der Tür, wenn sie sich nach innen öffnen läßt. Hier erlaubt ein Spiegel am Boden neben der Tür eine Kontrolle, wenn die Tür erst handbreit geöffnet ist.

Ein Problem stellen die trächtigen Weibchen der eierlegenden Arten dar. Bereits einige Tage vor der Eiablage fangen sie mit der Suche nach einem geeigneten Ablageplatz an. Wie eine Fensterbank nach zahlreichen Probebohrungen eines *Furcifer pardalis* aussieht, brauchen wir wohl nicht zu beschreiben. Es empfiehlt sich, die Weibchen direkt nach der Paarung in ein geeignetes Terrarium zu setzen und sie dort bis zur Eiablage zu pflegen.

Für eine Haltung in Wintergärten und Gewächshäusern eignen sich besonders Arten, die aus extrem heißen Gegenden kommen, denn alle Glashäuser heizen sich in der Sonne besonders stark auf und kühlen nachts stark ab. Hier muß man für die darin gepflegten Chamäleons besondere Mikroklimate (kühle, feuchte Ecken) schaffen, in die sich die Tiere bei zu großer Hitze zurückziehen können. Die Wintergärten bzw. Gewächshäuser müssen außerdem so beheizt sein, daß die Temperaturen nachts nicht unter 10°C sinken. Ein Nachteil dieser Haltungsart besteht darin, daß man die Gelege nur mit großen Schwierigkeiten findet, da die Chamäleon-Weibchen die Ablagestelle meist sehr gut tarnen. Hier empfiehlt sich ebenfalls, die trächtigen Weibchen in besondere Terrarien zu setzen. Ein Vorteil dieser Haltungsart besteht darin, daß man mehrere Tiere zusammenhalten kann, ohne daß sie sich ständig sehen. Dies ist ein großer Vorzug während der Paarungszeit, denn dann können sich die Tiere paaren, wann immer sie wollen, ein Vorteil, der sich deutlich auf die Anzahl der befruchteten Eier auswirkt.

Nachdem wir so oft vor der Gefahr der Überhitzung gewarnt haben, müssen wir auch etwas zum gegenteiligen Fall sagen. Niedrige Temperaturen werden im allgemeinen besser vertragen als zu hohe, aber auch hier ist Vorsicht geboten. So verträgt z.B. *Furcifer pardalis* von Nosy Bè keine Temperaturen unter 15°C. Es ist nicht unbedingt ratsam, alle Temperaturen, wie sie in der Natur vorherrschen, nachzuahmen. Viel-

Üppig bepflanzte Blumenfenster eignen sich ebenfalls für die Pflege einiger Chamäleonarten, zu denen auch *Chamaeleo jacksonii xantholophus* gehört. Foto: W. Schmidt

mehr scheint ein gesundes Mittelmaß der richtige Weg zu einer erfolgreichen Haltung zu sein. Tagsüber sollten die Temperaturen immer im Bereich der Aktivitätstemperatur liegen. Zusätzlich muß aber immer eine Wärmequelle in Form eines Spot- oder Halogenstrahlers vorhanden sein, unter der sich die Chamäleons bis auf ihre Vorzugstemperatur erwärmen können. Zum Wohlbefinden ist eine nächtliche Absenkung von etwa 7-9°C unbedingt erforderlich! Sie wird in Terrarien im Regelfall bereits durch das Abschalten der Beleuchtung und der Heizung erreicht. Die Nachtabsenkung scheint für einen erholsamen Schlaf wichtig zu sein: Wahrscheinlich ist dies in der Herabsetzung des Stoffwechsels begründet. Bietet man Tieren einer Chamäleon-Art, in deren natürlichem Verbreitungsgebiet es zu einer starken Abkühlung während der Nacht kommt, keine kühlen Nächte, so lassen sie stark in der Vitalität nach und leben erheblich kürzer.
Zum Beheizen der Terrarien hat man eine ganze Reihe von Möglichkeiten. Kleine Terrarien erwärmt man am einfachsten mit einem Heizkabel, große Becken mit den Vorschaltgeräten der Beleuchtungskörper oder mit Spot- bzw. Halogenstrahlern. Bei den normalen, verspiegelten Spotstrahlern haben sich Leistungen zwischen 15 und 40 Watt, bei den Halogenstrahlern Leistungen von 20 Watt bewährt. Die Strahler sollten so installiert sein, daß die Chamäleons sie nicht berühren können, sonst drohen Verbrennungen am Schuppenkleid. Deshalb muß man bei der Einrichtung darauf achten, daß zwischen Tier und Lampe immer 4 cm Abstand sind. Das erreicht man, indem man die Äste nicht bis an die Lampe heranreichen läßt. Terrarien, die mit HQL-Lampen oder ähnlichem beleuchtet werden, benötigen meist keine zusätzliche Heizung, da die Lampen sehr viel Wärme abstrahlen. Häufig wird die Befürchtung geäußert, daß die Chamäleons mit ihrer Zunge gegen die Lampe schießen und sich auf diese Weise verletzen könnten. Wir verwenden seit vielen Jahren Strahler und Lampen in unseren Terrarien, ohne daß wir jemals einen Schuß gegen die Lampe bemerken konnten.

7.1 Künstliche Sonne?

Wenn man bedenkt, daß der Sonnenschein in den Tropen eine Beleuchtungsstärke von 100.000 Lux hat (selbst im Schatten eines Baumes sind es noch 10.000 Lux), dann wird jedem klar, wie schwer es ist, die natürlichen Gegebenheiten im Terrarium seines Pfleglings auch nur annähernd zu erreichen. Die meisten Chamäleons sind „Sonnenanbeter". Die Beleuchtungsstärke spielt deshalb eine wichtige Rolle für ihr Jagdverhalten und trägt außerdem zur erhöhten Vitalität der Tiere bei. SCHUSTER (1979) wies für das Dreihornchamäleon (*Chamaeleo jacksoni*) nach, daß eine Beleuchtungsstärke von mindestens 100 Lux für das erfolgreiche Fangen von Futtertieren erforderlich ist. Um sich die Beleuchtungsstärke besser vorstellen zu können, ein Beispiel: Eine Glühlampe von 40 Watt erzeugt in 1 m Entfernung gerade noch 35 Lux. Weiter kann man leicht beobachten, daß die Chamäleons ihr ganzes Verhaltensrepertoire erst ab einer gewissen Beleuchtungsstärke zeigen. Am leichtesten haben es noch Terrarianer, die ihre Chamäleons in Gewächshäusern oder Wintergärten pflegen können, denn selbst auf einer Fensterbank hat man nur noch eine Beleuchtungsstärke von 2.000 Lux.
Zur Beleuchtung der Terrarien eignen sich nur hochwertige Leuchtstoffröhren, zum Beispiel die Serie „lumilux" von Osram sowie Metalldampfentladungs- und Halogenlampen. Für kleine Aufzuchtbecken reicht eine Leuchtstoffröhre, für Terrarien mit einer Höhe von 50 cm benötigt man schon mindestens zwei Leuchtstoffröhren und für höhere entsprechend mehr. STETTLER (1973) gibt an, daß man für ein Terrarium der Größe L70xT40xH75 cm bereits 4-6 Leuchtstoffröhren braucht. Sind die Terrarien noch höher, dann

sollte man nur noch Metalldampfentladungslampen verwenden. Bewährt haben sich die HQL-Lampen. Wenn sie an der Innenseite des Terrariendeckels installiert sind, verliert man kein Licht und hat gleichzeitig eine gute Wärmequelle. Die neuen Joddampfentladungslampen (HQI) weisen eine wesentlich höhere Lichtausbeute als die HQL-Lampen auf. Gerade für Sonnenanbeter scheint diese Art von Leuchten wie geschaffen zu sein. Es gibt sie bereits in Größen ab 35 Watt, doch leider sind sie in der Anschaffung sehr teuer. Das wird aber durch die lange Betriebslaufzeit und den geringen Stromverbrauch ausgeglichen. Bei Lampen sollte man nur die Lichtfarbe „Tageslicht" verwenden, da sie vom Farbspektrum her dem Sonnenlicht am ähnlichsten ist und für unsere Augen das angenehmste Licht hat. Bei Leuchtstoffröhren hat sich eine Kombination von den Lichtfarben „Tageslicht" und „Warmton" bewährt. Wichtig ist auch der Einsatz hochwertiger Reflektoren (im Aquarienhandel erhältlich). Mit ihnen läßt sich die Lichtausbeute leicht um 40% steigern. Die seit einiger Zeit angebotenen Halogenstrahler sind ideal als punktförmige Lichtquelle zur Ergänzung der Leuchtstoffröhrenbeleuchtung. Leider muß man sie mit Niedervoltspannung (Transformator) betreiben, so daß sich eine Anschaffung erst bei mehreren Terrarien lohnt.

Die Beleuchtungsdauer sollte entweder den natürlichen Verhältnissen nachempfunden sein oder aber konstant 12-14 Stunden täglich betragen (außer bei *Chamaeleo chamaeleon*, s. Artenbeschreibungen). Gute Erfahrungen haben wir damit gemacht, daß wir die Tiere den Sommer über im Garten gehalten haben. Man sieht förmlich, wie die Echsen in der Sonne aufleben, die Farben leuchtender werden und die Aktivität zunimmt. Geeignete Behälter für einen Freiluftaufenthalt sind Drahtterrarien, die an einem windgeschützten, halbschattigen Platz aufgestellt werden (Überhitzungsgefahr beachten und an Nachbars Katze denken). Man sollte die Chamäleons nicht frei im Garten umherlaufen lassen, denn es reichen wenige Minuten und man findet die Tiere nicht wieder!

Häufig wird der Einsatz von UV-Lampen empfohlen. Einige halten ihn für lebensnotwendig, andere schreiben ihm zumindest eine vitalitätsfördernde Wirkung zu. Wir züchten Chamäleons bereits über einige Generationen ohne den Einsatz von irgendwelchen UV-Lampen, und ohne dadurch nachteilige Wirkungen auf unsere Pfleglinge zu bemerken. Bei reichlicher Vitamin-D-3-Gabe kann man nach unserer Meinung getrost auf UV-Strahler verzichten. Abschließend muß noch einmal gesagt werden, daß die Chamäleon-Arten unterschiedliche Anforderungen an die Beleuchtung stellen. Hierauf wird in den Artenbeschreibungen eingegangen.

7.2 Technische Hilfsmittel

Zeitschaltuhren stellen heute ein Muß bei jeder Terrarienhaltung dar, denn wer ist schon in der Lage, jeden Tag zur gleichen Zeit das Licht oder die Heizung an- und auszuschalten? Mit ihrer Hilfe erzielt man eine Regelmäßigkeit, die dem Wohlbefinden der Chamäleons förderlich ist. Man kann durch Ausprobieren genau herausbekommen, wann und für wie lange zum Beispiel die Heizung eingeschaltet bleiben muß, damit die Temperaturen nicht zu stark absinken bzw. hoch genug ansteigen. Will man dieses von Hand machen, so stellt ein einzelnes Terrarium bereits eine tagesfüllende Aufgabe dar. In der letzten Zeit halten Sprühanlagen immer häufiger Einzug in die Terrarien. Mit ihnen kann man die täglich anfallende Arbeit auf ein Minimum reduzieren. Zu den dann noch erforderlichen manuellen Tätigkeiten gehören das Füttern und zusätzliche Tränken großer Tiere. So bleibt viel Zeit, die Pfleglinge zu beobachten und zu studieren. Gleichzeitig verschafft eine Sprühanlage ihrem Besitzer auch mehr Freizeit, denn er muß nicht mehr jeden Tag anwesend sein und kann beruhigt mal ein Wochenende wegfahren.

Wir wollen im folgenden die gebräuchlichste Sprühanlage nach Karl Steffen kurz beschreiben. Sie wird mit dem normalen Wasserleitungsdruck betrieben. Dadurch fällt die Anschaffung von aufwendigen Pumpen und Tanks weg. An die Wasserleitung wird ein im Elektrofachhandel erhältliches Magnetventil angeschlossen. In den Terrarien sind Düsen der Firma „Gloria" installiert (erhältlich als Ersatzdüsen für Gloria-Gartenspritzen), die über ein Schlauchsystem mit dem Magnetventil verbunden sind. Seit einiger Zeit sind digitale Zeitschaltuhren auf dem Markt, deren kürzeste Zeitschaltung 1 Minute beträgt. Damit kann man die Terrarien jetzt minutenweise besprühen. Nachteile durch schlechtes oder zu kaltes Wasser sind bis heute nicht aufgetreten. Bei einigen Zeitschaltuhren kann man zusätzlich noch die Tage programmieren, so daß die Sprühanlage nicht täglich sprüht und man von Hand an bestimmten Tagen vitaminisiertes Wasser sprühen kann. Alle Terrarien, die an ein solches System angeschlossen sind, müssen mit Überläufen ausgestattet werden, die das Wasser in ein Abflußrohr leiten.

Weiterhin ratsam sind Thermostate, die bei Erreichen einer bestimmten Temperatur die Beleuchtung aus- und einen Ventilator einschalten.

8. Die Ernährung

Die Ernährung der Chamäleons stellt heute kein Problem mehr dar. In vielen Zoogeschäften und im Versandhandel kann man eine ganze Reihe unterschiedlicher Futterinsekten kaufen. Insekten aus der freien Natur sollte man wegen der Gefahr möglicher Insektizidbelastungen, aber auch aus Naturschutzgründen nicht verfüttern. Am billigsten und besten ist die eigene Futterzucht. Denn dann weiß man, wie gut und hochwertig die Futterinsekten sind. Bei dem im Vergleich mit der Natur doch recht geringen Angebot an unterschiedlichen Futtertieren muß man unbedingt auf deren abwechslungsreiche und vielseitige Fütterung achten. Nur so kann man die Chamäleons ausgewogen ernähren. Über das Anlegen von Futterzuchten gibt es zahlreiche Bücher, von denen wir besonders das Buch FRIEDERICH/VOLLAND (1981) empfehlen möchten. Preiswerte Futtertiere als Abwechslung zu den Hauptfuttersorten Grillen, Heuschrecken und Schaben, sind Fliegen. Am einfachsten erhält man sie, wenn man in einem Anglerfachgeschäft ein Päckchen Pinky-Maden kauft. Diese stellt man dann warm, damit sich die Maden verpuppen und die Fliegen etwa 14 Tage später schlüpfen. Sie werden dann in großen Plastikdosen (ab 3 l Volumen) mindestens 3 Tage lang mit Zuckerrübenmelasse, Milchpulver, Kindermilchbrei und vitaminisiertem Trinkwasser gefüttert. Anschließend werden sie, gut eingestäubt mit Korvimin ZVT, verfüttert. Einige Chamäleon-Arten sind regelrecht verrückt nach Fliegen.

Ein weiteres Futtertier, dessen Zucht wir noch kurz beschreiben wollen, ist die Grüne Schabe (*Panchlora nivea*), da sie die Chamäleonhaltung unter Umständen vereinfachen kann. Die Grüne Schabe wird in dicht schließenden Terrarien mit der Mindestgröße L40xH40xT40 cm gehalten, in die eine etwa 10 cm hohe, immer naß zu haltende Gartenerde-, Torf- oder Kleintierstreuschicht gegeben wird. Wichtig sind kleine Lüftungsflächen an der Seite und im Deckel, damit keine Stickluft entsteht. Beim Hantieren im Zuchtbehälter muß man vorsichtig sein, da die adulten Tiere fliegen können. Auf die Bodenschicht gibt man 5 oder 10 dicht übereinandergestapelte Eierkartons. Gefüttert wird mit Bananen, Bananenschalen, anderen Obstsorten und Salat. Einmal in der Woche werden Katzentrokkenfutter und Blütenpollen gereicht. Ferner sollte man auch immer etwas Honig anbieten. Je mehr Schaben vorhanden sind, desto mehr Bananenschalen oder Bananenstückchen muß man verfüttern. Reste sollten wegen der Gefahr, daß sich zu viele Milben im Zuchtbehälter ausbreiten, immer entfernt werden. Bei zu starkem Milbenbefall muß man die Lüftungsflächen vergrößern. Die Temperatur sollte tagsüber möglichst über 30°C liegen und nachts nur ein wenig sinken. Der Vermehrungszyklus dauert sehr lange, doch die Geduld lohnt sich, da man ein sehr begehrtes und attraktives Futtertier erhält. Verfüttert werden die Schaben am besten nur mit der Futterpinzette oder von der Nadel. Die Zucht ist nicht so ertragreich wie die anderer Schabenarten.

Im allgemeinen fressen Chamäleons alle lebenden Insekten. Wir verfüttern verschiedene Grillen, Schaben, Heuschrecken, Fliegen, Wachs- und Mehlmotten, Getreideschimmelkäfer, Mehlwürmer, Schwarzkäferlarven, Asseln und Spinnen, speziell für Jungtiere verschiedene Drosophila-Arten, kleinste Grillen und Springschwänze. Einige große Chamäleon-Arten verzehren auch gerne Mäusebabys. Leider müssen wir hier auch einige gern gefressene Beutetiere nennen, die wir aus verständlichen Gründen nicht empfehlen. So erbeuten die Weibchen von Furcifer pardalis gerne kleine Taggecko-Arten. Herr STOCKEY (mündl. Mitteilung) beobachtete, wie sein Pantherchamäleon-Weibchen junge *Epipedobates tricolor* fraß. *Bradypodion fischeri* frißt kleine Anolis-Arten, und die „echten Echsenfresser" schließlich wie *Calumma brevicornis* und *Chamaeleo melleri* lassen keinen Gecko aus. Frau FRIEDERICH (mündl. Mitteilung) beobachtete, daß ihr *Chamaeleo calyptratus* gerne

Junge Erdchamäleons, hier *Brookesia minima*, können nur mit Kleinstfutter wie z. B. Springschwänzen ernährt werden. Foto: W. Schmidt

Bradypodion pumilum gefressen hätte. Aus einigen Gegenden Madagaskars weiß man, daß sich die Einwohner große *Furcifer oustaleti* in den Garten und ins Haus holen, damit sie alles „Ungeziefer" verzehren.

Leider werden manche Chamäleons in der Gefangenschaft sehr wählerisch, was das Futter angeht. Nach einer kurzen Übergangszeit akzeptieren sie nur noch ihr Lieblingsfutter. So weit darf man es gar nicht erst kommen lassen! Man verhindert das, indem man möglichst abwechslungsreich füttert. Fast alle Chamäleons haben eine Vorliebe für grüne Futterinsekten. Selbst die größten Futterverweigerer – dies kommt häufig bei frischen Importen vor – werden beim Anblick einer Grünen Schabe oder grünen Heuschrecke schwach. Gefüttert wird täglich, mit Ausnahme eines Fastentages in der Woche. Wieviel Futter die einzelnen Arten benötigen, ist den Artenbeschreibungen zu entnehmen.

Häufig hört man, daß Chamäleons in der Gefangenschaft verfetten. Meist stellt sich beim Nachfragen heraus, daß die Tiere, z.B. durch zu wenig Wasser, eine Fettniere oder ähnliches bekommen haben und verendet sind. Verfettungen von Chamäleons durch zu viel Futter bei gleichzeitiger verschwenderischer Gabe von Vitaminen sind uns nur in wenigen Fällen bekannt geworden. Dabei war in einem Fall das Tier so schwer geworden, daß die Knochen verkrümmt gewachsen waren. Allgemein läßt sich sagen, daß die langsamen Arten eher zu Verfettungen neigen als die lebhaften Arten. Besonders vorsichtig – mit der Diagnose auf Verfettung – sollte man bei den Weibchen sein. Uns selbst ist ein Weib-

Eine üppige Mahlzeit stellt die erbeutete Wanderheuschrecke dar.
Foto: L. Bindewald

chen, das wir nach „Expertenart“ auf Diät setzten, einige Tage nach einer Eiablage (die Trächtigkeit war nicht erkannt worden) gestorben. In der Regel fressen die Tiere nur so viel, wie sie brauchen.

Nach unseren Beobachtungen ist die günstigste Fütterungszeit für Stummelschwanz-Chamäleons morgens und für Echte Chamäleons nachmittags, wenn die Tiere sich voll erwärmt haben. Große Chamäleons gewöhnt man an eine Futterpinzette oder eine Futterdose, von bzw. aus der sie das Insekt schießen können. Aber nicht alle gewöhnen sich daran, den sehr scheuen Tieren muß man die Insekten ins Terrarium schütten. Bei kleinen Arten und Nachzuchten geben wir einmal täglich eine entsprechende Menge an Drosophila oder kleinen Heimchen ins Terrarium.

Ab und zu kommt es leider auch vor, daß man Chamäleons zwangsfüttern muß. Bei vielen Arten ist dies sehr einfach: Sobald das Chamäleon aus dem Terrarium genommen wird, reißt es das Maul auf, und man kann ihm das Futter oder das Medikament weit genug ins Maul schieben. Öffnet das Tier nicht freiwillig das Maul, kann man es ärgern (z.B. streicheln, aufs Maul tippen oder leicht auf die Augen drücken), um es so zu bewegen, das Maul zu öffnen. Weigert sich das Chamäleon immer noch, kann man es dem Anblick eines Artgenossen aussetzen; sollte auch das keinen Erfolg haben, läßt man das Tier besser in Ruhe. Häufig findet man den Hinweis, Chamäleons seien reine Insekten- bzw. Fleischfresser. Das stimmt nicht. Bei folgenden Arten konnten wir bisher schon beobachten, daß einzelne Tiere aktiv Pflanzen aufnahmen: *Chamaeleo calyptratus*, *Calumma brevicornis*, *Furcifer lateralis* und *Furcifer pardalis*. Das *Chamaeleo calyptratus* hatte kurz nach dem Einsetzen in ein Terrarium mehrmals Stücke aus einem *Philodendron* herausgebissen und gefressen. Wir vermuteten damals, daß es nach dem langen Transport so durstig war, daß es seinen Wasserbedarf durch Pflanzenteile decken wollte. Es fraß aber auch später immer wieder mal ein Stückchen aus einem Blatt. Dieses Verhalten zeigten auch die Nachzuchttiere. Herr HENKEL filmte ein *Calumma brevicornis* in freier Wildbahn, wie es gelbe Blüten an einem Busch regelrecht abweidete. Im Terrarium konnte Frau SEUME als erste ein *Furcifer lateralis* beim regelmäßigen Fressen von *Zebrina pendula*-Blättern beobachten. Unsere erste Vermutung, daß es sich um eine individuelle Verhaltensweise eines einzelnen Chamäleons handelte, wurde nicht bestätigt. Die gleiche Pflanze wird auch von anderen Teppich- und Pantherchamäleons gefressen, seltsamerweise aber nicht von allen Tieren. Wir können *Zebrina pendula* deshalb als Terrarienpflanze empfehlen. Ferner konnte *Calumma brevicornis* beim Fressen von Farnblättern im Terrarium beobachtet werden. Bei Magenuntersuchungen freilebender Chamäleons fand man ebenfalls pflanzliche Rückstände und Samen.

Nun zu dem wichtigsten und in

der Fachliteratur schon häufig diskutierten Thema, der Kalk- und Vitaminversorung. Auf eine Auflistung der vielen möglichen Vorgehensweisen möchten wir verzichten. Statt dessen wollen wir unsere Methode für diejenigen, die noch keine haben, kurz beschreiben. Alle, die schon seit Jahren erfolgreich Chamäleons halten und nachzüchten, sollten bei ihrem Rezept bleiben, denn es gibt sicherlich kein allgemeingültiges.

Alle – wir meinen wirklich ausnahmslos alle – Futtertiere werden mit einem Kalk-Vitamin-Gemisch (Korvimin ZVT, in der

Calumma oustaleti **ist gerade dabei, einige Wassertropfen aufzunehmen, die sich nach dem Sprühen auf den Blättern angesammelt haben.**
Foto: A. v. d. Nieuwenhuizen

Auch mittels einer Pipette oder Spritze können Chamäleons getränkt werden.
Foto: W. Schmidt

Apotheke oder beim Tierarzt erhältlich, Hersteller: Wirtschaftsgenossenschaft deutscher Tierärzte eG, Siemensstr. 14 in 30827 Garbsen) gut eingestäubt. Zusätzlich bekommen die Tiere jede Woche je nach Größe 1 bis 5 Tropfen Multimusin R ins Maul getropft. Dem Trinkwasser (bei kleinen Arten und Jungtieren dem Sprühwasser) wird zweimal in der Woche Duphafral multi in einer Verdünnung von 1:200 und auf 5 l Wasser ein Teelöffel Calciumglucanat sowie weniger als 1 Tropfen Jodlösung zugesetzt. Zur Jodbeigabe haben wir uns entschlossen, als bei einzelnen Nachzuchten Schilddrüsenvergrößerungen auftraten. Zusätzlich sollte man den Chamäleons ein Näpfchen mit Sepiaschale oder Kalzan D3 anbieten. Wiederholt konnten einzelne Chamäleons dabei beobachtet werden, wie sie aktiv Kalk aufnahmen.

Grundsätzlich decken wir den Wasserbedarf durch Sprühen, es gibt nur zwei Ausnahmen: Große Tiere ab der Größe eines ausgewachsenen *Furcifer lateralis* (Gesamtlänge ca. 15 cm) erhalten zweimal in der Woche zusätzlich aus der Pipette Wasser. Chamäleons, die nicht freiwillig trinken, spritzen wir einfach einmal das Maul voll (genauere Angaben s. Artenteil). Weiterhin müssen Tiere in Quarantänebecken von Hand getränkt werden, denn dort wird überhaupt nicht gesprüht, da die Tiere sonst ihre eigenen Krankheitskeime wieder aufnehmen würden. Hier muß man sie entsprechend alle 2 Tage tränken. Man sollte es sich angewöhnen, für jedes Chamäleon eine eigene Pipette zu benutzen, die nach dem Benutzen gereinigt wird. Nur so kann man das Übertragen von Krankheiten verhindern. Man sollte es nicht versäumen, den Chamäleons eine Trinkwasserschale anzubieten. Viele gewöhnen sich daran und trinken gerne daraus. Wieder andere trinken außer Tropfen nur bewegtes Wasser, hier hat sich der Einsatz eines Zimmerspringbrunnens (gewöhnlich in Hydrokulturanlagen benutzt) sehr bewährt. Ein Tropfenfall wird ebenfalls von vielen Chamäleons angenommen. Man nimmt dazu am besten leere Infusionsflaschen (wie sie in Krankenhäusern verwendet werden) und das dazugehörige Infusionsbesteck. Die Flaschen werden mit Wasser gefüllt und über das Terrarium gehängt. Das Infusionsbesteck wird angeschlossen und die Anzahl der Tropfen eingestellt. Der Tropfenfall braucht nicht den ganzen Tag zu laufen, der Betrieb über eine Stunde am späten Nachmittag genügt. Leider reicht die Raumhöhe selten aus, außerdem sieht das Terrarienzimmer dann meist aus wie eine Intensivstation. Einzelne Chamäleons nehmen auch Tropfen auf, die aus Kleintiertränken hervorstehen, doch leider sind dies nur sehr wenige Tiere. Es bleibt jedem selbst überlassen, hier einiges auszuprobieren. In der Fachliteratur gibt es noch zahlreiche Hinweise. Abschließend ein kleiner Tip zur Bepflanzung. Es gibt Pflanzen, wie z.B. den Nestfarn, an deren Blättern sich nach dem Sprühen große Tropfen bilden, die dort länger hängen bleiben als an anderen Pflanzen. Solche Arten sind besonders gut als Terrarienpflanzen geeignet. Fast alle Chamäleons trinken gerne aus Blattachseln und Bromelien, leider verrichten sie dort auch gerne ihr „Geschäft“, so daß die Pflanzen verfaulen.

9. Hilfe bei Krankheiten

Die Behandlung von Krankheiten ist eines der schwierigsten Themen bei der Haltung von Chamäleons. Da wir und die meisten Terrarianer nicht entsprechend qualifiziert sind, verzichten wir darauf, eine der in der Terrarienliteratur so oft üblichen Tabellen mit Krankheiten und deren Behandlung aufzustellen. Wenn man diese Tabellen sieht, könnte man leicht zu dem Schluß kommen, Diagnose und Behandlung wären ein Kinderspiel. Wir wollen dagegen nur auf die Fachliteratur zu diesem Thema verweisen und unsere Erfahrungen mit einfachen Krankheiten schildern, sowie Hinweise zur Vermeidung von Erkrankungen geben. Glücklicherweise liegen inzwischen zwei deutschsprachige Werke über Reptilienkrankheiten vor: von ISENBÜGEL & FRANK (1985) sowie von IPPEN, SCHRÖDER & ELZE (1985). Darüber hinaus können wir das englischsprachige Werk von COOPER & JACKSON (1981) empfehlen. Man sollte sich die Literatur vorsorglich zulegen, weil die Zeit knapp ist, wenn das Tier erst einmal krank ist. Für deutsche Terrarianer empfiehlt sich zuerst das Buch von ISENBÜGEL & FRANK, da die angegebenen Medikamente hier erhältlich sind. Im Zweifelsfalle sollte immer ein in der Behandlung von Reptilien er-

fahrener Tierarzt zu Rate gezogen werden. Bei der DGHT kann man die Anschriften derartig spezialisierter Veterinäre erfragen.
Wer sich ein Chamäleon anschaffen will, möchte natürlich wissen, in welchem Gesundheitszustand sich das Tier befindet. Um diesen zu erkennen, wurden schon häufig Hinweise veröffentlicht. Als erstes wird immer genannt, daß die Augen nicht in den Augenhöhlen sitzen dürfen, sondern prall herausstehen müssen. Leider können sehr viele Arten die Augen selbst in den Kopf zurückziehen und tun dies immer, wenn sie sich bedroht fühlen oder belästigt werden. Auch der Hinweis, daß die Intensität der Farbe aussagekräftig ist über den Zustand des Tieres stimmt nur bedingt. So sollten gesunde Tiere leuchtende Farben zeigen. Viel häufiger, besonders bei frisch importierten Tieren, sind die leuchtenden Farben eine Art Streßfärbung. Blasse Farben können oft Folgen einer Demutshaltung sein. Auch Haltungsfehler wie Lichtmangel oder zu niedrige Temperaturen wirken sich auf die Färbung aus.
Wirklich aussagekräftig über den Ernährungszustand des Tieres ist der Schwanz: er sollte nicht ausschließlich aus Haut und Knochen bestehen. Ein weiteres gutes Kriterium ist die Aktivität der Tiere (dies gilt aber nur für lebhafte Arten) unter normalen Bedingungen, also bei Temperaturen im Aktivitätstemperaturbereich. Auch wenn alle diese Punkte beachtet werden, braucht man eine Portion Glück, um ein wirklich gesundes Tier zu erwerben. Nachzuchten befinden sich regelmäßig in einem deutlich besseren Gesundheitszustand als Importtiere, so daß wir besonders dem unerfahrenen Chamäleonpfleger in spe deren Erwerb von empfehlen. Hat man ein Tier erworben, setzt man es sofort in ein Quarantänebecken und füttert und tränkt es erst einmal ausgiebig. Am besten schickt man den ersten Kot an eine der drei genannten Untersuchungsstellen zur kostenpflichtigen Untersuchung und bittet ggf. um Behandlungshinweise. Sollte die erste Probe keinen Parasitenbefall ergeben haben, schickt man zur Sicherheit noch eine Probe nach drei Wochen ein. Ist auch sie negativ, setzt man das Tier sofort in ein normales Terrarium. Hat das Chamäleon Parasiten, behandelt man es nach Anweisung und läßt anschließend wieder eine Kotprobe untersuchen.
Nachfolgend die Adressen von Instituten, die kostenpflichtige Kotuntersuchungen durchführen:

1. Veterinärmedizinische Fakultät der Uni Gießen, Frankfurter Str. 87 in 35392 Gießen
2. Tiergesundheitsamt Hannover, Dr. Röder, Vahrenwalder Str. 133 in 30165 Hannover
3. GeVo Diagnostik, Jakobstr. 65 in 70794 Filderstadt

Bei den vorstehenden Adressen kann man auch um Sektion verendeter Tiere bitten.
Eine der häufigsten Ursachen für den Verlust eines Chamäleons stellt die Legenot dar. Sie liegt vor, wenn ein hochträchtiges Weibchen nicht in der Lage ist, die Eier abzusetzen. Hierfür gibt es folgende Ursachen:

1. kein geeigneter Eiablageplatz;
2. zu viel Streß, z.B. durch häufiges Umsetzen des Weibchens während der Trächtigkeit oder durch den dauernden Anblick eines anderen Chamäleons;
3. eine nicht ausreichende Vitamin- und Kalkversorgung;
4. organische Erkrankungen wie z.B. eine Eileiterverstopfung.

Die Punkte 1-3 sind Haltungsfehler, ihre Behebung wurde bereits ausführlich besprochen. Punkt 4 ist der seltenste, ihm steht der normale Terrarianer hilflos gegenüber. Ist es zu einer Legenot gekommen, kann man dem Tier Oxytocin spritzen. Wir haben damit unterschiedliche Erfahrungen gemacht. Beim Teppichchamäleon (*Furcifer lateralis*) führte unter anderem auch starkes Absenken der Nachttemperatur zum gewünschten Erfolg.
Hin und wieder kann man bei Chamäleon-Weibchen nach der Eiablage oder Geburt eine Schußschwäche, oder genauer gesagt eine Zungenlähmung, feststellen. Diese Lähmung verschwindet bei reichlicher Vitamin-B-Gabe und guter Ernährung nach einigen Tagen. Als ideales Desinfektionsmittel bei kleinen Verletzungen und Schuppenveränderungen hat sich Gentianaviolett (5% Gentianaviolett in 70%igem Alkohol gelöst, in der Apotheke mischen lassen) erwiesen. Das Mittel wird einfach mit Hilfe eines Wattestäbchens auf die verletzte Stelle aufgetragen.
Häufig sind Wildfänge an der Schnauzenspitze verletzt. Meist hat sich bereits ein kleiner Eiterherd zwischen Haut und Kiefer ge-

***Furcifer pardalis* kurz vor der Häutung.** Foto: K. Liebel

bildet. Hier muß man vorsichtig die Haut am Kiefer herunterziehen, den gesamten Eiter entfernen und die Stelle mit einer antibiotischen Salbe bestreichen. Diese Behandlung führte mit Nebacetin-Salbe, die über einen Zeitraum von 14 Tagen angewendet wurde, zum Erfolg. Häutungsschwierigkeiten können eine Folge von zu hoher oder zu niedriger Luftfeuchtigkeit sein, hier muß man gegebenenfalls experimentieren. Es ist sicher nicht schlimm, wenn sich ein Chamäleon an einem Tag nicht ganz häutet, bei einigen Arten dauert es immer länger. Sieht man jedoch, daß das Chamäleon sich nicht selbst häuten kann, sollte man es einige Minuten in lauwarmem Wasser mit ein wenig Kamillosan baden und anschließend die Haut vorsichtig abziehen.

10. Eizeitigung und Aufzucht

Die erfolgreiche Zeitigung von Chamäleoneiern innerhalb des Terrariums ist bisher leider noch eine Ausnahme. Uns sind nur zwei gelungene Eizeitigungen bekannt, einmal von Herrn HENKEL bei *Brookesia stumpffi*-Eiern und von Herrn MÜLLER bei *Chamaeleo dilepis*-Eiern. Uns ist lediglich die Inkubation von *Brookesia minima*-Eiern im Terrarium gelungen. Die beiden Erdchamäleon-Arten benötigen zur Zeitigung keine hohen Temperaturen. Neben dem Risiko, Eier durch falsche Zeitigungsbedingungen zu verlieren, besteht noch die Gefahr, daß die weichschaligen Eier Beute der Futterinsekten werden. Man sollte die Eier deshalb nach der Ablage sofort aus dem Terrarium nehmen. Bei der Entnahme muß man unbedingt darauf achten, daß man die Eier nicht in ihrer Lage verändert. Der genaue Zeitpunkt, wann sich der Embryo an der oberen Seite anheftet, ist von Art zu Art unterschiedlich. Bei einigen Arten, z.B. *Furcifer lateralis* und *Furcifer campani*, kann man die Keimscheibe gut als kleinen roten Kreis erkennen. Man weiß dann sofort, daß die Eier befruchtet sind. Bei den meisten Arten sieht man die Keimscheibe jedoch nicht. Als Zeitigungssubstrat empfehlen wir nur Vermiculite oder Perlite. Das sind kleine Kunststoffschnipsel, die hervorragend Wasser aufnehmen können, ohne daß die Eier direkt mit ihm in Berührung zu kommen. Die Eier einiger Chamäleon-Arten sind sehr empfindlich gegen Tropfwasser oder zuviel Feuchtigkeit. Andere sind völlig unempfindlich und können sogar zum Nachfeuchten des Substrates besprüht werden. Die Eier nehmen nur mit der unteren Eihälfte Wasser auf, die obere dient ausschließlich dem Gasaustausch. Deshalb sollten alle Eier am besten halb im Zeitigungssubstrat vergraben werden. Das Substrat muß immer leicht feucht gehalten werden. Die für die meisten Arten richtige Feuchtigkeit hat das Substrat, wenn kein Wasser mehr von

allein austritt, es leicht zusammenhält und das Wasser beim Zerdrücken zwischen den Fingern wieder herausquillt. Es hat sich bewährt, das Substrat etwa alle 3 Wochen, wenn nötig, durch Besprühen des Dosenrandes nachzufeuchten. Als Zeitigungsbehälter eignen sich alle dicht schließenden Plastikdosen mit klarsichtigem Deckel (z.B. Quarkbecher- oder Salatbecher). Durch das regelmäßige Überprüfen der Feuchtigkeit ist auch für einen ausreichenden Luftaustausch gesorgt. Einen Brutbehälter wie er in einigen Varianten in der Literatur beschrieben ist, kann man sich selbst bauen. Wir verwenden die Brutglucken der Firma Jäger mit gutem Erfolg. Für die Eier einiger Chamäleon-Arten benötigt man gar keinen Brutkasten, da sie keine konstanten Temperaturen brauchen. So lassen sich *Chamaeleo dilepis*-Eier auch auf der Beleuchtung, bei tagsüber 30°C und nachts Zimmertemperatur, gut zeitigen.
Erdchamäleoneier zeitigt man am besten nur bei Zimmertemperatur, da sie gegen hohe Temperaturen sehr empfindlich sind. Weitere Besonderheiten werden bei den Artenbeschreibungen angegeben. Bei der Zeitigung von Eiern solcher Chamäleon-Arten, die nicht in den Artenbesschreibungen aufgeführt sind, empfehlen wir ein sorgfältiges Klimastudium des Lebensraums und der daraus folgenden Ableitung der Bruttemperatur. Grundsätzlich sollten wir bei Urwaldbewohnern nicht zu hohe Temperaturen wählen, ca. 18°C bis max. 25°C. Kurz vor dem Schlupf beginnen die Eier zu schrumpfen und zu schwitzen. Später schneiden die Jungtiere sie an einer Seite sternförmig auf und strecken den Kopf heraus. In dieser Lage verharren sie meist einige Stunden.
Wenn die adulten Tiere gut gepflegt und ausreichend mit Kalk und Vitaminen versorgt worden und die Eier richtig gezeitigt worden sind, bereitet die Aufzucht der Nachzuchttiere keine Probleme. Bereits kleine Nachlässigkeiten während der Trächtigkeit führen dazu, daß die Jungtiere nicht schlüpfen oder aber schlecht bzw. gar nicht wachsen. Für die Pflege der Nachzuchten gilt fast das gleiche wie für die der adulten Tiere. Die Jungtiere werden meistens einzeln in kleinen Behältern un-

Nahezu zeitgleich schlüpfen die kleinen *Brookesia stumpffi* aus ihren Eiern. Foto: W. Schmidt

Auch per Hand lassen sich Chamäleons tränken. So können den Tieren Vitamine und Mineralstoffe zugeführt werden. Foto: W. Schmidt

tergebracht. Man sollte sich bei vielen Arten nicht dazu verleiten lassen, mehrere Tiere zusammen großzuziehen, da die Aggressivität oft im Jugendstadium größer ist. Auch bei den anderen Arten würde das dominante Männchen alle anderen unterdrücken und die anderen Männchen an der Ausprägung der geschlechtsspezifischen Merkmale hindern. Bei den Aufzuchtbecken sollten die Belüftungsflächen größer sein als bei den Terrarien für die ausgewachsenen Tiere, da die Gefahr der Überhitzung größer ist. Zum einen, weil die Terrarien wesentlich kleiner sind und sich schneller erwärmen, zum anderen, weil die Jungtiere noch nicht so hohe Temperaturen vertragen wie die Adulti. In den kleinen Behältern ist es sehr schwierig, dafür zu sorgen, daß immer eine Ecke trocken bleibt. Am einfachsten ist es, lediglich die Blätter zu besprühen und nicht das Geäst und die Tiere. Dies ist wichtig, wenn sich die kleinen Chamäleons häuten. Denn wenn sie immer durch die Feuchtigkeit laufen müssen, klebt die frisch gelöste alte Haut wieder fest, und es kann zu Pilzinfektionen oder aber zu Wasseransammlungen zwischen alter und neuer Haut kommen. Beides führt kurze Zeit später zum Tod. Weiter muß man bei der Häutung unbedingt darauf achten, daß sich die alte Haut nicht an den Gliedmaßen aufrollt und sie abschnürt. Dann sollte man den Jungtieren beim Häuten helfen. Wichtig ist auch, nach Beendigung der Häutung kurz zu kontrollieren, ob auch die Füße frei von Häutungsresten sind; falls nicht, müssen diese vorsichtig mit dem Fingernagel abgezogen werden. Das ist eine knifflige Arbeit, die man unter Umständen, wenn sich die Tiere zu stark erregen, für Stunden unterbrechen muß. Das Wachstum der meisten Nachzuchten erfolgt nicht gleichmäßig, sondern schubweise.

Oft schließen terraristische Bücher das Kapitel „Chamäleons“ mit der Empfehlung, die Tiere nicht zu pflegen. Wir wollen uns dem nicht anschließen, sondern meinen, daß jeder selbst seine Entscheidung treffen sollte, ob er die technischen Voraussetzungen schaffen und die Chamäleons dann gewissenhaft und einfühlsam pflegen kann.

Wer sich für die Pflege der faszinierenden Drachen entscheidet, der wird bei richtiger Haltung viel Freude an seinem Chamäleon haben.

Wir können vor allem einem Anfänger nur raten, sich bei einem der zahlreichen Chamäleon-Züchter Nachzuchttiere zu besorgen. Man bemühe sich vorher um die Terrarien, die nötigen Futtertierzuchten und lese sorgfältig die Literatur, denn nur so bleiben einem viele negative Erfahrungen erspart.

Artenbeschreibungen

Im folgenden wollen wir das Aussehen, die Herkunft sowie Haltung und Zucht zahlreicher häufig gepflegter Arten ausführlich darstellen. Dabei wird bei einigen Arten auf das Paarungsverhalten und die Eizeitigung bzw. Trächtigkeit besonders ausführlich eingegangen, damit der dritte Teil dieses Buches als Nachschlagewerk genutzt werden kann.

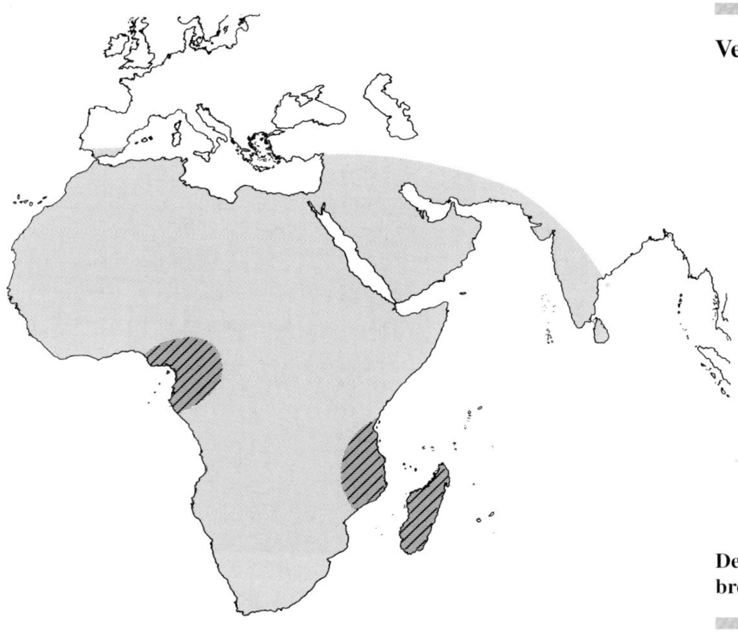

Verbreitungskarte

Der schraffierte Bereich zeigt die Verbreitungsschwerpunkte.

11. Echte Chamäleons

Unterfamilie: Chamaeleoninae

11.1 Gattung: *Bradypodion* Zwergchamäleons

Bradypodion carpenteri (PARKER, 1929)

Verbreitung und Lebensraum: *Bradypodion carpenteri* ist eine sehr seltene Chamäleon-Art aus den Ruwenzoris in Ostafrika (Uganda). Das Verbreitungsgebiet ist klein, und so existieren nur wenige Exemplare dieser Art in den Sammlungen der Museen. Die Tiere leben an den Stämmen und auf den Ästen großer alter Bäume, etwa in einem Höhenbereich von 1800-2000 Metern.

Beschreibung: Die Art zeichnet sich durch den bizarren Helmfortsatz und den knöchernen Schnauzenfortsatz der Männchen aus. Letzterer ragt wenig über die Schnauzenkante heraus, zeigt aber ca. 1 cm weit nach oben. Bei den Weibchen fehlt der Schnauzenfortsatz völlig und der Helm ist nur angedeutet. Mit einer Gesamtlänge von ca. 26 cm handelt es sich um eine mittelgroße Art, über deren Lebensweise bis heute so gut wie nichts bekannt ist.

Pflege und Zucht: Zur Pflege und Zucht liegen keine Angaben vor.

Bradypodion damaranum (BOULENGER, 1887)

Verbreitung und Lebensraum: Das Verbreitungsgebiet von *Bradypodion damaranum* umfaßt einen schmalen Küstenstreifen in der südlichen Kapprovinz, etwa von George bis Tsitsikamma, und zeichnet sich durch ein gemäßigtes, aber feuchtes Klima aus.

Beschreibung: *Bradypodion damaranum* gehört ohne Zweifel zu den schönsten Chamäleon-Arten. So weisen die Männchen meist eine smaragdgrüne bis türkisfarbige oder blaue Grundfärbung auf. Entlang der Flanken zieht sich ein langgestreckter gelb-, orange-, rot- oder bis lilafarbiger Fleck, der häufig durch einen gelben Streifen abgegrenzt ist. Die Weibchen hingegen sind meist einheitlich grün oder gelb gefärbt. Die Tiere erreichen eine maximale Gesamtlänge von ca. 18 cm.

Pflege und Zucht: Die Art benötigt unbedingt sehr gut belüftete Terrarien. Besser noch ist die freie Haltung auf der Fensterbank oder die Pflege im Gazekäfig. In den Monaten Mai bis einschließlich September können die Tiere auch in einer halbschattigen Gartenvoliere oder in einem Gazebehälter auf dem Balkon untergebracht werden. Die Tagestemperaturen im Sommer sollten bei 28°C und im Winter bei 22-24°C liegen. Nachts müssen die Temperaturen immer um mindestens 8°C sinken.

Gefüttert werden die adulten Tiere alle 2 Tage, wobei ausreichend kleine Insekten in das Terrarium gegeben werden. Durch morgendliches Überbrausen des Behälters kann man die Chamäleons tränken. Sie nehmen ihr Trinkwasser aber auch von der Pipette. Bei guter Pflege bereitet es keine Probleme, die Tiere zur Fortpflanzung zu bringen. Nach einer Tragzeit von ca. 120 Tagen gebären die Weibchen bis zu 21 lebende Jungtiere. Diese können gemeinsam in kleinen Behältern aufgezogen werden. Ab dem ersten Lebenstag schießen sie kleine Drosophila und frisch geschlüpfte Heimchen. In einem Alter von 8-12 Monaten erreichen die Tiere die Geschlechtsreife.

Bei guter Pflege können die Weibchen bis zu zwei Würfe im Jahr absetzen. Jedoch scheinen die Weibchen nach 3-4 Würfen die Fortpflanzung einzustellen. Das Höchstalter im Terrarium liegt bei 3 ½ Jahren.

Bradypodion damaranum **ist ein besonders farbenprächtig gezeichnetes Chamäleon. Die Tiere sind nur entlang eines kleinen Küstenstreifens in der südlichen Kap-Provinz zu finden. Bei der Terrarienhaltung ist unbedingt auf eine gute Belüftung des Behälters zu achten.** Foto: W. Schmidt

Bradypodion dracomontanum RAW, 1976

Zu den besonders seltenen Zwergchamäleons gehört *Bradypodion dracomontanum*. Das abgebildete Männchen stammt aus der Provinz Natal in Südafrika. Foto: W. Schmidt

Die Weibchen von *Bradypodion dracomontanum* sind recht unscheinbar gefärbt. Foto: W. Schmidt

Verbreitung und Lebensraum: *Bradypodion dracomontanum* gehört sicherlich zu den seltensten südafrikanischen Zwergchamäleon-Arten. Wie der Name schon sagt, kommt die Art nur in den südlichen und zentralen Drakensbergen in der Provinz Natal vor. Die Chamäleons leben dort in den immer grünen Wäldern, aber auch auf den „alpinen" Wiesen, etwa in den Höhenlagen von 1500-2500 Metern über dem Meeresspiegel.

Beschreibung: Die Männchen von *Bradypodion dracomontanum* besitzen eine grün-blaue Körperfärbung mit dunkelblauen Flecken und weißen Tuberkeln im Flankenbereich. Die Weibchen hingegen sind meist einfach grün oder braun gefärbt. Der Kehlkamm besteht aus bis zu 18 kleinen Schuppenlappen.

Pflege und Zucht: Die Art kann nur in gut belüfteten Terrarien gepflegt werden. Die Tageshöchsttemperaturen sollten etwa bei 25°C liegen, wobei jedoch immer ein kleiner Strahler vorhanden sein muß, unter dem sich die Tiere noch weiter erwärmen können. Sehr wichtig ist eine starke Nachtabsenkung um etwa 10°C.
Die Weibchen bringen nach einer 5monatigen Tragzeit bis zu 12 lebende Junge zur Welt. Die Nachzuchten können gemeinsam in kleinen Gazebehältern aufgezogen werden. Insgesamt erwies sich die Art als relativ streßempfindlich. Eine dauerhafte Vergesellschaftung mit anderen Tieren oder eine paarweise Pflege sollte daher unterbleiben.

Bradypodion fischeri (REICHENOW, 1895)

Verbreitung und Lebensraum: *Bradypodion fischeri* stammt aus Ostafrika (Tansania, Kenia) und bewohnt dort Büsche und kleinere Bäume an Waldrändern in einer Höhenlage von ca. 800-1700 Metern.

Beschreibung: Die Art erreicht eine Länge von knapp 40 cm, wobei etwa die Hälfte auf den Schwanz entfällt. Weibliche Tiere bleiben meist etwas kleiner. Ist die Zeichnung einzelner Exemplare auch recht unterschiedlich, so sind die Grundfarbtöne doch immer die gleichen. Das Farbspektrum dieser Chamäleons reicht von Weiß, Gelb und sämtlichen Grüntönen von Hell- bis Olivgrün über Grau und Braun bis Schwarz. Das Farbkleid der Weibchen zeigt wenig differenzierte Grüntöne in Verbindung mit gelben Farbmustern. Die kontrastreich strukturierte Färbung der Männchen ist kaum vorhanden. Auffallendstes Merkmal dieser Art sind die seitlich stark zusammengedrückten Schnauzenfortsätze, die bei den Männchen bis 20 mm Länge erreichen können, bei den Weibchen allerdings nur maximal 10 mm groß werden oder auch ganz fehlen. Der Rükken von *Bradypodion fischeri* ist mit einem Kamm kegelförmiger Schuppen versehen, die sich bei den Männchen unregelmäßig verteilt bis auf den Schwanz hinziehen, bei den Weibchen meist nach dem ersten Körperdrittel enden. Die Körperbeschuppung der Tiere ist relativ grob und unregelmäßig.

Pflege und Zucht: Zur Unterbringung der Tiere eignen sich Terrarien ab einer Größe von L40xT40xH60 cm. Als Bepflanzung bietet sich besonders ein gut verzweigter *Ficus benjamini* an. Um eine ausreichende Frischluftversorgung sicherzustellen, sollten eine Seite des Terrariums und der Terrariendeckel überwiegend aus Gaze bestehen. Ein über dem Behälter angebrachter Spotstrahler (z.B. 40 Watt) wird ausgiebig zum Aufwärmen benutzt. Die Temperaturen liegen in unseren Terrarien am Tage bei 26-27°C, bei einer Nachtabsenkung von 8-10°C. Die relative Luftfeuchtigkeit sollte tagsüber bei 50-70% liegen, nachts steigt sie durch die sinkenden Temperaturen automatisch etwas an. Um den gewünschten Wert zu erreichen, empfiehlt es sich, das gesamte Terrarium einmal vormittags zu überbrausen. Die Beleuchtungsdauer beträgt 12-14 Stunden. Kann man den Tieren direktes, ungefiltertes Sonnenlicht bieten, sollte man dies unbedingt tun. Überhaupt ist es durchaus ratsam,

die Chamäleons an warmen, sonnigen Tagen für einige Stunden in Freilandterrarien unterzubringen.
Als Futter kommen alle gängigen Sorten in Betracht: Heimchen, Grillen, Schaben, Wachsmotten und deren Raupen, Larven des Schwarzkäfers (*Zophobas*), Mehlkäfer und auch nestjunge, nackte Mäuse. Wichtig ist ein abwechslungsreiches Futterangebot, sonst wird ein zu häufig gereichtes Futter bald abgelehnt.
Die Wasserversorgung von *Bradypodion fischeri* erfolgt über eine Tropftränke. Zusätzlich können die Tiere täglich Sprühwasser aufnehmen. Ein- bis zweimaliges Tränken pro Woche mittels Pipette reicht ebenfalls völlig aus.
Ist ein Weibchen von *Bradypodion fischeri* in Paarungsstimmung, so kann man dies mit etwas Erfahrung bereits an der Färbung erkennen. Das Tier zeigt dann ein sattes, kräftiges Grün mit einigen hellen Flecken in der vorderen Körperhälfte und einen leuchtend gelben Kopf. Setzt man das Weibchen nun zu einem Männchen, so wird dieses sofort mit der Werbung beginnen. Sobald es das Weibchen erblickt, hellt es seine Grundfärbung auf, und die weißen Farbstrukturen treten deutlich hervor. Unter heftigem Kopfnikken nähert sich das Männchen dem Weibchen. Dieses bleibt ruhig an seinem Platz oder bewegt sich nur noch langsam vorwärts. Das Männchen versucht nun, das Weibchen von hinten zu besteigen. Dann kommt es zum Kloakenkontakt und zur Paarung, die etwa 10-15 Minuten dauert. Weibchen, die nicht in Paarungsstimmung oder bereits trächtig sind, färben sich beim Anblick eines Männchens schwärzlich-grün und versuchen hastig zu flüchten. Die Paarungsbereitschaft des Weibchens hält ungefähr sieben bis zehn Tage an. Innerhalb dieses Zeitraums paart es sich mehrmals. In der Folgezeit nimmt das Weibchen mehr Futter als gewöhnlich zu sich.
Die Gelege bestehen aus 15-20 Eiern. Es gelang die Zeitigung eines Geleges, das insgesamt 15 Eier umfaßte. Davon waren drei Eier unbefruchtet. Die restlichen wurden in feuchtes Vermiculite gelegt und zuerst bei 22°C tagsüber und ca. 17°C nachts inkubiert. Nach 7 Monaten wurde die Temperatur am Tage auf 25°C erhöht. Nach weiteren 3 Monaten schlüpften 7 Jungtiere. Durch das Experimentieren mit der Temperatur im Brutbehälter kam es bei den restlichen Eiern zu Problemen, die zu Ausfällen führten.
Die Kleinen hatten eine Gesamtlänge von 5,1-6,3 cm. Die Kopf-Rumpf-Länge von 2,3-2,4 cm zeigt, daß die Schwanzlänge sehr unterschiedlich ausfiel. Die Aufzucht der Jungtiere war allerdings sehr schwierig. Dies könnte aber auf eine Schwächung im Ei zurückzuführen sein, bedingt durch nicht ganz optimale Eizeitigungsbedingungen.
Eine Vergesellschaftung von *Bradypodion fischeri* mit anderen Reptilien oder Amphibien ist nicht ratsam, da die Tiere als begeisterte Echsenfresser bekannt sind.

***Bradypodion fischeri* wird bis zu 40 cm groß.** Foto: A. v. d. Nieuwenhuizen

Bradypodion gutturale (SMITH, 1849)

Verbreitung und Lebensraum: Durch das Farbkleid und die grobe Beschuppung sind die Zwergchamäleons in ihrem natürlichen Lebensraum hervorragend getarnt, da sie nur den niederen Bergwald in der Umgebung von Worcester und Robertson in der Cap-Provinz Südafrikas bewohnen. Dort leben die Chamäleons fast ausschließlich in ginsterähnlichen Büschen.

Beschreibung: *Bradypodion gutturale* gehört mit einer maximalen Gesamtlänge von 15 cm zu den mittelgroßen Chamäleon-Arten. Die Tiere besitzen eine dunkelgrüne bis bläulichgrüne oder graue Grundfärbung mit einem weißen Zeichenmuster. Die Kehlregion weist orange Schuppen und eine blaugraue Kehlhaut auf. Die großen Kehllappen reichen bis über die Kinnlinie hinaus und verleihen der Art ein urtümliches Aussehen.

Pflege und Zucht: Die Art kann paarweise in geräumigen Gazebehältern (mindestens L30 x T40 x H60) gepflegt werden, besser jedoch ist auch hier die Einzelhaltung. Die Tageshöchsttemperaturen sollten bei 25°C liegen, wobei wieder ein kleiner Strahler vorhanden sein muß, unter dem sich die Chamäleons weiter erwärmen können. Nachts sollten die Temperaturen um 10°C abfallen.

Einmal pro Jahr bringen die Weibchen nach einer ca. 5monatigen Tragzeit bis zu 14 lebende Babys zur Welt. Die Pflege und Aufzucht ist jedoch nicht ganz einfach. Die Jungtiere sollten in kleinen Gruppen (ca. 3 Tiere) in dicht bepflanzten Gazebehältern großgezogen werden. Im Alter von etwa einem Jahr erreichen die Tiere die Geschlechtsreife.

***Bradypodion gutturale* aus der Kap-Provinz.** Foto: W. Schmidt

Bradypodion karroicum (METHUEN & HEWITT, 1915)

Verbreitung und Lebensraum: Die Art bewohnt Teile der südlichen und östlichen Karoo in Südafrika, einer steppenartigen, trokkenen und baumlosen Landschaft. Dort haben sich die Chamäleons insbesondere auch der neu entstandenen Kulturlandschaft angepaßt und leben heute in den Gärten und Parkanlagen der Städte. Selbst in hohen Nadelbäumen kann man sie finden.

Beschreibung: Die Tiere weisen meist eine graue oder braune, leicht gescheckte Färbung auf. Darauf können sie 2-3 unregelmäßige, dunkel umsäumte Flekken zeigen. Mit einer Gesamtlänge von etwa 14 cm gehört *Bradypodion karroicum* zu den kleineren Zwergchamäleon-Arten.

Pflege und Zucht: Die Chamäleons werden am besten in Gazebehältern oder in gut belüfteten Terrarien (Größe mindestens L30 x T30 x H50) bei Temperaturen von 28°C tagsüber und einer Nachtabsenkung von ca. 10°C gepflegt. Jeden Morgen wird der Behälter überbraust, wodurch die Chamäleons genügend Möglichkeiten erhalten, Sprühwasser aufzulekken. Alle 2 Tage erhalten sie zahlreiche kleine, gut mit Korvimin ZVT eingestäubte Futtertiere. Im Terrarium bringen die Weibchen zweimal pro Jahr lebende Jungtiere zur Welt. Die Größe der Würfe schwankt zwischen 6 und 14 Babys, deren Aufzucht in spärlich bepflanzten Gazebehältern erfolgt und wenig Probleme bereitet. In einem Alter von ca. 9 Monaten erreichen die Tiere die Geschlechtsreife.

Bradypodion karroicum **bewohnt die trockenen, steppenartigen Regionen in der Karoo Südafrikas.** Foto: W. Schmidt

Bradypodion melanocephalum (GRAY, 1865)

Verbreitung und Lebensraum: Die Art lebt nur an der Nordküste von Natal in Südafrika, genauer in der Gegend vom Mount Edgecombe bis zum Nqwazi-River. Außerdem existieren noch isolierte Populationen um Pietermaritzburg und Greytown. Die Chamäleons leben in den Küstenbuschformationen und in den Schilfgürteln entlang der Wasserläufe.

Beschreibung: *Bradypodion melanocephalum* ist mit einer Gesamtlänge von 11 cm eine auch für Zwergchamäleons recht winzige Chamäleon-Art. Die Färbung besteht aus einem unregelmäßigen Muster verschiedener Braun- und Grüntöne, wobei die Farben zu den Flanken immer mehr verblassen. Im Schädelbereich besitzen die Tiere zwei orangefarbige Flecken. Die Männchen erkennt man leicht an der verdickten Schwanzwurzel, außerdem ist bei ihnen der

Mit nur 11 cm Gesamtlänge ist *Bradypodion melanocephalum* ein sehr kleines Zwergchamäleon. Foto: W. Schmidt

Schwanz länger als der Körper. Dieses Verhältnis ist bei den Weibchen genau umgekehrt.

Pflege und Zucht: Obwohl diese Art sicherlich zu den interessantesten Chamäleon-Arten gehört, liegen bis heute keinerlei Freilandbeobachtungen und nur vereinzelte Haltungserfahrungen vor. So stellt *Bradypodion melanocephalum* die einzige Chamäleon-Art dar, von der bisher bekannt ist, daß sie einen echten Winterschlaf durchführt. Selbst im Terrarium legen diese Zwergchamäleons eine mindestens 6wöchige Winterruhe ein, während der sie weder Nahrung noch Flüssigkeit zu sich nehmen. Dies muß bei der Haltung unbedingt berücksichtigt werden.

Die Art kann paarweise in gut belüfteten Terrarien der Größe L25xT25xH40 gepflegt werden. Sehr wichtig ist das Nachgestalten der Jahreszeiten, wobei sich die Chamäleons anscheinend von der Tageslänge und den Temperaturen leiten lassen. Im Sommer bringen die Weibchen bis zu 12 lebende Jungtiere zur Welt, deren Aufzucht wenig Probleme bereitet.

Bradypodion nemorale RAW, 1978

Verbreitung und Lebensraum: Das Verbreitungsgebiet von *Bradypodion nemorale* erstreckt sich über den Qudeni- und Nkandlawald im Zululand, Südafrika. Die Art ist ein reiner Waldbewohner. Die Chamäleons leben auf Bäumen und im Gebüsch lichter Wälder.

Beschreibung: Die Tiere erreichen eine maximale Gesamtlänge von 14,5 cm. Die Grundfärbung der Männchen besteht aus einem schmutzigen Grünton. Darauf zeigen sie einige große, unregelmäßige rosa Flecken. Die Weibchen hingegen sind meist einheitlich grün gefärbt oder zeigen eine Tarnzeichnung aus grünen, braunen und hellen Farbtönen. Auffallend sind die 8-10 länglichen, beschuppten Kehlläppchen, die meist einen blaßgrünen Farbton aufweisen.

Pflege und Zucht: *Bradypodion nemorale* kann paarweise in dicht bepflanzten Gazebehältern gepflegt werden. Die Tageshöchsttemperaturen sollten etwa bis 28°C betragen und nachts um einige Grade abfallen. Über eine erfolgreiche Nachzucht im Terrarium ist bisher nichts bekannt geworden.

In dicht bepflanzten Terrarien kann *Bradypodion nemorale* auch paarweise gepflegt werden. Foto: W. Schmidt

Bradypodion pumilum (GMELIN, 1789) Buntes Zwergchamäleon

Verbreitung und Lebensraum: Das Bunte Zwergchamäleon wird in Teilen Südafrikas und Namibias gefunden. Dort scheinen die Chamäleons an keinen bestimmten Biotop gebunden zu sein, sondern nehmen mit jeder Art von Bepflanzung vorlieb. Heute findet man die Tiere besonders häufig in Parks und Vorgärten. Der Grund dafür dürfte sein, daß die Besitzer ihre Gärten gut bewässern und somit einen idealen Lebensraum für die Insekten schaffen, die wiederum den Chamäleons als Nahrung dienen. Die Tageshöchsttemperaturen schwanken im Durchschnitt zwischen 26°C und 35°C. Genauere Angaben finden sich bei BURRAGE (1973).

Beschreibung: *Bradypodion pumilum* gehört zu den langlebigen Chamäleon-Arten. Die Tiere erreichen ein Alter von bis zu 5 Jahren. Ein besonders auffälliges Kennzeichen von *Bradypodion pumilum* sind die beschuppten Kehlläppchen, die sich den Kehlkamm entlangziehen und kurz vor der Schnauzenspitze am größten sind. Der Helm ist leicht erhöht und entlang der Helmkanten mit großen, konvexen Tuberkelschuppen besetzt. Der Rückenkamm besteht aus einzelnen konischen Tuberkeln, die sich bis auf den Schwanz hinziehen. Die Körperbeschuppung ist eher unregelmäßig. Die Grundfärbung ist ein Grün-, Gelb- oder Braunton. Entlang der Flanke verläuft ein langgestreckter blauer und rosa bis roter Fleck. Die maximale Gesamtlänge beträgt ca. 18 cm.

Pflege und Zucht: Das Bunte Zwergchamäleon zählt zu den beliebtesten in Terrarien gepflegten Chamäleon-Arten. Zur Unterbringung eignen sich alle üblichen Terrarien mit größeren Belüftungsflächen. Die Terrariengröße für ein adultes Tier sollte mindestens L20xT30XH50 cm betragen. Die Ausstattung kann denkbar einfach sein: am Boden einige kleine Pflanzen, viele Kletteräste und eine Rankpflanze. Die Tagestemperaturen sollten bei 25-28°C liegen, zusätzlich muß immer ein kleiner Strahler zum Aufwärmen vorhanden sein. Eine Nachtabsenkung von 10°C ist zum Wohlbefinden unbedingt erforderlich. Man kann *Bradypodion pumilum* den ganzen Sommer im Freien in großen Drahtterrarien pflegen.

Auch wenn in ihrem Lebensraum wenig Regen fällt, ist der Wasserbedarf der Tiere sehr hoch. Sie müssen jeden Tag getränkt werden. Die beste Methode ist das Überbrausen des gesamten Terrariums am frühen Morgen. Bei ausreichender Bepflanzung, auf deren Blättern sich die Tropfen ansammeln können, ist dies völlig ausreichend.

Gefressen werden alle Arten von kleinen Insekten. Die Lieblingsspeise sind Wachsmaden, die jederzeit und in großen Mengen gefressen werden. Wegen des hohen Fettgehaltes sollten sie aber nur sehr sparsam verfüttert werden.

Obwohl die Art schon Untersuchungsgegenstand zahlreicher Verhaltensstudien war, scheint die Zucht über mehrere Generationen große Schwierigkeiten zu bereiten. Die innerartliche Aggressivität ist nur schwach ausgeprägt. Trotzdem unterdrücken die dominanten Tiere die anderen so stark, daß wir auch hier nur die Einzelhaltung empfehlen können. Frau FRIEDERICH (mündl. Mitt.) pflegte ein Pärchen *Bradypodion pumilum transvaalense* bis zum Tod des Weibchens (im Alter von 5 Jahren) zusammen. Während dieser Zeit pflanzte es sich sechsmal fort.

Zur Paarung setzt man das Weibchen in das Terrarium des Männchens, woraufhin dieses meist sofort zu nicken beginnt. Das Weibchen reagiert erst, wenn sich das Männchen nähert. Ist es paarungsbereit, so zeigt es weiterhin keine direkte Reaktion auf das Männchen. Das Männchen nähert sich nickend dem Weibchen und besteigt es von hinten. Die Kopulationsdauer beträgt etwa 10-30 Minuten.

Etwa 90-105 Tage nach der Paarung werden die 2-18 Jungen, meist in den Vormittagsstunden, geboren. Die Jungtiere sind sehr heikel. Die Aufzucht kann einzeln oder in Gruppen in kleinen Terrarien erfolgen. Für das Überleben der Jungen ist das tägliche Überbrausen des Aufzuchtbekkens in den Morgenstunden erforderlich. Ohne dieses Tränken würden die Chamäleonbabys nicht einen Tag lebend überstehen! Gefüttert wird möglichst abwechselungsreich. Dabei werden Springschwänze, Drosophila und kleine Grillen in die Aufzuchtbecken gegeben. Das regelmäßige Einstäuben der Futtertiere mit einem Kalk-Vitamin-Präparat (z.B. Korvimin ZVT) ist unbedingt erforderlich, um den Jungtieren ausreichend Aufbaustoffe zuzuführen.

Während des ersten Lebensmonats dürfen die Temperaturen 25°C nicht überschreiten. Außerdem ist Stickluft unbedingt zu vermeiden. Die Geschlechtsreife erreichen die Nachzuchttiere in einem Alter von etwa neun Monaten.

Das Bunte Zwergchamäleon ist ein gut geeigneter Terrarienpflegling. Der beschuppte Kehlsack ist ein Merkmal der südafrikanischen Zwergchamäleons der Gattung *Bradypodion*. Foto: U. Friederich

Bradypodion setaroi RAW, 1976

Verbreitung und Lebensraum: Das Verbreitungsgebiet umfaßt nur einen kleinen schmalen Streifen an der Küste von Nordzululand in Südafrika. Dort findet man die Chamäleons besonders häufig im Dünenbereich, aber auch in den Gärten der Ortschaften. Auch bei dieser Art schwanken die Populationsstärken zwischen regelmäßigen Bevölkerungsexplosionen und rapidem Niedergang, letzterer immer als Folge ausbleibender Niederschläge.

Beschreibung: Diese Chamäleons besitzen einen schmalen, länglichen Körperbau. Ihre Färbung besteht aus einem hellbräunlichen bis braunen Grundton. Darauf können die Tiere entlang der Flanken je einen orangefarbigen Längsstreifen zeigen. Mit einer maximalen Gesamtlänge von 12 cm gehört *Bradypodion setaroi* zu den kleinsten bekannten Zwergchamäleon-Arten.

Pflege und Zucht: Entsprechend der geringen Größe benötigt *Bradypodion setaroi* nur kleine Terrarien. Die Behälter zur Pflege eines Paares sollten etwa eine Größe von L50xT30xH50 cm aufweisen. Auf eine gute Belüftung ist unbedingt zu achten. Die Tageshöchsttemperaturen sollten etwa bei 26°C liegen, wobei ein kleiner Strahler, unter dem sich die Tiere bis auf ihre Vorzugstemperatur erwärmen können, immer vorhanden sein muß. Nachts müssen die Temperaturen um etwa 6°C abfallen.

Einmal im Jahr bringen die Weibchen einen Wurf von 4-14

lebenden Jungtieren auf die Welt. Die Aufzucht der sehr kleinen Babys ist nicht einfach. Sie sollte in Gruppen (3-5 Tiere) in kleineren Gazebehältern erfolgen. Einmal täglich, am besten morgens, wird ihr Terrarium überbraust. Danach werden immer ausreichend vitaminisierte Futtertiere in den Behälter gegeben. Als Erstfutter eignen sich große Springschwänze, kleine *Drosophila* und frisch geschlüpfte Heimchen. In einem Alter von 9 Monaten erreichen die Tiere die Geschlechtsreife.

Bradypodion setaroi **wird nur bis zu 12 cm groß. Die Tiere können paarweise in relativ kleinen Terrarien gepflegt werden.** Foto: W. Schmidt

Bradypodion tavetanum (STEINDACHNER, 1891)

Nur die Männchen von *Bradypodion tavetanum* tragen zwei charakteristische Schnauzenhörner. Im natürlichen Lebensraum bewohnen die Tiere das Gebüsch der Waldränder. Foto: W. Schmidt

Verbreitung und Lebensraum: *Bradypodion tavetanum* stammt aus Ostafrika, wo die Tiere in eng begrenzten und voneinander isolierten Populationen auf dem Mount Meru, dem Kilimandscharo (beide Tansania) und den Teita-Bergen (Kenia) lebt. Die Chamäleons bewohnen das Gebüsch und Gestrüpp der Waldränder. Sie werden selbst noch in naturnahen Gärten gefunden.

Beschreibung: Die Art gehört mit einer maximalen Gesamtlänge von 20 cm zu den mittelgroßen Chamäleon-Arten. Dabei zeichnet sie sich durch einen leicht erkennbaren Geschlechtsdimorphismus aus. So weisen nur die Männchen zwei Schnauzenhörner mit einer starken, scharfkantigen Außenleiste auf. Zudem zeigen sie meist eine eher schmutzige Färbung aus braunen und grünen Farbtönen. Bei Erregung können sie aber auch gelbe und hellblaue Farbelemente aufweisen. Die Weibchen sind fast immer einfarbig grün gefärbt. Bei Erregung zeigen sie auf der Helmoberseite eine leuchtend rote Färbung.

Pflege und Zucht: *Bradypodion tavetanum* kann einzeln in kleinen Terrarien (Mindestgröße L25 x T25 x H40 cm) gepflegt werden. Die Tageshöchsttemperaturen sollten etwa 26°C betragen und nachts leicht abfallen. Einmal täglich wird das gesamte Becken überbraust. Als Futter eignen sich mittelgroße Heimchen, Stubenfliegen, grüne Schaben usw.

Zur Zucht setzt man das Weibchen in das Terrarium zum Männchen. Ist das Weibchen paarungsbereit, kommt es nach kurzer Balz zur Kopulation. Etwa 40 Tage später legt das Weibchen ihr aus bis zu 12 Eiern bestehendes Gelege am Ende eines selbstgegrabenen Ganges ab. Zur Zeitigung werden die Eier aus dem Terrarium entnommen und in eine halb mit leicht feuchtem Vermiculite gefüllte Plastikdose überführt. Die Inkubationstemperaturen sollten etwa bei Zimmertemperatur liegen. Unter diesen Bedingungen schlüpfen die Nachzuchten nach ca. 220 Tagen. Die Aufzucht bereitet kaum Probleme. Jedoch sollten die kleinen Chamäleons nicht bei Temperaturen über 25°C gepflegt werden. Noch vor Erreichen des ersten Lebensjahres sind die Tiere geschlechtsreif.

Bradypodion tenue (MATSCHIE, 1892)

Verbreitung und Lebensraum: *Bradypodion tenue* ist ein eher unscheinbarer Bewohner von Trockenwaldgebieten der ostafrikanischen Küste. Bis heute sind nur zwei Gebirgszüge als Lebensraum bekannt geworden. Einer davon sind die Shimba Hills in Kenia, der andere die Usambara-Berge in Tansania. Dort findet man die Art bis in eine Höhe von über 1000 Metern über dem Meeresspiegel. Die Tiere sind reine Waldbewohner und leben auf Bäumen.

Beschreibung: Die Färbung besteht in der Regel aus grauen oder braunen Farbtönen. Auf diesem Farbkleid zeigen die Tiere meist einige leuchtende Punkte. Die Art erreicht eine maximale Gesamtlänge von ca. 15 cm. Obwohl das Verbreitungsgebiet, zumindest die Shimba Hills, von den Touristenhochburgen Kenias nicht weit entfernt ist, sind bisher nur ganz vereinzelt einmal Tiere nach Europa gelangt.

Pflege und Zucht: Bislang liegen uns keine Informationen vor.

Bradypodion thamnobates RAW, 1976

Verbreitung und Lebensraum: Das Verbreitungsgebiet erstreckt sich vom Mooi-Fluß bis hin nach Howick und Bulwer. Es liegt somit in einer etwas feuchteren Klimazone der Provinz Natal im östlichen Südafrika. Die Zwergchamäleons leben dort auf Bäumen, im Buschwerk und im Gestrüpp der Tieflandwälder. Aufgrund der seit einiger Zeit dort herrschenden Trockenheit sind die Bestände in den letzten Jahren stark zurückgegangen.

Beschreibung: Die Art gehört zu den farblich sehr attraktiven Chamäleon-Arten. Das Farbkleid der Männchen ist sehr variabel, es besteht aus braunen, grünen, gelben, roten und weiteren Farbtönen. Die Weibchen hingegen zeigen meist eher eine verwaschene Tarnfärbung, in der braune und grüne Farbtöne vorherrschen.

Pflege und Zucht: Die Art kann paarweise in geräumigen Gazebehältern oder gut belüfteten Terrarien gepflegt werden. Die Tageshöchsttemperatur sollte etwa bei 28°C im Sommer und 25°C im Winter liegen. Nachts müssen die Temperaturen immer um etwa 6-8°C abfallen.

Auch *Bradypodion thamnobates* ist eine eher kurzlebige Art. Ihr Lebenshöchstalter im Terrarium liegt bei etwa 3½ Jahren und somit wahrscheinlich deutlich höher als in der Natur. Die Fortpflanzungsfähigkeit der Weibchen erlischt meist nach dem dritten Wurf.

Etwa 110 Tage nach der Paarung bringen die Weibchen bis zu 29 sehr kleine Jungtiere zur Welt. Diese können problemlos in kleinen Gazebehältern gemeinsam großgezogen werden. Als Erstfut-

Die Männchen von *Bradypodion thamnobates* sind kontrastreich gefärbt.
Foto: W. Schmidt

ter nehmen die kleinen Chamäleons nur Springschwänze, kleine *Drosophila* und frisch geschlüpfte Heimchen an. Das Futter wird nach dem morgendlichen Überbrausen des Behälters in ausreichender Menge in das Terrarium gegeben. Die Geschlechtsreife erreichen die Tiere in einem Alter von 9-12 Monaten. Während die Weibchen in der Natur in der Regel nur einen Wurf pro Jahr absetzen, können es im Terrarium bis zu zwei sein.

Bradypodion transvaalense (FITZSIMONS, 1930)

Verbreitung und Lebensraum: Das Verbreitungsgebiet von *Bradypodion transvaalense* erstreckt sich, wie der Name schon vermuten läßt, von der Transvaal-Provinz Südafrikas bis in das benachbarte Swaziland. Dort findet man die Zwergchamäleons in Büschen und im Gestrüpp lichter Feuchtwälder und kühler Schluchten.

Beschreibung: Diese Zwergchamäleons gehören zu den kleinen Chamäleon-Arten. Laut Literatur sollen sie jedoch auch Größen von bis zu 20 cm erreichen können. Jedoch erreicht die bei uns gepflegte Form kaum 12 cm. Das Farbkleid der Männchen besteht aus einem langgezogenen blaßgelben, häufig braun bis dunkelbraun eingefaßten Streifen. Der übrige Bereich ist marmoriert und von unregelmäßigen dunklen Flecken durchzogen. Entdeckt ein Männchen ein Weibchen, so hellt es sein Farbkleid auf und kann im Kopfbereich und entlang des Rückenfirsts sogar hellblaue und rote Farbtöne zeigen. Die Weibchen besitzen nur eine typische Tarnfärbung aus braunen und grünen Farbtönen.

Pflege und Zucht: *Bradypodion transvaalense* ist ein idealer Terrarienpflegling. Die Art kann paarweise in gut belüfteten Terra-

rien mit einer Mindestgröße von L50xT40xH60 cm gepflegt werden. Die Tageshöchsttemperaturen sollten im Sommer 28°C nicht übersteigen und im Winter bei maximal 24°C liegen. Eine gewisse Nachtabsenkung ist unbedingt erforderlich. Über dem Terrarium muß ein kleiner Strahler angebracht sein, unter dem sich die Chamäleons bis auf ihre Vorzugstemperatur erwärmen können. Die Beleuchtungsdauer sollte im Sommer 14 und im Winter 12 Stunden betragen.

Nach einer kurzen Eingewöhnungsphase verlieren die Zwergchamäleons schnell ihre Scheu und werden recht zutraulich. Aufgrund ihrer lebendgebärenden Fortpflanzungsart bereitet die Zucht keine Probleme. Die Weibchen bringen nach einer Tragzeit von 120 Tagen 4 bis 12 lebende Jungtiere zur Welt. Die Aufzucht ist ebenfalls problemlos und erfolgt in der für lebendgebärende Arten üblichen Weise. Etwa mit 12 Monaten sind die Tiere geschlechtsreif.

Keck marschiert das kleine *Bradypodion transvaalense* durch sein Terrarium. Foto: W. Schmidt

Bradypodion uthmoelleri (MÜLLER, 1938)

Verbreitung und Lebensraum: Die Art bewohnt nur einige wenige Gebirgsregionen (Ngorongoro-Krater und Hanang) in Tansania. Daher liegen alle Fundorte oberhalb von 1700 Metern. Früher einmal wurde die Art als Unterart von *Bradypodion fischeri* beschrieben.

Beschreibung: Mit einer maximalen Gesamtlänge von über 22 cm gehört *Bradypodion uthmoelleri* zu den größeren Zwergchamäleon-Arten. Auch bei dieser Art lassen sich die Männchen leicht an einer vergrößerten und nur bei ihnen über die Schnauzenspitze hinwegreichenden Schuppenleiste erkennen. Das Farbkleid besteht aus verschiedenen Grüntönen. Entlang der Flanken verläuft ein heller, länglicher Fleck mit weißen und orangefarbigen Seitenstreifen.

Pflege und Zucht: Wie alle ostafrikanischen Hochland-Arten muß auch *Bradypodion uthmoelleri* in kühleren, gut belüfteten Terrarien gepflegt werden. Zur Fortpflanzungsbiologie liegen uns noch keine Informationen vor.

Bradypodion ventrale occidentale (HEWITT, 1935) Wüstenzwergchamäleon

Verbreitung und Lebensraum: Wie der deutsche Name schon sagt, ist *Bradypodion ventrale occidentale* ein echter Wüstenbe-

Das Wüstenzwergchamäleon kommt im Westen der Sandwüsten Namibias und Südafrikas vor, wo es auf kleinen Grasbüscheln zu finden ist. Foto: W. Schmidt

wohner. Der Lebensraum des Wüstenzwergchamäleons sind die kleinen Grasbüschel zwischen den Sanddünen an der zentralen Westküste von Namibia und Südafrika. Es handelt sich um inselartige Populationen, die häufig mit den Wanderdünen, in deren Front das Gras wächst, mitwandern.
Das gesamte Verbreitungsgebiet gehört zu den bekannten Diamantenabbaugebieten. Die Diamanten werden an der Atlantikküste der Namib im Tagebau gefördert. Dafür werden die Dünen einige Meter tief ausgebaggert, auf Lastkraftwagen abtransportiert und durch verschiedene Siebe gekippt. Anschließend wird der „tote" Sand wieder aufgeschüttet. Das dort einmal existierende hoch sensible Ökosystem ist jedoch unwiderruflich zerstört. So kann man davon ausgehen, daß diese höchst interessante Chamäleon-Art in der nächsten Zeit aussterben wird.
Beschreibung: Das Wüstenzwergchamäleon weist eine sehr unscheinbare Färbung auf. Die Männchen zeigen grünliche, graue bis verwaschen weiße Farbtöne und die Weibchen meist eine dunklere, eher braune Färbung. Auffallendste Kennzeichen sind der hohe Rückenkamm, der Helm und der mit großen Tuberkelschuppen besetzte Kehlkamm. Die Art erreicht eine maximale Gesamtlänge von 18 cm.
Pflege und Zucht: *Bradypodion ventrale occidentale* ist eine eher leicht zu pflegende, sehr robuste Zwergchamäleon-Art, die auch einem Anfänger empfohlen werden kann. Die Chamäleons werden am besten in gut belüfteten Terrarien gepflegt. Die Tageshöchsttemperaturen können über 30°C betragen, müssen nachts aber um ca. 10°C abfallen. Wichtig ist ein kleiner Strahler über dem Terrarium, der zumindest lokal für Temperaturen von 45°C sorgt. Getränkt werden die Chamäleons einmal täglich durch Überbrausen des gesamten Behälters. In der Natur trinken die Zwergchamäleons den täglich vom Meer her kommenden, sich an den Tieren niederschlagenden Nebel. Da dieses Wasser sehr salzig ist, besitzt die Art Drüsen in der Nase, mit deren Hilfe sie die überschüssigen Salze wieder ausscheidet.
Nach einer Tragzeit von ca. 120 Tagen bringen die Weibchen bis zu 21 lebende Jungtiere zur Welt. Die Aufzucht ist relativ problemlos. Im Alter von 9 bis 12 Monaten sind die Tiere geschlechtsreif.

Bradypodion xenorhinum (BOULENGER, 1901)

Verbreitung und Lebensraum: Die Art besiedelt den gleichen Lebensraum wie *Bradypodion carpenteri* in den Ruwenzoris in Ostafrika (Uganda). Leider ist auch hier so gut wie nichts über die Lebensweise dieser interessanten Art bekannt.
Beschreibung: Auch bei *Bradypodion xenorhinum* ist der auffallende Helm- und Schnauzenfortsatz der männlichen Tiere das hervorstechendste Merkmal. Der Helm ist nicht so hoch wie bei *Bradypodion carpenteri* und leicht nach hinten geneigt, dafür fällt der Schnauzenfortsatz erheblich größer und eindrucksvoller aus. Er ragt bei den Männchen ca. 1 cm über die Schnauzenkante hinaus. Bei den Weibchen fehlt er ebenso wie der Helmfortsatz. Die bis 27 cm großen Männchen sind einheitlich dunkeloliv gefärbt, lediglich der Schnauzenfortsatz und ein Teil des Schwanzes, der die Hälfte der Gesamtlänge ausmacht, sind etwas heller. Die bis 18 cm großen Weibchen sind braun bis purpurrot gefärbt und zeigen einen großen schwärzlichen Fleck an jeder Körperseite.
Pflege und Zucht: Die Haltung erfolgt am besten einzeln in geräumigen Terrarien, die große Lüftungsflächen aufweisen. Die Temperaturwerte können tagsüber bis auf 25°C ansteigen und sollten nachts auf unter 20°C absinken. Über die Fortpflanzung von *Bradypodion xenorhinum* liegen uns noch keine Daten vor.

Die Männchen von *Bradypodion xenorhinum* lassen sich durch ihren großen Schnauzenfortsatz und den typischen Helm leicht von den Weibchen unterscheiden. Fotos: W. Schmidt

11.2 Gattung: *Calumma*

Calumma brevicornis **stammt aus dem Osten Madagaskars und wird bis zu 37 cm groß. Besonders auffallend sind der Nasenfortsatz und die großen Occipitallappen der Männchen.**
Foto: F. Henkel

Calumma boettgeri (BOULENGER, 1888)

Mit einer Gesamtlänge von 10 cm zählt *Calumma boettgeri* zu den Zwergen unter den Chamäleons.
Foto: F. Henkel

Verbreitung und Lebensraum: Die Art bewohnt den Norden Madagaskars sowie die vorgelagerte Insel Nosy Bé. *Calumma boettgeri* ist ein typischer Bewohner der unteren Zonen im Regenwald und dessen Randgebieten. Am häufigsten findet man die Chamäleons in einer Höhe von 0,3-2 Metern. Ihr Lebensraum schließt sich somit lückenlos an den der *Brooke-*

sia-Arten an. Nur sehr selten gehen die Chamäleons auf den Boden. Vielmehr verbringen sie den Tag als Lauerjäger auf Gräsern, im Gebüsch, im Gestrüpp und auf Bäumen.

Beschreibung: *Calumma boettgeri* gehört zu den kleinsten Chamäleon-Arten der Welt. Die Art erreicht eine maximale Größe von 130 mm. Die Tiere besitzen eine aus schmutzigen Gelb-, Grün- und Brauntönen bestehende Färbung. Während der Balz zeigen die Männchen an jeder Seite zwei leuchtend rote Flecken. Unterscheiden kann man *Calumma boettgeri* von den anderen kleinen Arten aus der *Calumma nasuta*-Gruppe am einfachsten dadurch, daß nur sie einen Nasenfortsatz und bewegliche Hinterkopflappen (Occipitallappen) besitzen und ferner nicht einmal einen Ansatz eines Rückenkammes aufweisen.

Pflege und Zucht: Gepflegt werden die Chamäleons am besten paarweise in einem Regenwaldterrarium der Größe L 50 x T 30 x H 40 cm. Dort lassen sich die Tiere problemlos mit Dendrobaten, kleinen Geckos und auch mit *Brookesia*-Arten vergesellschaften. Die Temperaturen sollten tagsüber immer bei 25-26°C liegen und nachts leicht abfallen. Die Art benötigt eine hohe relative Luftfeuchtigkeit. Gefressen werden kleine Grillen und Heimchen, Motten, Fliegen usw. Ihren Wasserbedarf decken die Chamäleons durch Auflecken von Sprühwasser.

Der Paarung geht meist eine längere Balz mit rhythmischem Kopfnicken und dem Präsentieren des leuchtenden Farbkleides voraus. Zeigt das Weibchen kein Abwehrverhalten, so nähert sich das Männchen recht zügig und steigt von hinten auf. Die Kopulation dauert bis zu 10 Minuten. Danach gehen die Chamäleons wieder getrennte Wege. Etwa 45 Tage nach der Paarung vergraben die Weibchen ihre aus bis zu 4 Eiern bestehenden Gelege an einer sehr feuchten Stelle nur wenige Zentimeter tief im Bodengrund. Zur Inkubation sollte man die Eier aus dem Terrarium entnehmen und bei 22-24°C zeitigen. Bereits nach 90-95 Tagen schlüpfen unter diesen Bedingungen die Nachzuchten. Die gerade mal 20 mm großen Jungtiere nehmen als Erstfutter nur Springschwänze und kleine Drosophila zu sich. Die Aufzucht sollte einzeln in Kleinstterrarien erfolgen.

Calumma brevicornis (GÜNTHER, 1879)

Abb. S. 65

Verbreitung und Lebensraum: *Calumma brevicornis* ist eine madagassische Chamäleon-Art, die sowohl durch ihr Aussehen als auch durch ihr Verhalten besonders beeindruckt. Das Hauptverbreitungsgebiet ist der zentrale Osten Madagaskars. Dort bewohnen die Tiere die Baum- und Strauchvegetation an Weg- und Waldrändern.

Beschreibung: Auffallend sind vor allem die großen, elefantenohrähnlichen Occipitallappen beider Geschlechter sowie der vor allem beim Männchen stark ausgeprägte Nasenfortsatz. Die Gesamtlänge dieser Art liegt bei ca. 37 cm.

Es sind sehr unterschiedlich gefärbte Varianten bekannt. Meistens sind sie fleckenreich braunweiß gezeichnet, wobei die Occipitallappen und Teile der Helmoberseite bei Erregung zitronengelb gefärbt sein können. Andere Exemplare aus dem Norden Madagaskars sind grasgrün und haben hellblaue Augen. Eine weitere Variante zeigt eine graubraune Grundfärbung mit weißen Lateralstreifen und blauen Beinen sowie einer hellblauen Kinnpartie.

Pflege und Zucht: Zur Haltung eignen sich geräumige Terrarien mit mindestens 60 cm Kantenlänge. Durch großzügige Lüftungsflächen wird Stickluftbildung verhindert. Eine Heizlampe, die von den Tieren nicht erreicht werden kann, sorgt für die Möglichkeit des Aufwärmens. Einmaliges Überbrausen des Behälters am Tage garantiert die notwendige relative Luftfeuchtigkeit.

Bei der Ernährung dieses Chamäleons ist zu beachten, daß es sich um einen Echsenfresser handelt, auf dessen Speiseplan durchaus kleinere Geckos zu finden sind. Darüberhinaus wurde in der Natur beobachtet, daß auch Blütenblätter verzehrt werden.

Calumma brevicornis zählt zu den aggressiven Chamäleon-Arten, so daß Einzelhaltung unerläßlich ist. Lediglich zur Paarung setzt man das Weibchen in das Terrarium des Männchens. Dann muß gut beobachtet werden, ob das Weibchen das balzende Männchen unter heftigem Querwackeln, Abspreizen der Occipitallappen und deutlich hörbarem Fauchen abwehrt. Ist das Weibchen paarungsbereit, so bleibt es ruhig sitzen und paart sich mit dem Männchen. Die Trächtigkeit dauert 5-6 Wochen, dann legt das Weibchen sein aus bis zu 30 Eiern bestehendes Gelege in einen Gang in feuchter Erde ab. Anschließend wird dieser sorgfältig wieder zugeschaufelt, damit kein Hinweis auf die vergrabenen Eier erkennbar bleibt.

Calumma cucullatus (GRAY, 1831)

Verbreitung und Lebensraum: Die Art bewohnt nur das zentrale Küstengebiet im Osten Madagaskars, etwa von Andapa bis Moramanga. Dort findet man die Chamäleons im Dickicht der dichten immergrünen Regenwälder. Das Klima zeichnet sich durch einen feucht-warmen Sommer und einen etwas kühleren Winter aus.

Beschreibung: Die Männchen erreichen eine maximale Gesamtlänge von 38 cm, wohingegen die Weibchen mit 26 cm deutlich kleiner bleiben. Besonders auffallend sind die großen Occipitallappen, die im Nacken zusammengewachsen sind, und die aus Hökkerschuppen bestehende Schnauzenverbreiterung. Die Färbung, eine Art Tarnzeichnung, besteht aus verschiedenen Grün- und Brauntönen.

Pflege und Zucht: Auch diese Art weist eine enorme innerartliche Aggressivität auf und kann daher nur einzeln in Terrarien mit einer Mindestgröße von L50xT50xH80 cm gepflegt werden. Die Tageshöchsttemperaturen sollten bei 26-27°C im Sommer und bei 22°C im Winter liegen. Zweimal täglich muß das gesamte Terrarium überbraust werden, um eine ausreichend hohe relative Luftfeuchtigkeit zu erhalten. Zur Fortpflanzung von *Calumma cucullatus* liegen uns leider keine Informationen vor.

Calumma cucullatus **ist ein Bewohner der immergrünen Regenwälder Ost-Madagaskars. Die Männchen werden bis zu 38 cm groß, die Weibchen bleiben deutlich kleiner.** Foto: W. Schmidt

Calumma furcifer (VAILLANT & GRANDIDIER, 1880)

Verbreitung und Lebensraum: Das Verbreitungsgebiet von *Calumma furcifer* erstreckt sich über ein kleines hochgelegenes Gebiet im zentralen Osten Madagaskars, etwa von der Gegend hinter Tamatave bis zum See Alaotra. Die Chamäleons leben im Regenwald, am häufigsten findet man sie in den Randbereichen. Dort sitzen sie im Gebüsch bzw. im Geäst bis in eine Höhe von etwa 5 Metern.

Beschreibung: *Calumma furcifer* gehört mit einer maximalen Gesamtlänge von ca. 17 cm zu den kleinen Chamäleon-Arten. Von *Calumma nasuta*, *Calumma gastrotaenia* usw. läßt sich die Art leicht durch die beiden bis zu 7 mm lang werdenden festen, nach außen gebogenen Schnauzenfortsätzen unterscheiden. Die Färbung besteht aus einem Gelb- oder Grünton, wobei die Tiere meist noch einen leuchtend weißen Seitenstreifen zeigen.

Pflege und Zucht: Die Pflege sollte paarweise in recht großen Terrarien erfolgen. Die Temperaturen dürfen 26°C nicht überschreiten und sollten nachts um einige Grade abfallen. Zweimal täglich muß das gesamte Terrarium überbraust werden. Zur Zucht liegen uns noch keine Angaben vor.

Calumma gallus (GÜNTHER, 1877)

Verbreitung und Lebensraum: Bei *Calumma gallus* handelt es sich um einen Bewohner der küstennahen Regenwälder im zentralen Osten von Madagaskar. Das genaue Verbreitungsgebiet erstreckt sich etwa von Tamatave bis Karinga, einschließlich der vorgelagerten Insel Île aux Prunes. *Calumma gallus* lebt dort im unteren Bereich der Wälder und steigt etwa bis zu 4 Meter hoch ins Geäst. Häufig sieht man die Chamäleons auch auf dem Boden oder an Baumstämmen auf der Suche nach Futter umherlaufen.

Beschreibung: Auffallendstes Merkmal ist der bis zu 10 mm lange, immer spitz zulaufende Nasenfortsatz. Ferner ist *Calumma gallus* mit einer maximalen Gesamtlänge von 17 cm eine recht große Art innerhalb der *Calumma nasuta*-Gruppe. Das Farbkleid wird aus verschiedenen Gelb-, Grün-, Braun- und Beigetönen gebildet. Nur selten zeigen die Tiere rote und blaue Farbelemente.

Pflege und Zucht: Die Art kann paarweise in geräumigen Terrarien gepflegt werden. Immer vorhanden sein sollte eine dichte Bepflanzung, die den Tieren untereinander Sichtschutz bietet. Die Temperaturen dürfen 26°C nicht übersteigen und sollten nachts immer leicht abfallen. Zweimal täglich muß das Terrarium komplett übersprüht werden, damit eine hohe relative Luftfeuchtigkeit erreicht wird. Ideal sind Werte von tagsüber 60-80% und nachts nahezu 100%.

Zur Fortpflanzung liegen keine Angaben vor.

Calumma gastrotaenia (BOULENGER, 1888)

Verbreitung und Lebensraum: Auch diese Art lebt ausschließlich im zentralen Osten von Madagaskar. Dort erreicht sie teilweise enorme Populationsstärken. Bis heute wurden zahlreiche Unterarten beschrieben. Die Chamäleons leben vor allem in den Wäldern oberhalb von 600 Metern. Dort findet man sie in Büschen und auf Bäumen sowie besonders häufig im Randbereich

der Sekundär- und Primärwälder.
Beschreibung: Die Art erreicht eine Größe von 15 cm, wovon etwas mehr als die Hälfte auf den Schwanz entfällt. Der Körperbau weist keinerlei Besonderheiten auf. Relativ auffällig sind der Seitenstreifen, der über das Auge hin bis zur Schnauzenspitze reicht, und die leuchtend weiße, immer gut sichtbare Bauchfärbung. Im übrigen zeigen die Tiere meist eine einfache grüne oder braune Färbung, selten einmal hellere Punkte an den Seiten.
Pflege und Zucht: Die Art kann leicht paarweise in größeren Terrarien, z.B. L50xT30xH60 cm, gepflegt werden. Die Tagestemperaturen sollten 25°C nicht überschreiten und nachts leicht abfallen. Eine Imitation der Jahreszeiten mit Tagestemperaturen unter 20°C im Winter ist wahrscheinlich Voraussetzung für eine erfolgreiche Nachzucht.

***Calumma gastrotaenia* lebt im zentralen Osten von Madagaskar.**
Foto: W. Schmidt

Calumma globifer (GÜNTHER, 1879)

Verbreitung und Lebensraum: *Calumma globifer* ist aus verschiedenen Fundorten Nord- und Ostmadagaskars bekannt. Die Tiere leben dort sehr zurückgezogen in der Baum- und Strauchvegetation am Rand der Regenwälder.
Beschreibung: *Calumma globifer* gehört zur *Calumma parsonii*-Gruppe und kann mit einer Gesamtlänge von ca. 40 cm durchaus zu den großen Chamäleon-Arten gezählt werden. Die Färbung besteht aus einem verwaschenen Grüngelb oder auch Braun mit einem angedeuteten weißlichen Lateralstreifen, der von mehreren Schrägbinden unterbrochen wird.

***Calumma globifer* wird bis zu 40 cm groß.** Foto: W. Schmidt

Pflege und Zucht: Im Gegensatz zu *Calumma parsonii* sollte man bei dieser Art zur Einzelhaltung übergehen, da sich gemeinsam gepflegte Tiere trotz keinerlei erkennbarer Aggression stören.
In gut belüfteten Terrarien sollten die Tagestemperaturen bei 24-26°C liegen und nachts um 5°C absinken. Im Winter empfiehlt sich eine Absenkung auf 20-23°C tagsüber und 16-18°C in der Nacht. Gefüttert werden die Tiere mit allen üblichen Futtertieren, gelegentlich werden auch Mäusebabys genommen. Der Flüssigkeitsbedarf der Chamäleons ist hoch, regelmäßiges Tränken alle 2-3 Tage ist deshalb unumgänglich.
Die Gelege dieser Art bestehen aus 25-30 Eiern, deren Inkubation bis heute nicht gelungen ist.

Calumma hilleniusi (BRYGOO, BLANC & DOMERGUE, 1973)

Verbreitung und Lebensraum: Der natürliche Lebensraum dieser Art ist das madagassische Zentralmassiv Ankaratra. Dort bewohnen die Tiere die Wälder in Höhenlagen von 1800-2000 Metern. Besonderes auffällig sind die dort ausgeprägten Tag/Nacht-Temperaturschwankungen, die ohne weiteres 15°C betragen können.
Beschreibung: *Calumma hilleniusi* gehört mit einer Gesamtlänge von ca. 15 cm zu den kleinen Chamäleon-Arten. Charakteristisch sind die kleinen Occipitallappen und die vergrößerten Tuberkelschuppen der Männchen, die knapp über die Schnauzenkante hinausragen. Besonders bei der Balz bieten die Männchen einen farbenfrohen Anblick. Im Gegensatz zum normalen Oliv- oder Graugrün zeigen sie dann ein helles Gelbgrün mit leuchtend roten Helmkanten und hellblauer Helmoberseite.
Pflege und Zucht: Aufgrund der klimatischen Verhältnisse im Lebensraum eignet sich *Calumma hilleniusi* besonders zur Freilandhaltung in Gazebehältern. Erst im Spätherbst, wenn die Nachttemperaturen 10°C unterschreiten, sollten die Chamäleons wieder in ein Zimmerterrarium umgesetzt werden. Auch bei dieser Art kommt durch die innerartliche Aggressivität nur eine Einzelhaltung in Frage. Nur zur Paarung sollte man die Tiere zusammen setzen. Dabei muß genau beobachtet werden, wie sich das Weibchen verhält. Kommt es nicht zur Paarung, weil das Weibchen das Männchen abwehrt und androht, müssen die Tiere wieder getrennt werden. Einige Tage später kann ein neuer Versuch erfolgen.
Ungefähr sechs Wochen nach der Paarung gräbt das Weibchen einen Gang in das feuchte Erdreich, an dessen Ende sie 6-8 Eier ablegt. Im Anschluß daran wird der Gang wieder sorgfältig verschlossen. Die Zeitigung der Eier ist bis heute nicht gelungen.

Calumma malthe (GÜNTHER, 1879)

Verbreitung und Lebensraum: *Calumma malthe* bewohnt den nördlichen Teil des zentralen Osten Madagaskars. Es handelt sich um einen ausgesprochenen Waldbewohner, der hoch oben in den Baumkronen lebt und selten einmal unterhalb von 5 Metern Höhe angetroffen wird.
Beschreibung: Auffälligstes Kennzeichen sind die großen Occipitallappen, die im Gegensatz zu *Calumma brevicornis* im Nacken zusammengewachsen sind. Nur die Männchen besitzen einen breiten, bis zu 1 cm über die Schnauzenspitze reichenden Nasenfortsatz. Die Chamäleons können eine Gesamtlänge von über 30 cm erreichen. Sie verfügen über eine aus verschiedenen

Grün- und Brauntönen bestehende Tarnzeichnung. Um die Augen und die Occipitallappen können sie gelegentlich auch blaue Farbtöne aufweisen.

Pflege und Zucht: Auch bei dieser Art ist die innerartliche Aggressivität so stark ausgeprägt, daß nur eine Einzelhaltung zu empfehlen ist. Das Terrarium sollte eine Mindestgröße von etwa L 50 x T 50 x H 80 cm aufweisen. Die Ausstattung kann aus zahlreichen Kletterästen und einigen Rankpflanzen gebildet werden. Am Tage sollten die Temperaturen im Sommer etwa 26°C und im Winter etwa 20°C betragen. Einmal täglich muß der gesamte Behälter überbraust werden. Zusätzlich werden die ausgewachsenen Tiere alle 3 Tage mit Hilfe einer Pipette getränkt. Zur Vermehrung liegen uns keine Informationen vor.

Hoch oben in den Baumkronen lebt *Calumma malthe*. Besonders gut zu erkennen sind bei diesem Weibchen die großen Occipitallappen, die beide Geschlechter auszeichnen.
Foto: W. Schmidt

Durch ihren großen Nasenfortsatz sind die Männchen von *Calumma malthe* leicht von den Weibchen zu unterscheiden.
Foto: W. Schmidt

Calumma nasuta (DUMÉRIL & BIBRON, 1836)

Verbreitung und Lebensraum: Das Verbreitungsgebiet erstreckt sich von der Nordspitze Madagaskars entlang der gesamten Ostküste, einschließlich der vorgelagerten Inseln. Dort leben die Chamäleons in der Laub- und Krautschicht sowie auf niederen Büschen. Sie laufen aber auch an den Baumstämmen der Urwaldriesen umher, genauso wie sie an der Küste auf Bäumen und Büschen in verwilderten Gärten leben.

Da die Art die unterschiedlichsten Höhenlagen bewohnt, etwa von Meereshöhe bis hinauf auf weit über 1000 Meter, ist für eine artgerechte Haltung die genaue Kenntnis des Fundortes unerläßlich. An der Küste ist das Klima im Sommer feucht und heiß, in den Höhenlagen feucht und warm. Im Winter sind die Temperaturen besonders im Osten und oberhalb von 800 Metern recht kühl, so daß die Chamäleons teilweise eine etwa zweimonatige inaktive Phase einlegen.

Beschreibung: *Calumma nasuta* gehört mit einer Gesamtlänge von 10 cm zu den kleinsten der Echten Chamäleons. Die Tiere weisen einen schlanken, langgestreckten Körperbau auf. Ihren Namen verdankt die Art einem Fortsatz auf der Schnauzenoberseite. Dieser beschuppte, weiche Nasenfortsatz ist je nach Population unterschiedlich groß ausgebildet. Dabei variiert er stark in Form und Länge. Der Fortsatz ist bei den Männchen häufig länger als bei den Weibchen. Im Gegensatz zu *Calumma boettgeri* besitzt *Calumma nasuta* keine Occipitallappen und weist auch keinen Ansatz von Rückenstacheln auf. Die Chamäleons zeigen meist eine Art Tarnfärbung aus beigen, grauen, grünen, gelben und braunen Farbtönen. Selten einmal, z. B. zur Balz, zeigen sie auch rote oder blaue Farben.

Pflege und Zucht: Die Art kann paarweise in kleinen Terrarien der Größe L30xT30xH50 cm gepflegt werden. Die Tageshöchsttemperaturen sollten im Sommer 25°C und im Winter 20°C nicht überschreiten. Auf die Simulation der Jahreszeiten kann bei den Küstenformen verzichtet werden. Die Art benötigt eine hohe relative Luftfeuchtigkeit.

***Calumma nasuta* wird nur bis zu 10 cm groß.** Foto: W. Schmidt

Die Paarung erfolgt meist in den frühen Morgenstunden. Erblickt ein Männchen ein Weibchen, so nimmt es seine schönste Färbung an und nähert sich diesem unter nickenden Bewegungen. Nicht paarungsbereite Weibchen wehren die Männchen durch Querwakkeln ab. Die Kopulation dauert bis zu 20 Minuten. Nach 40 Tagen legen die Weibchen ihre 2-4 Eier meist versteckt unter Kork, Moos oder ähnlichem ab. Nur selten vergraben sie sie etwa 3-5 cm tief im Erdreich. Gezeitigt werden die Eier in leicht feuchtem Vermiculite bei Temperaturen von 20-23,5°C. Nach ca. 90 Tagen schlüpfen die sehr kleinen Jungtiere. Ihre Aufzucht sollte einzeln in Kleinstterrarien erfolgen. Es muß ausreichend Futter in Form von Springschwänzen und kleiner *Drosophila* vorhanden sein. Nach 9-12 Monaten erreichen die Tiere die Geschlechtsreife.

Calumma oshaughnessyi (GÜNTHER, 1881)

Die Männchen von *Calumma o. oshaughnessyi* tragen gut erkennbare Schnauzenfortsätze. Foto: W. Schmidt

Ein Männchen von *Calumma oshaughnessyi ambreensis*. Foto: W. Schmidt

Verbreitung und Lebensraum: Die Art wurde in zwei Unterarten aufgesplittet. *Calumma oshaughnessyi oshaughnessyi* bewohnt den gesamten zentralen Osten Madagaskars sowie ein isoliertes Gebiet im Nordwesten, etwa in der Gegend um Anbanja. Die andere Unterart *Calumma oshaughnessyi ambreensis* wurde bisher nur im Norden und dort auf dem Montagne d'Ambre gefunden. Alle Fundorte liegen in einer Höhe von 600-1300 Metern. Die Tiere sind ausgesprochene Waldbewohner. Häufig sieht man sie aber auch im Gestrüpp an Waldrändern oder auf Waldlichtungen.

Beschreibung: Innerhalb der *Calumma parsonii*-Gruppe gehört *Calumma oshaughnessyi* mit einer Gesamtlänge von ca. 39 cm eher zu den kleineren Arten. Auffallend ist, daß weit mehr als die Hälfte der Gesamtlänge auf den Schwanz entfällt.

Die Tiere zeigen eine eher unscheinbare Tarnfärbung. Während die Weibchen meist eine einfarbig schmutzige Grünfärbung aufweisen, wechselt bei den Männchen, zumindest bei der Nominatform, die Grünfärbung im Nackenbereich in einen Braunton. Auch haben nur die Männchen eine intensive grüne Querbänderung. Am leichtesten jedoch erkennt man die Männchen an den vorhandenen Schnauzenfortsätzen.

Pflege und Zucht: Wegen der ausgeprägten innerartlichen Aggressivität kann die Art nur einzeln in Terrarien der Größe L 50 x T 50 x H 80 cm gepflegt werden. Die Temperaturen sollten am Tage bei 23-25°C liegen und nachts leicht absinken. Die relative Luftfeuchtigkeit sollte zwischen 70 und 100% betragen. Dies erreicht man durch zweimal tägliches, kräftiges Überbrausen des gesamten Terrariums. Zusätzlich müssen die adulten Chamäleons etwa zweimal in der Woche mit der Pipette getränkt werden. Zur Fortpflanzung liegen keine Informationen vor.

Calumma parsonii (CUVIER, 1824)

Verbreitung und Lebensraum: *Calumma parsonii* stammt aus dem Osten Madagaskars. Dort leben die Tiere in den Restbeständen der Regenwälder.

Beschreibung: *Calumma parsonii* ist eine sowohl durch ihre Größe als auch durch ihre Färbung sehr ansprechende Chamäleon-Art. Je nach Herkunftsgebiet unterscheiden sich vor allem die männlichen Tiere in ihrer Färbung. Am bekanntesten sind kräftig türkisfarbene Tiere mit leuchtend orangefarbenen Augen und angedeuteten schwarzgrauen Streifen. Es gibt aber auch hellblaue Exemplare mit leuchtend weißgelben Lippen und einer gelbbraunen Streifenzeichnung, die ein verwaschenes gelbes Auge zeigen. Oft findet man einen weißgelben Fleck an der Körperseite, der in Größe und Form stark variiert, selten auch Exemplare mit größeren bräunlichen Flecken oder schwarzgrauer Lippenfärbung. Die Weibchen dieser Art sind kräftig grasgrün mit mehr oder minder leuchtend gelben Augen. Bei der Unterart *Calumma parsonii cristifer* aus der Gegend um Perinet sind beide Geschlechter oliv- bis grasgrün und zeigen eine ausgeprägte Fleckenzeichnung an den Körperseiten. Mit einer Gesamtlänge von bis zu 70 cm ist *Calumma parsonii* neben *Furcifer oustaleti* die größte bekannte Chamäleon-Art. Die Weibchen bleiben meist etwas kleiner. Auffallend sind die schaufelförmigen Nasenhörner der Männchen, die in Größe und Form variieren.

Pflege und Zucht: Die geräumigen Behälter sollten bei ausreichender Lüftung eine dem Regenwaldklima entsprechende relative Luftfeuchtigkeit aufweisen. Dabei empfiehlt sich der Einsatz eines Zimmerspringbrunnens, an dem die Tiere bei Bedarf auch trinken können. Die Tagestemperaturen sollten 24-26°C nicht überschreiten. Eine Nachtabsenkung von ca. 5°C ist wünschenswert und fördert das Wohlbefinden der Chamäleons merklich.

Calumma parsonii ist bei der Nahrungsaufnahme nicht wählerisch, wobei es auch die chamäleoneigene Vorliebe für grüne Futtertiere zeigt. Auch kleine Echsen und nestjunge Vögel gehören zum natürlichen Nahrungsspektrum. Haben die Tiere keine Möglichkeit bei Bedarf zu trinken, sollten sie jeden zweiten Tag mittels Pipette oder besser mit einer Trinkflasche getränkt werden. Überschreiten die Temperaturen 26°C, suchen die Tiere den kühlsten Platz im Terrarium auf und beginnen notfalls zu „hecheln“.

Calumma parsonii kann sehr gut paarweise gepflegt werden, lediglich gleichgeschlechtliche Tiere sind untereinander unverträglich. Erst nach erfolgter Paarung und mit Beginn der Trächtigkeit sollte man die Tiere trennen, um dem Weibchen unnötige Belastungen zu ersparen. Ansonsten droht das Weibchen bei jedem Sichtkontakt mit Querwackeln und leuchtend zitronengelber Färbung. Zum Ende der mehrere Monate dauernden Trächtigkeit stellt das Weibchen oft die Nahrungsaufnahme ein, daher muß nach der Paarung besonders auf eine reichhaltige und vitaminreiche Ernährung der Tiere geachtet werden. Zur Ablage der Eier benötigt das Weibchen eine Bodenschicht von mindestens 30 cm Höhe. Die 20-30 Eier werden in einer tiefgelegenen Erdhöhle abgelegt, die anschließend wieder sorgfältig zugeschaufelt wird.

Oben: Ein türkisblaues Männchen im Vergleich zum grünen Weibchen von *Calumma p. parsonii*.

Rechts: Ein Männchen von *Calumma p. parsonii* im Biotop.

Foto: W. Schmidt

Zur optimalen Pflege dieser Art empfiehlt sich eine acht- bis zehnwöchige Winterruhe entsprechend den natürlichen Bedingungen im Biotop, die sich durch den europäischen Winter nach Umstellung der Tiere auf den hiesigen Jahreszeitenrhythmus leicht imitieren läßt.

Bei Tagestemperaturen von 17-20°C und einer Nachtabsenkung auf 15-16°C werden die Tiere deutlich inaktiv, die leuchtenden Farben verblassen, und die Nahrungsaufnahme wird weitestgehend reduziert. Diese Ruhephase ist wichtig für die Paarungsaktivi-

täten und die sexuelle Synchronisation der Geschlechter. Die Zeitigung der Eier ist bisher nur in wenigen Ausnahmefällen gelungen. Bei einer Zeitigungstemperatur von 23°C und zwei Kältephasen von 15-16°C schlüpften die Jungen nach einer Inkubationszeit von 20 Monaten. Jungtiere von *Calumma parsonii* sind unabhängig von den Geschlechtern einheitlich orangebraun gefärbt. Erst bei einer Körperlänge von 20-25 cm färben sich die Tiere entsprechend ihrem Geschlecht um, und bei den Männchen setzt die Ausbildung der Nasenhörner ein. *Calumma parsonii* ist wahrscheinlich die langlebigste Chamäleon-Art. Die Lebenserwartung wird auf 10-12 Jahre geschätzt. Ein Exemplar, das adult in den Besitz eines der Autoren gelangte, befindet sich seit fünfeinhalb Jahren in Pflege.

Calumma tigris (KUHL, 1820)

Verbreitung und Lebensraum: *Calumma tigris* ist die einzige auf den Seychellen vorkommende Chamäleon-Art. Bisher wurden die Tiere auf den Inseln Mahé, Praslin, Silhouette, Niol und Misère gefunden. Bekanntester Fundort ist das Vallée de Mai auf Praslin. Die Chamäleons leben auf Bäumen, in Büschen und im Gestrüpp. Sie besiedeln Biotope vom Strand bis in die Nebelwälder der Hochlagen.

Beschreibung: Es handelt sich um eine recht kleine Art mit einer Gesamtlänge von 16 cm. Auffälligstes Kennzeichen ist ein kleiner, an der Schnauzenunterseite hängender, beschuppter Hautlappen, der an ein Ziegenbärtchen erinnert. Sowohl in der Färbung als auch in der Zeichnung sind die Tiere sehr variabel. In der Regel zeigen die Chamäleons recht helle Farbtöne von Gelb über Beige und Grau bis Weiß mit einem unregelmäßigen dunklen Muster.

***Calumma tigris* von den Seychellen.**
Foto: R. Stockey

Pflege und Zucht: Die Art muß einzeln in Terrarien der Größe L30xT30xH60 cm gepflegt werden. Die Tageshöchsttemperatur sollte etwa 28°C betragen, wobei aber ein kleiner Strahler, unter dem sich die Tiere noch weiter erwärmen können, immer vorhanden sein muß. Eine Nachtabsenkung um 3-5°C ist völlig ausreichend. Die relative Luftfeuchtigkeit sollte nicht unter 70% sinken, wobei jedoch immer gleichzeitig für eine gute Belüftung zu sorgen ist. Zum Fortpflanzungsverhalten liegen uns keine Angaben vor.

11.3 Gattung: *Chamaeleo*

Chamaeleo affinis RÜPPELL, 1845

Verbreitung und Lebensraum: Aufgrund der isoliert voneinander liegenden Populationen scheint es mehrere Unterarten von *Chamaeleo affinis* zu geben (NECAS, mündl. Mitt.). Die Chamäleons bewohnen nur das Hochland Äthiopiens in Höhenlagen ab 800 Metern. Dort leben sie im Gebüsch und auf Bäumen. Besonders häufig findet man die Tiere auch in den Hecken der Gärten und Feldränder.

Beschreibung: *Chamaeleo affinis* ist eine eher unscheinbare Chamäleon-Art ohne besondere Auffälligkeiten. Die Färbung besteht aus verschiedenen Grün-, Grau-, Braun-, Weiß- oder Gelbtönen, die sich zu einer schmutzigen Tarnzeichnung vermischen. Am Bauch besitzen die Tiere eine weiße Mittellinie, die sich bis auf die Kehle fortsetzt. Die Art erreicht eine Größe von etwa 25 cm.

Pflege und Zucht: Die Chamäleons können paarweise in Terrarien der Größe L50xT50xH80 cm gepflegt werden. Die Tageshöchsttemperaturen sollten bei 26-28°C liegen und nachts erheblich abfallen. Es ist unbedingt für eine gute Belüftung zu sorgen, so daß sich auch Gazebehälter hervorragend eignen. Einmal täglich wird das gesamte Terrarium überbraust.

Da *Chamaeleo affinis* zu den lebendgebärenden Arten gehört, bereitet die Zucht keine größeren

Schwierigkeiten. Die Weibchen bringen einmal im Jahr 2-12 Jungtiere zur Welt. Die Geburt findet meist in den frühen Vormittagsstunden statt. Dabei heftet das Weibchen die von einer durchsichtigen Eihülle umgebenen Jungtiere an die Äste. Bereits nach einigen Minuten befreien sich die Nachzuchten durch heftige Streckbewegungen aus der Eihülle. Die Aufzucht kann in der ersten Zeit gemeinsam in kleinen Gazebehältern erfolgen.

***Chamaeleo affinis* zählt zu den Chamäleonarten, die paarweise gepflegt werden können.** Foto: W. Schmidt

Chamaeleo africanus LAURENTI, 1768 Basiliskenchamäleon

Verbreitung und Lebensraum: Das Verbreitungsgebiet dieser Art umfaßt Ägypten, Sudan, Nigeria, Kamerun und Mali. Ihr Lebensraum ist die Savanne.

Beschreibung: Ausgewachsene Weibchen können 37 cm, Männchen 39 cm Gesamtlänge erreichen. Die Tiere erinnern im Aussehen stark an *Chamaeleo gracilis*. Der Helm ist hinten stark erhöht und sieht aus wie ein Dach. Die Körperbeschuppung ist homogen. Der Kehlkamm ist deutlich zu erkennen, wohingegen sich der Bauchkamm oft nur schwach abzeichnet. Ein Seitenstreifen verläuft vom Kinn bis zum After.

Vermutlich unter Schock läßt sich dieses Chamäleon, ähnlich wie z. B. *Chamaeleo senegalensis*, *Chamaeleo dilepis*, *Chamaeleo chamaeleon* usw., auf die Erde fallen, bleibt auf der Stelle liegen und färbt sich ganz schwarz. Unter Umständen kann es Stunden dauern, bis es sich wieder erhebt und langsam die Normalfärbung annimmt.

Pflege und Zucht: Das Terrarium muß eine entsprechende Größe haben. Wenn die Tiere einzeln gehalten werden, sind L 100 x T 50 x H 100 cm sicher das Minimum. Einige Halogen- oder Spotstrahler zum Aufwärmen und 2 Leuchtstoffröhren oder besser eine 50 W-HQL Lampe sorgen für die notwendige Beleuchtung und Wärme. Etwa 12-14 Stunden sollte das Terrarium beleuchtet werden. Tagestemperaturen über 30°C sind für dieses Savannentier sicher nicht schädlich. Jedoch gilt auch hier wieder: Temperaturgefälle herstellen! Nachts sind diese Tiere auch in der heißen Zeit Temperaturen von ca. 18°C gewöhnt.

Auch ein Übersprühen der Blätter im Terrarium ist angebracht. Das

Tränken mit der Pipette oder mittels eines Tropfes sollte man ergänzend vornehmen. Das geeignete Futter zu finden, ist sicher kein Problem. Gefressen wird praktisch alles, was das Basiliskenchamäleon überwältigen kann. Aber auch bei *Chamaeleo africanus* gilt die Regel, daß man immer genügend Vitamine und Mineralstoffe über das Futter und Wasser verabreichen muß.

Die Tiere brauchen eine Überwinterung von November bis Januar. Dazu wird die Temperatur langsam gesenkt, bis sie 10-14°C erreicht. Während dieser Zeit fressen die Tiere nicht und schlafen sehr viel. Durch langsames Anheben der Tagestemperaturen wird das Ende der Ruhephase eingeleitet.

Bei Tieren aus Ägypten kommt es im August zu Paarungen, die bis Ende des Monats fast täglich erfolgen. Die Gelegegröße kann mehr als 55 Eier umfassen, die Anfang bis Mitte Oktober abgelegt werden. Dies kann bei der großen Anzahl der Eier viele Stunden in Anspruch nehmen. Zur Zeitigung werden die Eier in feuchtes Vermiculite oder in ein Torf-Sand-Gemisch gebettet. Bruttemperaturen von 26-30°C am Tage sind sinnvoll. Eine Nachtabsenkung von ca. 5°C schadet nicht. Das Geschlechterverhältnis ist unter diesen Bedingungen ausgeglichen. Erst nach etwa 12 Monaten kann man mit dem Schlupf der Jungtiere rechnen. Innerhalb eines Jahres können die Weibchen eine Größe von 22 cm, die Männchen von 17 cm erreichen.

Chamaeleo bitaeniatus FISCHER, 1884

Seitenstreifenchamäleon

Verbreitung und Lebensraum: *Chamaeleo bitaeniatus* ist ein typischer Hochlandbewohner Zentralafrikas. Die Art wird bis in eine Höhe von 3000 Metern gefunden. Ihr Verbreitungsgebiet umfaßt die Länder Zaire, Ruanda, Burundi, Uganda und Kenia. Dort leben die Chamäleons in dem vorherrschenden niedrigen Gebüsch, aber auch auf Wiesen und auf den Bäumen an Waldrändern. Nur sehr selten findet man sie in der Kulturlandschaft.

***Chamaeleo bitaeniatus* zählt zu den farbenprächtigsten Arten.**

Foto: K. Paysan

Beschreibung: Im Aussehen ähneln die Tiere sehr stark *Chamaeleo ellioti*. Jedoch besitzen sie nicht die schwarzen Längsstreifen der Schuppenzwischenhaut am Kehlsack. Weitere Unterschiede sind die Kegelschuppen am Kehlsack, die bei *Chamaeleo bitaeniatus* deutlich größer sind, und der unregelmäßig gezähnte Rückenkamm. Die Färbung besteht aus verschiedenen Braun- und Grüntönen.

Pflege und Zucht: Gepflegt wird die Art paarweise in Gazebehältern oder Terrarien mit guter Belüftung. Die Tageshöchsttemperatur sollte bei 26°C liegen und nachts um ca. 8-10°C abfallen. Einmal am Tag wird der gesamte Behälter gründlich überbraust.

Da *Chamaeleo bitaeniatus* zu den lebendgebärenden Arten gehört und die Weibchen zudem noch Spermien speichern können, bereitet die Zucht keinerlei Schwierigkeiten. Sie bringen bis zu zwei Würfe mit jeweils ca. 8 Jungtieren pro Jahr zur Welt. Diese können gemeinsam in kleinen Gazebehältern in der üblichen Weise aufgezogen werden.

Chamaeleo calyptratus **DUMÉRIL, 1851** Jemen-Chamäleon

Verbreitung und Lebensraum: Die Heimat von *Chamaeleo calyptratus* ist der Jemen, wo die Art in mindestens zwei unterschiedlichen Varianten vorkommt. Die Exemplare aus dem Nordjemen übertreffen dabei ihre südlichen Artgenossen deutlich an Körpergröße und Farbenreichtum. Die Tiere leben in den unterschiedlichsten Biotopen.

Beschreibung: Ein hervorstechendes Merkmal ist der bis zu 8 cm hohe Helm der männlichen Tiere, der ihnen ein imposantes Erscheinungsbild verleiht. Bei den meist deutlich kleineren Weibchen ist er nur angedeutet.

Die Grundfärbung der Männchen ist ein helles Gelbgrün, unterbrochen von mehreren gelben Querbinden und braunen Flecken auf dunkelgrünem Grund. Die Weibchen zeigen eine grasgrüne

Einen bis zu 8 cm hohen Helm tragen die Männchen des Jemen-Chamäleons. Foto: W. Schmidt

Grundfärbung mit kleinen weißen Streifen und braunen Flecken. Trächtige Weibchen können eine auffällige Warnfärbung zeigen: ein dunkles Schwarzgrün mit gelben Punkten, die jedes Männchen davor warnt, näherzukommen.

Pflege und Zucht: Ohne Zweifel ist das Jemen-Chamäleon heute das in der Terraristik am weitesten verbreitete Chamäleon. Dies liegt zum einen an seinem attraktiven Äußeren, zum anderen an seiner guten Haltbarkeit und der hohen Vermehrungsrate.

Zur Haltung eignen sich Terrarien mit guter Durchlüftung und einem Heizstrahler, der jedoch so angebracht sein muß, daß Verbrennungen ausgeschlossen sind. *Chamaeleo calyptratus* zeigt im Terrarium ein von anderen Arten nur in Einzelfällen beobachtetes Verhalten, nämlich das Verzehren von Blättern und manchmal auch Früchten. Dies deutet darauf hin, daß die Tiere in der Natur ihren Flüssigkeitsbedarf auf diese Weise decken.

Die paarweise Unterbringung ist möglich, doch ist die Einzelhaltung vorzuziehen, zumal die Weibchen während der Trächtigkeit unverträglich werden. Nach einer Tragzeit von ca. 6 Wochen gräbt das Weibchen einen Gang in den feuchten Sand und legt an seinem Ende das bis zu 86 Eier umfassende Gelege ab. Meistens bestehen die Gelege aus 30-40 Eiern. Die Zeitigung sollte entweder bei konstant 28-30°C oder auch mit einer Nachtabsenkung auf 24°C erfolgen. Die Zeitigungsdauer ist dementsprechend unterschiedlich und liegt bei 140-220 Tagen. Als Substrat eignet sich leicht feuchtes Vermiculite oder Perlite. Die Schlupfquote liegt bei richtiger Inkubation sehr hoch.

Die Aufzucht der Jungtiere ist im allgemeinen nicht sehr schwierig. Allerdings soll an dieser Stelle nicht unerwähnt bleiben, daß sie sehr anfällig für Mangelerscheinungen wie z.B. Rachitis sind. Deshalb ist eine reichhaltige Vitaminversorgung der Jungtiere unerläßlich. Besonders durch das bei starker Fütterung schnelle Wachstum besteht die Gefahr, daß der Aufbau des Knochengerüstes nicht Schritt halten kann, wenn keine Kalziumversorgung in entsprechendem Umfang erfolgt.

Chamaeleo chamaeleon (LINNAEUS, 1758)
Europäisches oder Gewöhnliches Chamäleon

Verbreitung und Lebensraum: *Chamaeleo chamaeleon* hat ein riesiges Verbreitungsgebiet. Die Art bewohnt ganz Nordafrika, Israel, Jordanien, Libanon und Syrien sowie das südliche und westliche Kleinasien. In Europa findet man das Gemeine Chamäleon im Süden Portugals und Spaniens, auf Sizilien, Malta, Kreta und im Süden des Peloponnes. Leider

Starker Sonneneinstrahlung sind die Biotope des Europäischen Chamäleons ausgesetzt. Foto: W. Schmidt

sind diese Populationen durch die fortschreitende Biotopzerstörung stark bedroht.
Als Habitat bevorzugen die Chamäleons in Europa stark bewachsene Sanddünen und Pinien- bzw. Eukalyptuswälder. In Nordafrika bewohnen sie unterschiedlichste Biotope. Wir fanden Tiere in der offenen Savanne, in lichten Wäldern und in Oasen. Es fiel auf, daß häufig ein Gewässer in unmittelbarer Nähe war. Die Art bewohnt die Höhenlagen vom Meeresspiegel bis auf 1750 Meter. Die besiedelten Sanddünen in Europa zeichnen sich durch ihre Sonnen- und Windexponiertheit aus. Im Januar führt dies zu einer mittleren Temperatur von 10°C, im Juli von 20-30°C und zu einer recht hohen relativen Luftfeuchtigkeit von bis zu 84% morgens und 40-50% tagsüber zeigt. Im Durchschnitt fallen im Jahr 500-800 mm Niederschlag.
Eine wichtige Besonderheit besteht darin, daß die Tiere eine Winterruhe halten. Sie verstecken sich, teilweise auch in kleinen Gruppen, in Felsspalten oder ähnlichem und verbringen dort die kalte Jahreszeit. Wenn die Temperaturen im Frühjahr wieder ausreichend hoch sind, kommen sie wieder hervor.
Beschreibung: Die Gesamtlänge des Gemeinen Chamäleons beträgt etwa 30 cm. Europäische Tiere werden meist nur etwa 20 cm groß. Der für Chamäleons typische Körperbau zeigt keine auffälligen Besonderheiten wie z. B. Hörner. Der Helm ist hinten leicht erhöht, die Beschuppung nahezu gleichförmig, lediglich der Kopf ist gröber beschildert.
Die Färbung ist sehr variabel. Als Grundfärbung zeigen die Tiere meist grüne, gelbe, graue oder braune Farbtöne. Die um die Oasen der algerischen Sahara vorkommenden Exemplare weisen in ihrem Farbspektrum keine Grüntöne mehr auf. Auf dieser Grundfärbung haben die Tiere häufig zwei aus weißen Punkten bestehende Längsstreifen. Zusätzlich zeigen sie oft dunkle oder helle Flecken. Das einzige zuverlässige Kennzeichen zur Geschlechtsunterscheidung ist die verdickte Schwanzwurzel der adulten Männchen.
Pflege und Zucht: Von allen Chamäleon-Arten dürfte das Europäische oder Gemeine Chamäleon das bekannteste sein. Bereits im vergangenen Jahrhundert wurden Tiere importiert und erste Haltungsbeobachtungen aufgezeichnet (FISCHER 1881). FLOWER (1925) gibt das natürliche Lebensalter mit ca. 3,5 Jahren an. Dies erscheint nach unseren Beobachtungen realistisch. Leider gibt es zu diesem Thema keine Langzeit-Freilandbeobachtungen. Viele Chamäleon-Arten erreichen in der Natur ein viel kürzeres Lebensalter als oftmals angenommen.
Wie bei den meisten Chamäleon-Arten ist auch beim Europäischen Chamäleon die innerartliche Aggressivität sehr stark ausgeprägt. In Gefangenschaft zeigen sich die Tiere auch gegenüber anderen Terrarienbewohnern – wie zum Beispiel großen Taggeckos – als sehr unverträglich, so daß nur Einzelhaltung möglich ist.
Für die Pflege von *Chamaeleo chamaeleon* sind alle Terrarien mit mindestens zwei Lüftungsflächen geeignet. Für adulte Tiere reichen Behälter mit einer Mindestgröße von L40xT40xH70 cm. Lokale Wärmequellen, also Spotstrahler, müssen unbedingt vorhanden sein. Die Temperaturen sollten entsprechend der Jahreszeit tagsüber zwischen 23 und 30°C liegen, nachts deutlich darunter. Eine ausreichende Luftfeuchtigkeit erhält man, wenn das Terrarium morgens einmal kräftig überbraust wird.
Will man seine Chamäleons in die Winterruhe schicken, muß man eine Woche vorher die Fütterung einstellen, damit sich der Darm entleeren kann. Anschließend stellt man das Terrarium einfach in einen Keller, in dem Temperaturen von ca. 15°C herrschen. Man darf nicht vergessen, eine Schale mit frischem Wasser ins Terrarium zu stellen. Nach etwa 2 Monaten sollten die Tiere wieder aus der Winterruhe geholt werden.
Das Europäische Chamäleon frißt alle Arten an üblichen Futterinsekten. Je nach Herkunftsort können bestimmte Vorlieben ausgeprägt sein wie Heuschrecken, aber auch Schaben. Die meisten Chamäleons gewöhnen sich nach einiger Zeit daran, Wasser auch aus einer Trinkschale aufzunehmen. Fast alle trinken Wasser aus Springbrunnen. Ansonsten werden die Tiere zweimal in der Woche mit der Pipette getränkt.
Über die Zucht des Europäischen Chamäleons wurde schon einiges geschrieben. Wie alle Reptilien,

die einem jährlich periodischen Fortpflanzungszyklus unterliegen, ist auch bei *Chamaeleo chamaeleon* eine Gleichschaltung der Geschlechter (gemeint ist die gleichzeitige Paarungsbereitschaft von Männchen und Weibchen) Voraussetzung für die Zucht. Bei einigen Reptilien-Arten tritt die Paarungsbereitschaft sofort nach Beendigung einer ausreichenden Winterruhe ein. So einfach ist es beim Europäischen Chamäleon leider nicht. Vielmehr werden die Tiere erst in der zweiten Jahreshälfte paarungsbereit. Für eine erfolgreiche Zucht im Terrarium stellt sich somit die Frage, was der Auslöser für die Paarungsbereitschaft (Reifung von Eiern und Samen) ist. Wahrscheinlich ist es die Abnahme der natürlichen Tageslänge. Das bedeutet, daß man die Terrarienbeleuchtung so schalten muß, daß bis zum 21.6. des Jahres die Beleuchtungsdauer zu- und danach abnimmt. An dieser Stelle möchten wir unseren Wunsch äußern, daß uns ein *Chamaeleo chamaeleon*-Pfleger, der die Möglichkeit hat, Tiere unabhängig von den natürlichen Lichtverhältnissen zu pflegen, seine Erfahrungen in Bezug auf die Fortpflanzungstätigkeit seiner Chamäleons mitteilt.

Bis in die heutige Zeit sind langfristige Nachzuchterfolge ausgeblieben. Es wurden immer nur trächtig importierte Weibchen zur Eiablage gebracht oder Paare gefangen, die sich noch im selben Jahr paarten.

Zur Paarung setzt man das Weibchen in das Terrarium des Männchens. Ist das Weibchen nicht paarungsbereit, zeigt es dies durch eine Warnzeichnung an, die aus hell leuchtenden Punkten auf dunklem Grund besteht. Nähert sich das Männchen trotzdem, wird es sofort in der üblichen Weise angedroht und angegriffen. Auch bei *Chamaeleo chamaeleon* erkennt das Männchen die Paarungsbereitschaft des Weibchens daran, daß es jegliches Imponierverhalten unterläßt und langsam weiterläuft. Die Paarung dauert etwa 12-20 Minuten. Bei den in der Literatur oft angegebenen kürzeren Kopulationsdauern mit Zeiten um eine Minute handelt es sich nach unserer Erfahrung um abgebrochene Paarungsversuche, die nicht zur Befruchtung eines Weibchens ausreichen. Dies gilt auch für zahlreiche andere Chamäleon-Arten.

Etwa 40-60 Tage nach der Paarung vergräbt das Weibchen die Eier. Die Gelegegröße schwankt zwischen 14 und 46 Eiern. Die Größe der frisch gelegten Eier beträgt etwa 11x17 mm.

Spätestens jetzt taucht die Frage auf, wie die Eier gezeitigt wer-

***Chamaeleo chamaeleon* wird bis zu 30 cm groß.** Foto: A. v. d. Nieuwenhuizen

den sollen. Die einfachste Methode besteht darin, sie in leicht feuchtes Vermiculite zu betten und bei konstant 27-29°C zu zeitigen. Die kleinen Chamäleons schlüpfen bei dieser Methode nach etwa 190-240 Tagen. Leider kann die Freude über die kleinen Chamäleons nach 3 Monaten etwas getrübt sein, wenn man feststellt, daß alle Weibchen sind. Hier ist noch einiges auszuprobieren. Wir möchten daher einen Vorschlag zur Zeitigung machen: Analog zu *Furcifer lateralis* sollte zu Beginn der Zeitigung eine kühle Phase von 4 Wochen stehen. Versuche mit gleichbleibenden niedrigen Temperaturen während der gesamten Zeitigungsdauer sind gescheitert. Die Aufzucht der Jungtiere ist problemlos. Sie sollten einzeln in kleinen Terrarien bei Temperaturen von 25°C und einer nächtlichen Absenkung von ca. 6°C gehalten werden.

Chamaeleo cristatus STUCHBURY, 1837 Kamm-Chamäleon

Verbreitung und Lebensraum: *Chamaeleo cristatus* lebt in den Regenwäldern von Kamerun, Nigeria, Äquatorial-Guinea, Gabun und Zaire sowie auf der Insel Fernando Póo. Es handelt sich um einen ausgesprochenen Tieflandbewohner, der hauptsächlich in den Regenwäldern der Küstengebiete lebt. Man findet die Tiere auf Büschen, im Unterholz und auf dem Boden. Dort graben sie regelrechte Löcher, in die sie sich bei zu großer Hitze zurückziehen und in denen sie auf vorbeilaufende Beute lauern. Interessanterweise zeigt auch diese Art das hochfrequente vibrationsartige Körperzittern, welches alle auf dem Boden lebenden Chamäleon-Arten aufweisen.

Ein besonders kräftiges Männchen des Kamm-Chamäleons. Foto: W. Schmidt

Beschreibung: Mit einer Gesamtlänge von etwa 23 cm gehört das Kamm-Chamäleon zu den mittelgroßen Chamäleon-Arten. In ihrem Aussehen erinnert gerade diese Art an vorzeitliche Drachen. So besitzt sie ein bei den Männchen bis zu 3 cm hohes Rückensegel, das sich bis auf das erste Drittel des Schwanzes fortsetzt. Dieses Gebilde besteht aus beschuppter Haut, die zwischen Dornenfortsätzen ausgespannt ist. Die Art zeigt kein Zeichenmuster. Ihre Färbung besteht aus einem schmutzigen Grün-, Grau- oder Braunton. Im erregten Zustand kann die Helmkante eine hellblaue Färbung annehmen.

Pflege und Zucht: Die Art kann in kleinen Terrarien der Größe L40xT40xH60 cm einzeln gepflegt werden. Es ist nur für eine gleichmäßig hohe Temperatur, tagsüber ca. 26°C mit einer leichten Nachtabsenkung auf Zimmertemperatur und für eine hohe relative Luftfeuchtigkeit zu sorgen. Der Bodengrund sollte immer wenigstens 10 cm hoch sein. Zweimal täglich muß das gesamte Terrarium überbraust werden.

Zur Paarung setzt man das Weibchen in das Terrarium des Männchens. Nach einer kurzen Balz kommt es meist, Paarungsbereitschaft des Weibchens vorausgesetzt, zur Kopulation. Etwa 60 Tage später legen die Weibchen ihre aus bis zu 8 Eiern bestehenden Gelege am Ende eines selbst gegrabenen Ganges ab. Die Zeitigung ist bisher nur einmal gelungen. Dabei wurden die Eier bei Zimmertemperatur inkubiert, und das Jungtier schlüpfte nach 250 Tagen. Die Aufzucht bereitete keinerlei Probleme.

Jungtiere von *Chamaeleo cristatus* lasssen noch nichts von der späteren Imposanz ausgewachsener Exemplare erkennen. Foto: W. Schmidt

Chamaeleo deremensis MATSCHIE, 1892

Verbreitung und Lebensraum: *Chamaeleo deremensis* stellt eine der zahlreichen dreihörnigen Chamäleon-Arten aus dem Osten Afrikas dar. Der Lebensraum dieser Art ist das Usambara-Bergland in Tansania.

Beschreibung: Die Tiere sind sehr ansprechend gezeichnet. Auf hellgrünem Grund zeigen die Männchen eine angedeutete dunkelgrüne Fleckenzeichnung, einige gelbe Flecken und Streifen sowie einen hellblauen Schimmer. Die Mundspalte ist kräftig rotbraun gefärbt, ebenso die Helmkanten. Bemerkenswert ist außerdem noch die Ausbildung kleiner Occipitallappen, die bis zur Helmspitze reichen. Auf Kehle und Bauch zeigt sich eine ununterbrochene Reihe konischer Schuppen. Die geringelten Hörner weisen gerade nach vorne und bleiben mit 17-19 mm Länge deutlich kleiner als z.B. bei *Chamaeleo jacksonii*. Auf dem Rücken zeigt sich ein ca. 12 mm hoher Hautkamm, der mit pflasterartigen Schuppen bedeckt ist und sich mit welligem Rand bis auf die Schwanzbasis fortsetzt. Der Schwanz ist etwas kürzer als der Kopf-Rumpf-Bereich. Die Weibchen sind hornlos. Mit einer Länge von 25-28 cm (Männchen) und ca. 18 cm (Weibchen) zählt *Chamaeleo deremensis* zu den mittelgroßen Chamäleon-Arten.

Pflege und Zucht: Erfahrungen zur Haltung und Zucht liegen bislang nicht vor.

Im Gegensatz zu den Weibchen, die hornlos sind, tragen die Männchen von *Chamaeleo deremensis* drei bis zu 1,9 cm lange Hörner.
Foto: S. Heinecke

Chamaeleo dilepis (LEACH, 1819) Lappenchamäleon

Verbreitung und Lebensraum: Das hier besprochene Chamäleon stammt aus Ostafrika und ist wesentlich größer als *Chamaeleo quilensis*. Die Art bewohnt die unterschiedlichsten Biotope.

Beschreibung: Die Art erreicht eine maximale Gesamtlänge von über 40 cm. Dies betrifft vor allem die Weibchen. Ein weiteres wichtiges Unterscheidungsmerkmal zu *Chamaeleo quilensis* sind die Occipitallappen, die bei *Chamaeleo dilepis* deutlich größer werden.

Pflege und Zucht: Die Terrarienhaltung kann wie bei *Chamaeleo quilensis* erfolgen. Nur bei der Eizeitigung ist zu beachten, daß die Inkubationstemperatur tagsüber 28-30°C beträgt und nachts etwa auf Raumtemperatur fällt. Es hat sich bestens bewährt, die Schachtel, in der die Eier gezeitigt werden, z. B. einfach in den Beleuchtungskasten zu stellen, der die entsprechenden Temperaturen aufweist. Dann schlüpfen die Jungen schon nach ca. 4 Monaten. Auch die Aufzucht der Jungtiere gestaltet sich wie bei *Chamaeleo quilensis*.

In Streßsituationen zeigt das Lappenchamäleon eine typische Erregungsfärbung. Foto: L. Bindewald

***Chamaeleo dilepis* im Biotop.**
Foto: K. Paysan

Chamaeleo eisentrauti (MERTENS, 1968)

Verbreitung und Lebensraum: Die Art lebt im Montanwald der Rumpi-Hills von West-Kamerun in Höhen über 1100 Metern.

Beschreibung: Bei den Männchen beträgt die Kopf-Rumpf-Länge 14 cm, die Schwanzlänge 17 cm. Die Weibchen bleiben mit einer Kopf-Rumpf-Länge von 13 cm und einer Schwanzlänge von 14 cm etwas kleiner. Charakteristisch für diese Chamäleons sind die beiden von der Seite wie Bärte aussehenden Schuppen unter der Schnauzenspitze. Der Helm ist erhöht. Die Tiere besitzen eine blaugrüne Färbung.

Pflege und Zucht: Das Terrarium für diese schöne Chamäleon-Art sollte mindestens L 50 x T 50 x H 100 cm groß sein. Die Temperaturen müssen tagsüber bis auf 28°C steigen und nachts auf 18-20°C absinken. Auch hier benutzt man Halogenstrahler oder eine 80-W-HQL-Lampe. Der ca. 10 cm hohe Bodengrund aus einem Sand-Erde-Gemisch (1:3) dient zur Eiablage. Wegen der hohen relativen Luftfeuchte im Lebensraum der Tiere ist täglich ein zwei- bis dreimaliges Übersprühen des Terrariums erforderlich.

Zur Paarung und zum Verhalten kann man bei dieser Art leider bis jetzt keine Angaben machen. Im Oktober – dem Übergang zur Trockenzeit – setzte ein Anfang September gefangenes Weibchen im Terrarium 7 Eier ab. Diese wurden, ähnlich wie bei *Chamaeleo montium*, bei Zeitigungstemperaturen von 25°C am Tage und 17°C in der Nacht in feuchtem Vermiculite gezeitigt. Nach 4 Monaten schrumpften alle Eier zusammen. Die Eier wurden daraufhin geöffnet. Alle Jungtiere waren leider im Ei gestorben. Der Grund war vermutlich eine zu hohe Substratfeuchte. Die Tiere hatten zu diesem Zeitpunkt keinen Dottersack mehr und waren voll auspigmentiert. Die Gesamtlänge der Kleinen betrug zwischen 4,5 und 5 cm. Die Kopf-Rumpf-Länge lag bei 2-2,2 cm.

***Chamaeleo eisentrauti* lebt im Bergland West-Kameruns oberhalb von 1100 Metern Höhe.**
Foto: E. Wallikewitz

Chamaeleo ellioti (GÜNTHER, 1895)

Verbreitung und Lebensraum: *Chamaeleon ellioti* bewohnt das ganze östliche Zentralafrika. Gefunden wird die Art in Kenia, Tansania, Uganda, Ruanda, Burundi und Zaire in den Höhenlagen von 800 bis 1800 Metern. Nicht nur in der Zeichnung, sondern auch im Lebensraum gibt es eine starke Übereinstimmung mit dem Teppichchamäleon. So bevorzugt *Chamaeleon ellioti* ebenso Büsche, hohes Gras und Gärten als Lebensraum. Die Tiere kommen häufig in großer Populationsstärke vor. HEINECKE (1989) sieht die Art als Kulturfolger an. Die relative Luftfeuchtigkeit schwankt im Verbreitungsgebiet zwischen 60 und 100%. Die Tageshöchsttemperaturen liegen bei 25-28°C. Die Tag-Nacht-Schwankung beträgt ca. 10°C.

Beschreibung: Die Tiere erreichen eine maximale Gesamtlänge von 22 cm. Der Helm von *Chamaeleo ellioti* ist nur wenig erhöht, Rücken- und Kehlkamm bestehen aus kleinen, gleichmäßigen Stachelschuppen. Die Körperbeschuppung ist unregelmäßig. Das Farbspektrum umfaßt alle Farben. Die Männchen zeigen eine grüne Grundfärbung mit einer bunten Zeichnung. Je nach Verbreitungsgebiet variieren die Tiere sehr stark. Einige *Chamaeleo ellioti*-Populationen haben eine ebenso schöne Farbzeichnung wie das Teppichchamäleon. Den als typisch geltenden schwarzen Fleck im hinteren Kehlsackbereich weisen nur wenige Tiere auf. HEINECKE und GRAF (mündl. Mitt.) fanden in Zaire Populationen, in denen es Chamäleons mit und ohne schwarzen Kehlsackfleck gab.

Pflege und Zucht: *Chamaeleo ellioti* gehört zu den häufig gepflegten Chamäleon-Arten. Leider wurden bis heute keine Nachzuchtberichte veröffentlicht, obwohl verschiedene Terrarianer diese Art schon über Generationen nachziehen.

Chamaeleo ellioti hat ein großes Frischluftbedürfnis. Zur Unterbringung geeignet sind Terrarien mit sehr großen Lüftungsflächen oder Holzgestellterrarien, bei denen die Seiten völlig mit Draht bespannt sind. Die Mindestgröße für ein adultes Tier beträgt etwa L20xT30xH50 cm. Die Tagestemperaturen sollten bei ca. 25°C liegen, zusätzlich muß zeitweise ein kleiner Strahler zum Aufwärmen eingeschaltet sein. Ein Tag-Nacht-Unterschied von ca. 8°C sollte unbedingt vorhanden sein. *Chamaeleo ellioti* braucht als Bewohner der offenen Savanne eine gute Beleuchtung, anderenfalls sind die Tiere nicht so aktiv und zeigen nicht ihre ganze Farbpalette. Eine ausreichende relative Luftfeuchtigkeit erreicht man durch mindestens zweimal tägliches Überbrausen des gesamten Terrariums. Die Chamäleons können den ganzen Sommer im Freien gehalten werden.

Die innerartliche Aggressivität ist bei *Chamaeleo ellioti* relativ gering ausgeprägt, so daß die Vergesellschaftung eines Pärchens in einem sehr großen Terrarium möglich ist. Sobald das Weibchen jedoch trächtig ist, müssen die Tiere getrennt werden. Die Tiere sind den ganzen Tag aktiv und zeigen häufig einen stimmungsabhängigen Farbwechsel.

Die Lieblingsspeise von *Chamaeleo ellioti* sind Stubenfliegen. Man sollte sie häufig anbieten, da die Chamäleons dann sehr lebhaft werden und ihr ganzes Geschick einsetzen, um die Fliegen zu erbeuten. Ferner werden kleine Grillen, ganz kleine Wanderheuschrecken, kleine Mehlwürmer, Mehl- und kleine Wachsmotten genommen. Getränkt werden die Tiere ausschließlich mit Sprühwasser.

Zur Paarung setzt man das Weibchen in das Terrarium des Männchens, woraufhin dieses sofort zu nicken anfängt. Ist das Weibchen nicht paarungsbereit, wehrt es das Männchen in der für Chamäleons üblichen Weise ab. Dabei zeigen die Weibchen als Warnfärbung häufig eine grelle Zeichnung auf dunklem Grund. Ist das Weibchen jedoch paarungsbereit, unternimmt es beim Anblick des Männchens gar nichts. Das Männchen nähert sich nickend und besteigt das Weibchen. Die Kopulation dauert ca. 15 Minuten. In den nächsten Tagen sollte man die Tiere abermals zusammensetzen, damit möglichst viele Eier befruchtet werden.

Nach einer Tragzeit von 100 bis 160 Tagen werden die kleinen Chamäleons geboren. Die Wurfgröße schwankt zwischen 4 und 14 Tieren. Bereits 14 Tage nach der Geburt der Jungen paaren sich die adulten Tiere wieder. Sollte man diesen Zeitpunkt verpassen, ist das nicht weiter tragisch, da die Weibchen Samen in den Receptacula seminis speichern.

Die Aufzucht der Jungtiere ist schwierig, da diese sehr anfällig sind. In der ersten Zeit sollte die Temperatur etwa 22°C betragen. Man kann sie nach etwa einem Monat langsam auf 25°C erhöhen. Gefüttert wird am besten zweimal täglich. Die Geschlechtsreife erreichen die Chamäleons im Alter von ca. 6-9 Monaten, die Lebenserwartung liegt bei etwa 3 Jahren.

Chamaeleo feae BOULENGER, 1906

Verbreitung und Lebensraum: Dieses Chamäleon findet man nur auf der Insel Fernando Póo vor der Küste Kameruns. Es ist ein typisches Montanwald-Chamäleon und lebt in einer Höhe von 1300-1600 Metern. Der Lebensraum ist relativ kühl und feucht.

Beschreibung: Die Art wird mit maximal 21 cm Gesamtlänge bei den Männchen und 20 cm bei den Weibchen nicht besonders groß. Der Helm ist hinten erhöht. Die Kopfschuppen sind nicht gleich groß. Der Rumpf zeigt eine heterogene Beschuppung. Die Männchen haben ein hohes, welliges Rückensegel, das im ersten Viertel des Schwanzes ausläuft. Der kurze Kinnkamm besteht aus Kegelschuppen. Die Tiere besitzen eine grüne Färbung. Da ihr Aussehen stark an weibliche Tiere von *Chamaeleo montium* erinnert, wurde *Chamaeleo feae* eine zeitlang als Unterart des Bergchamäleons angesehen.

Pflege und Zucht: Im Terrarium sollte man die gleichen Bedingungen wie bei *Chamaeleo montium* schaffen. Lediglich die Temperaturen sollten nicht so hoch ansteigen. Bezüglich der Haltung und Zucht sollte man sich ebenfalls an den Anforderungen von *Chamaeleo montium* orientieren.

Chamaeleo gracilis HALLOWELL, 1842 Fersensporn-Chamäleon

Verbreitung und Lebensraum: Das Fersensporn-Chamäleon lebt in West-, Zentral- und Ostafrika. Dort bewohnt es die Ränder des tropischen Regenwaldes, der Galeriewälder und der Savannen. Auch in der Nähe von menschlichen Siedlungen findet man diese Art.

Beschreibung: Mit 34 cm Gesamtlänge zählt *Chamaeleo gracilis* zu den größeren Chamäleon-Arten. Die Form aus dem Regenwald ist nur etwa halb so groß. Ob diese Exemplare eine eigene Art bilden, muß noch geklärt werden. Das Aussehen erinnert stark an *Chamaeleo dilepis*. Von diesem ist es durch die fehlenden oder nur rudimentär vorhandenen Occiptiallappen zu unterscheiden. Der Helm ist sehr flach. Die Körperbeschuppung ist homogen. Der Rücken-, Bauch- und Kehlkamm ist gut zu erkennen. Eine helle Seitenlinie führt zum After. Die Färbung besteht aus Grün-, Gelb-, Weiß- und Brauntönen. Die Kehle zeigt eine leuchtend gelborange gefärbte Kehlhaut. Wie der deutsche Name schon sagt, besitzen die männlichen Exemplare dieser Art jeweils einen Fersensporn am hinteren Fuß.

Pflege und Zucht: Die Abmessungen des Terrariums sollten L75xT50xH100 betragen. *Chamaeleo gracilis* verträgt Tagestemperaturen von 25-35°C mit einer Nachtabsenkung auf 18°C. Man sollte eine oder zwei HQL-Lampen oder Halogenstrahler 14 Stunden pro Tag zur Beleuchtung und Wärmeerzeugung einsetzen. Der Bodengrund kann aus einem Sand-Erde-Gemisch bestehen, das für ein ausgewachsenes Weibchen 10 cm Höhe nicht unterschreiten darf. Eine üppige Bepflanzung und zahlreiche Kletteräste komplettieren die Einrichtung. Unter Berücksichtigung des Lebensraumes muß man für eine ausreichend hohe relative Luftfeuchtigkeit sorgen. Vitamine und Mineralien kann man den Tieren über die Tropftränke, die Pipette und das Futter geben. Entsprechend der Größe des Fersensporn-Chamäleons fallen auch die Futtertiere größer aus. Man kann praktisch alles anbieten, was an Insekten zu bekommen ist: Grillen, Heuschrecken, Fliegen, Käfer, Larven verschiedener Käfer usw.

Im Gegensatz zu manch anderen Chamäleon-Arten ist *Chamaeleo gracilis* nicht besonders scheu und kann daher im Terrarium gut beobachtet werden.

Wenn das Weibchen nicht paarungswillig ist, zeigt es dies dem Männchen deutlich durch Drohen und eine Drohfärbung, die aus einer dunkelgrünen Grundfarbe mit schwarzen Flecken und dem leuchtenden Orange des Kehlsacks besteht. Auch die Männchen können diese Färbung beim Drohen zeigen.

Die Paarung verläuft wie bei fast

Durch das große Verbreitungsgebiet von *Chamaeleo gracilis* stellen die Tiere je nach Herkunft unterschiedliche Anforderungen an die Terrarienhaltung. Foto: S. Heinecke

allen Chamäleon-Arten. Nach ungefähr 35 Tagen kommt es zur Eiablage in einem selbstgegrabenen Gang. Das Weibchen zeigt in dieser Phase oft eine dunkelgrüne Grundfärbung mit hellgrünen Punkten. Die Gelege bestehen aus 18-45 Eiern, die eine Länge von 14-16 mm und an der breitesten Stelle einen Durchmesser von 8-10 mm haben.
Die Eier kommen zur Inkubation in eine Dose mit feuchtem Sand. Bei 28°C dauert es 10 Monate, bis die Jungen schlüpfen. Freilandbeobachtungen zur Folge beträgt die Inkubationszeit im Biotop nur 219 Tage. Leider wurde die Bruttemperatur nicht gemessen. Schon beim Schlupf gleicht die Färbung der der ausgewachsenen Fersensporn-Chamäleons. Die Aufzucht ist relativ unkompliziert.

Chamaeleo harennae Largen, 1995

Verbreitung und Lebensraum: Diese neu beschriebene Chamäleonart stammt aus den Bale-Bergen in Äthiopien. Es handelt sich um einen reinen Hochlandbewohner, der zwischen 1980 und 2400 m Höhe gefunden wird. Die Tiere leben dort auf Büschen und niedrigen Bäumen am Waldrand und in der Grassavanne.
Beschreibung: Im Aussehen erinnert *Chamaeleo harennae* stark an *Chamaeleo bitaeniatus* oder *Chamaeleo rudis*. Mit einer maximalen Gesamtlänge von 14 cm bleibt *Chamaeleo harennae* recht klein. Die Männchen sind leicht anhand der verdickten Schwanzwurzel zu erkennen. Das Farbkleid besteht aus einer sehr variablen Musterung aus grünen, gelben, grauen und weißen Farbtönen. Besonders auffällig ist der aus langen Kegelschuppen bestehende Kehlkamm.
Pflege und Zucht: Es handelt sich um eine lebendgebärende Chamäleonart der *Chamaeleo bitaeniatus*-Grupppe aus Ostafrika. Pflege und Zucht dürften der von *Chamaeleo affinis* entsprechen.

Chamaeleo hoehnelii (STEINDACHNER, 1891) Helmchamäleon

Verbreitung und Lebensraum: Das Verbreitungsgebiet von *Chamaeleo hoehnelii* umfaßt Höhenlagen von 1200 bis 2800 Metern in Ostafrika. Die Unterart *Chamaeleo hoehnelii altaeelgonis* bewohnt Höhen von mehr als 3000 Metern am Mount Elgon. Bei diesem großen und zerstückelten Verbreitungsgebiet wird klar, warum die Tiere so stark variieren. Gefunden wird *Chamaeleon hoehnelii* ausschließlich in Büschen und im Gestrüpp.
Beschreibung: Das Auffälligste am Helmchamäleon sind der stark erhöhte Helm und der kleine beschuppte Nasenfortsatz. Der Rükkenkamm besteht aus großen Stachelschuppen, die auf dem Schwanz kleiner werden und schließlich im letzten Drittel auslaufen. Auch der Kehlkamm ist mit großen Stachelschuppen besetzt. An jeder Körperseite können 2 Reihen stark vergrößerter Plattenschuppen verlaufen. Die Grundfärbung ist fast immer ein Grünton, nur wenn die Tiere sich aufwärmen oder ärgern färben sie sich dunkel. Das Farbkleid kann noch weiße, gelbe, rote, hellblaue, braune und schwarze Farbtöne enthalten. Die am häufigsten gezeigte Musterung ist eine Art Rautenzeichnung, doch variiert die Zeichnung je nach Fundort der Tiere sehr stark. Der einzige sicher erkennbare Geschlechtsunterschied ist die verdickte Schwanzwurzel der adulten Männchen. Die maximale Gesamtlänge, die nur wenige Formen des Helmchamäleons erreichen, beträgt 25 cm. Im Durchschnitt werden die Tiere nur 18-22 cm groß. Von *Chamaeleo hoehnelii* gibt es eine sehr farbenfro-

he Unterart, nämlich *Chamaeleo hoehnelii altaeelgonis*.

Pflege und Zucht: Das Helmchamäleon zählt heute zu den am häufigsten gepflegten Arten. Es gibt Terrarianer, die es mit gleichbleibendem Erfolg bereits in der 5. Generation und länger nachzüchten.

Die innerartliche Aggressivität ist beim Helmchamäleon nicht besonders stark ausgeprägt. Man kann sie nur zwischen den Männchen und bei trächtigen Weibchen gegenüber allen anderen Chamäleons beobachten. Im Regelfall versuchen die Tiere, sich aus dem Weg zu gehen. Trotzdem kann nur die Einzelhaltung empfohlen werden. Helmchamäleons brauchen Terrarien mit einer Mindestgröße von L25xT30xH50 cm. Die Tiere haben ein großes Frischluftbedürfnis. Deshalb müssen die Lüftungsflächen besonders groß sein. Am besten eignen sich Drahtterrarien oder eine freie Haltung auf einer nicht nach Süden ausgerichteten Fensterbank. Die Temperaturen sollten tagsüber bei 25°C liegen und nachts um mindestens 10°C abfallen. Die relative Luftfeuchtigkeit sollte tagsüber zwischen 50 und 80%, nachts zwischen 80 und 100% liegen. Dies erreicht man durch mindestens dreimal tägliches Überbrausen des gesamten Terrariums. Höhere Temperaturen als 25°C haben die Tiere nur vertragen, wenn gleichzeitig auch die Luftfeuchtigkeit sehr hoch war. Sehr vorteilhaft ist die Freilandhaltung im Sommer.

Helmchamäleons fressen alle Arten kleiner Futterinsekten, am liebsten Stubenfliegen, Heimchen, Grüne Schabenmännchen und kleine Motten. Adulte Tiere sind besonders futtergierig. Damit sie nicht verfetten, werden sie nur alle 2 Tage gefüttert. Ihren Wasserbedarf decken die Tiere durch Auflecken des Sprühwassers. Bei geringer relativer Luftfeuchtigkeit und bei freier Haltung auf der Fensterbank ist das Trinkbedürfnis größer, und es empfiehlt sich das zusätzliche Tränken mit einer Pipette.

***Chamaeleo hoehnelii* beeindruckt mit seinem Kopfschmuck, einem ausgeprägten Helm. Im Terrarium ist die Nachzucht dieser Art bereits über mehrere Generationen hinweg gelungen.** Foto: A. v. d. Nieuwenhuizen

Zur Paarung setzt man das Weibchen in das Terrarium des Männchens. Dieses fängt beim Anblick des Weibchens sofort zu nicken an. Ist das Weibchen nicht paarungsbereit, färbt es sich dunkel und nickt ebenfalls. Das Männchen bricht daraufhin die Balz meist ab. Ist das Weibchen paarungsbereit, so reagiert es auf das Männchen erst gar nicht, sondern läuft bei Annäherung nur langsam weg. Das Männchen holt das Weibchen ein und besteigt es von hinten. Dann greift es mit einem Fuß zur Kloakenöffnung und „knetet" diese einige Male. Daraufhin öffnet das Weibchen die Kloakenöffnung und es kommt zur Paarung. Die Kopulationsdauer beträgt etwa 10-30 Minuten.

Nach der Paarung sind die Weibchen noch futtergieriger. Etwa 2 Wochen vor der Geburt der kleinen Chamäleons reduzieren sie die Nahrungsaufnahme sehr stark. Die Dauer der Trächtigkeit beträgt 4-6 Monate. Die Geburt findet meist in den späten Vormittagsstunden statt. Die Wurfgröße schwankt zwischen 4 und 22 Tieren. Bei dieser hohen Kinderzahl sollten wir rechtzeitig darauf achten, genügend Kleinstinsekten vorrätig zu haben, um die hungrigen Chamäleonbabys satt zu bekommen. Bei der Aufzucht der Jungtiere sollten die Temperaturen während der ersten 2 Monate tagsüber bei 22°C liegen. Auch bei dieser Art ist eine Einzelaufzucht zu empfehlen. Die Geschlechtsreife erreichen die Tiere nach etwa 6 Monaten. Nachzuchttiere der großen Variante paarten sich das erste Mal nach 13 Monaten. Etwa 40-50 Tage nach der Geburt der Jungtiere paaren sich die Chamäleons erneut. Die maximale Lebensdauer wird auf 2-4 Jahre geschätzt.

Noch ist der Helm dieses jungen *Chamaeleo hoehnelii* nicht stark ausgeprägt.
Foto: W. Schmidt

Chamaeleo jacksonii (BOULENGER, 1896) Dreihornchamäleon

Verbreitung und Lebensraum: *Chamaeleo jacksonii* kommt in Kenia, Tansania und Uganda vor. Man kann es bis in eine Höhe von 2000 Metern finden. Das Hochland ist sehr regenreich. Nairobi liegt auf ca. 1800 Metern Höhe und hat morgens Temperaturen von etwa 11°C. Nachmittags zeigt das Thermometer eine Temperatur von etwa 24°C an. Genauere Angaben machen LIN & NELSON (1981).

Beschreibung: Das bis zu 32 cm große Dreihornchamäleon gehört wegen seines Aussehens und seiner leichten Haltung und Zucht zu den begehrtesten Chamäleon-Arten. Mit seinen drei Schnauzenhörnern erinnert *Chamaeleo jacksonii* an einen urweltlichen Drachen. Das mittlere Horn liegt direkt über der Schnauzenspitze und ist leicht nach oben gebogen. Die beiden anderen sitzen in Augenhöhe und sind ebenfalls nach vorne gerichtet. Im Gegensatz zu den Männchen haben die Weibchen entweder drei kleine, nur das mittlere oder gar kein Horn. In diesem Fall sind die Hörner nur als Kegelschuppen angedeutet. Die Geschlechter lassen sich im Zweifelsfalle besser an der verdickten Schwanzwurzel der Männchen unterscheiden.

Die Körperbeschuppung ist in Größe und Form sehr unterschiedlich. Der Rückenkamm er-

Chamaeleo jacksonii xantholophus **im Portrait.** Foto: W. Schmidt

innert im Aussehen an ein Sägeblatt. Die Grundfärbung ist grün bis gelbbraun mit weißen oder braunen Flecken. Manchmal erinnert die Färbung an eine mit Flechten bewachsene Baumrinde (KLINGELHÖFFER). Diese Art besitzt eine große geographische Variabilität, und die Anzahl der Unterarten ist noch nicht geklärt.

Pflege und Zucht: *Chamaeleo jacksonii* gehört zu den wenigen Arten, bei denen man ein Pärchen zusammen halten kann. Voraussetzung dafür ist jedoch ein sehr großer Behälter mit dichter Bepflanzung. Im allgemeinen wird man jedoch die Tiere besser einzeln halten. Die Männchen sind sehr unverträglich und können auf keinen Fall gemeinsam in einem Terrarium gepflegt werden. Da *Chamaeleo jacksonii* ein ausgesprochener Hochlandbewohner ist, sollte der Behälter zur Pflege des Dreihornchamäleons entsprechend konstruiert sein. Dies bedeutet, daß drei Seiten aus Gaze und nur eine aus Glas besteht. Auch der Deckel muß eine große Gazefläche besitzen. Das Terrarium sollte mindestens eine Größe von L60 x T50 x H80 cm haben. Ein kleiner Spotstrahler sorgt tagsüber für eine Temperatur von ca. 28°C, nachts sollte sie auf ca.

15°C oder tiefer absinken. Diese große Schwankung ist für die Erhöhung der Lebenserwartung von *Chamaeleo jacksonii* wichtig. Eine relative Luftfeuchtigkeit von tagsüber 50-80% und nachts 80-100% fördert das Wohlbefinden. Dies kann man durch morgendliches und abendliches Übersprühen des Terrariums erreichen. Neben der reinen Terrarienhaltung können die Tiere auch ausgezeichnet in einem üppig bepflanzten Blumenfenster gepflegt werden.

Das Futter besteht praktisch aus allen Insekten, von Fliegen bis zu Stabschrecken. Aber auch Nackt- und Gehäuseschnecken, Regenwürmer oder nestjunge Mäuse wurden schon gefressen.

In der Paarungszeit reagiert das Weibchen durch schwaches Drohen auf den Sichtkontakt mit dem Männchen, doch hören das Drohimponieren und Querwackeln bald auf. Durch dieses Verhalten erkennt das Männchen die Paarungsbereitschaft. Auch ein ganz ruhig sitzendes Weibchen, das bei Annäherung des Männchens immer heller wird, signalisiert Paarungsbereitschaft. Bei Annäherung des Männchens wird der bis dahin zusammengerollte Schwanz langsam gestreckt. Das Männchen kommt von hinten und packt die Schwanzwurzel oder die Seiten des Weibchens, das nun den Rücken durchbiegt und den Schwanz anhebt. Das Männchen faßt dann den Nacken und zieht sich auf den Rücken des Weibchens. Es sucht Kloakenkontakt und führt einen Hemipenis ein. Der gesamte Paarungsvorgang dauert etwa 13 Minuten, wovon 10 Minuten allein auf den Kloakenkontakt entfallen. Mit Querwackeln, dunkler Färbung und einer Vorwärtsbewegung beendet das Weibchen die Paarung. Es kann in den nächsten Tagen zu weiteren Paarungen kommen. Die Paarungsbereitschaft beträgt maximal 11 Tage und für den Fall, daß es in dieser Zeitspanne noch

An einen Drachen aus grauer Vorzeit erinnert das Dreihornchamäleon.
Foto: L. Bindewald

nicht zur Paarung gekommen ist, sogar etwa 30 Tage.

Chamaeleo jacksonii gehört zu den lebendgebärenden Arten. Nach etwa 3,5-6 Monaten bringt das Weibchen die Jungen zur Welt. Schon längere Zeit, eventuell mehrere Wochen vor der Geburt, frißt es nicht mehr. Im allgemeinen kündigt sich die Geburt der 7-38 Kleinen durch eine ein- bis zweitägige Unruhe des Weibchens an. Schließlich legt es am Vormittag die Eier wahllos im Geäst ab. Bedingt durch die klebrige Hülle bleiben die Eier mit den Jungen darin an den Ästen hängen. Allerdings fallen hierbei auch manche Eier auf den Boden. Durch ein Strecken des Körpers sprengt das 5,5 cm lange und nur 5,6 g schwere Chamäleonbaby die Eihülle und streckt zum ersten Mal seinen Kopf in die Welt. Schon kurz danach zeigt es seine charakteristische Jugendfärbung: schwarz mit weißen, dreieckigen Flecken. Der gesamte Geburtsvorgang kann zwischen 32 und 225 Minuten dauern und ist von der Anzahl der Eier abhängig.

Auch in diesem Fall werden die Jungen von der Mutter getrennt. Am Anfang kann man die Kleinen noch in Gruppen zusammen lassen, jedoch ist es sicherer, die Tiere einzeln aufzuziehen. Stärker noch als bei den Erwachsenen muß man hier darauf achten, daß die Temperatur nicht zu hoch steigt. 24°C tagsüber ist das absolute Maximum! Auch sollte diese Temperatur nicht den ganzen Tag konstant gehalten werden.

Die Aufzucht bereitet keine Probleme. Gefüttert werden entsprechend kleine *Drosophila*, Heimchen und andere Kleinstinsekten. Nach einem Monat sollten die Jungtiere ihr Geburtsgewicht verdoppelt haben und nach 6 Monaten etwa doppelt so groß sein wie zum Zeitpunkt ihrer Geburt. Im Alter von ca. 9 Monaten können sie dann die Geschlechtsreife erreichen. Das durchschnittliche Lebenshöchstalter beträgt 5-6,5 Jahre, bei Frau FRIEDERICH wurde ein Weibchen über 9 Jahre alt.

Die Nachzucht des Dreihornchamäleons ist schon oft gelungen, und auch die Aufzucht der kleinen Chamäleons bereitet kaum Probleme. Obschon während der ersten Lebenswochen eine gemeinsame Aufzucht der Jungtiere möglich ist, sollten die Chamäleonbabys besser einzeln untergebracht werden.

Foto: L. Bindewald

Chamaeleo johnstoni (BOULENGER, 1901)

Verbreitung und Lebensraum: Der natürliche Lebensraum der Tiere befindet sich im zentralafrikanischen Hochland in einem Bereich von 1000-2400 Metern Höhe. Die dort fast ständig herrschenden starken Winde (HEINECKE, mündl. Mitt.) zwingen die Tiere dazu, sich mit ihren krallenversehenen Greiffüßen sehr gut festzuhalten. Sie leben auf Bäumen in mehreren Metern Höhe. Auch in unseren Terrarien greifen die Tiere wesentlich stärker zu als andere Chamäleon-Arten.

Beschreibung: *Chamaeleo johnstoni* zählt mit einer Gesamtlänge von ca. 30 cm zu den mittelgroßen Chamäleon-Arten. Weniger als die Hälfte der Geamtlänge entfällt auf den Schwanz. Da *Chamaeleo johnstoni* zu den hörnertragenden Arten zählt, ist das Erscheinungsbild zumindest der männlichen Tiere recht eindrucksvoll. Die drei gelblichen, konzentrisch geringelten Hörner erreichen eine Länge von 16-30 mm, wobei das Rostralhorn, das leicht aufwärts zeigt, etwas dicker ist als die beiden Präorbitalhörner. Bei den Weibchen fehlen die Hörner völlig. Die Färbung der beiden Geschlechter ist recht unterschiedlich. Die Männchen zeigen eine hellgrüne, von türkisfarbenen Bändern unterbrochene Grundfärbung, die mit großen, ockergelben Flecken durchsetzt ist. Der Kehlsack ist ebenfalls türkis, die Mundränder sind ockergelb. Grundfärbung der Weibchen ist ein helles Olivgrün, das mit vielen kleinen schwarzen Flecken bedeckt ist, die in geringerer Zahl auch bei den Männchen zu finden sind. Hellblaue Farbtöne finden sich bei den Weibchen nur am Kopf, der Kehlsack ist orangegelb gefärbt. Die Farbe der Augen ist braunrot. Die Körperbeschuppung besteht aus großen Körnerschuppen, die mit kleinen, flachen Tuberkelschuppen durchsetzt sind.

Pflege und Zucht: Die Aggressivität von *Chamaeleo johnstoni* ist besonders stark ausgeprägt. Jede sich nähernde Hand wird sofort mit aufgerissenem Maul und lautem Fauchen angedroht. Zeigt sich der vermeintliche Feind unbeeindruckt, lassen sich die Tiere oft auf die Erde fallen und rollen sich dort zu einer Kugel zusammen. Das Maul bleibt dabei drohend geöffnet. Bereits Jungtiere zeigen dieses Verhalten.

Entsprechend den natürlichen Gegebenheiten muß auch das Terrarium aufgebaut und eingerichtet sein. Als Mindestmaße gelten L40xT40xH80 cm. Um das Frischluftbedürfnis dieser Art zu befriedigen, sollten wenigstens zwei Seiten des Behälters überwiegend aus Draht bestehen. Nicht zu dünnes Klettergeäst und eine Grünpflanze bilden die Einrichtung. Der Bodengrund besteht aus einem Sand-Torf-Gemisch. Ein Spotstrahler zum Aufwärmen ist nicht unbedingt erforderlich, allerdings muß ein Platz im Behälter vorhanden sein, an dem die Temperatur tagsüber 25-26°C erreicht. Eine Nachtabsenkung um ca. 10°C ist unbedingt nötig. Die relative Luftfeuchtigkeit liegt bei 50-70%, nachts ansteigend. Die Tiere werden zweimal wöchentlich getränkt, zusätzlich können sie täglich Sprühwasser aufnehmen. *Chamaeleo johnstoni* frißt alle Arten an üblichen Futtertieren. Der Nahrungsbedarf ist sehr gering.

Die klimatischen Bedingungen der Heimat von *Chamaeleo johnstoni* – Hochland Zentralafrikas – legen den Schluß nahe, daß sich die Art ovovipar vermehrt. Dies ist auch in der Literatur (KÄSTLE 1972) angegeben. Tatsächlich legt *Chamaeleo johnstoni* jedoch 12-16 Eier, die ca. 20x12 mm messen, eine im Vergleich zu anderen Arten gewaltige Größe. Die Eier werden bei Temperaturen von konstant 22-23°C in Plastikdosen gezeitigt, die mit leicht feuchtem Vermiculite gefüllt sind. Nach einer Entwicklungszeit von rund 100 Tagen schlüpfen die ca. 75 mm großen Jungtiere. Sie haben eine oliv- bis hellgrüne Grundfärbung mit schwarzer Fleckenzeichnung, die sehr der Färbung adulter Weibchen ähnelt. Sehr auffällig ist ein leuchtend weißer Fleck an beiden Seiten des Kopfes, der sich nahe der

Männchen (oben) und Weibchen von *Chamaeleo johnstoni* im direkten Vergleich. Fotos: W. Schmidt

Mundspalte über Ober- und Unterkiefer erstreckt. Im Laufe des Wachstums verblaßt dieser Fleck allerdings zusehends. Nach ca. 8 Wochen sind die Jungtiere auf eine Länge von 80-85 mm (Weibchen) bzw. 82-92 mm (Männchen) herangewachsen. Vier Wochen nach dem Schlupf lassen sich die Geschlechter durch die Ausbildung der Hörner bei den männlichen Tieren unterscheiden. Die Aufzucht von *Chamaeleo johnstoni* ist bei Temperaturen von 22-25°C am Tage und einer Nachtabsenkung auf 16°C, verbunden mit einer relativen Luftfeuchtigkeit von 60-80%, relativ problemlos. Die Jungtiere fressen bereits wenige Stunden nach dem Schlupf *Drosophila* und kleine Heimchen.

Nur die Männchen tragen die eindrucksvollen Hörner. Foto: K. Paysan

Ein besonders ansprechend gefärbtes Männchen von *Chamaeleo johnstoni* (unten). Foto: W. Schmidt

Chamaeleo laevigatus GRAY, 1863

Verbreitung und Lebensraum: Mit einer Gesamtlänge von 20 cm gehört diese Art zu den mittelgroßen Chamäleons. Das an *Chamaeleo senegalensis* erinnernde Tier lebt in Ostafrika vom Sudan bis nach Ruanda, wo es die Savannen bewohnt.

Beschreibung: Die Färbung ist blau- bis hellgrün. Der Helm des Tieres ist niedrig und dachförmig, die Körperbeschuppung homogen. Rücken-, Kehl- und Bauchkamm sind gut zu erkennen. Eine weiße Linie führt vom Kinn zum After.

Pflege und Zucht: Die Haltung muß ähnlich wie bei *Chamaeleo senegalensis* erfolgen. Das Terrarium sollte eine Größe von L40xT50xH60 cm aufweisen. Die Tiere sollten einzeln gehalten werden. Der Behälter muß einen mindestens 10 cm hohen Bodengrund aus einem Sand-Erde-Gemisch haben. Als Beleuchtung und Wärmequelle dient eine 80-W-HQL-Lampe. Mit Tagestemperaturen von punktuell über 30°C kommt man dem Wärmebedürfnis dieser Art entgegen. Zum Wohlbefinden der Tiere muß die Nachttemperatur jedoch um ca. 10°C abfallen, d. h. auf 18-20°C absinken.

Die Paarung erfolgt nach Chamäleon-Art (siehe auch *Chamaeleo senegalensis*). Nach etwa 50 Tagen legt das Weibchen rund 50 Eier in einem selbstgegrabenen Gang ab. Auch diese Eier sollte man wieder in leicht feuchtes Vermiculite legen. Die Inkubationstemperatur liegt am Tage zwischen 28 und 31°C liegen. Eine Nachtabsenkung auf 23-26°C ist sinnvoll. Die Eizeitigung beträgt 4,5-5 Monate (bis 160 Tage). Die Jungtiere haben eine Größe von ca. 4-4,5 cm, wobei etwa die Hälfte auf den Schwanz entfällt. Die Aufzucht der Jungen sollte besser einzeln erfolgen. Bei guter Versorgung mit Vitaminen und Mineralien erreichen die Tiere nach einem Jahr die Geschlechtsreife.

Chamaeleo laterispinis LOVERIDGE, 1932 Seitenstachel-Chamäleon

Verbreitung und Lebensraum: Wieder in Ostafrika, genauer gesagt im Uzungwe-Gebirge (Tansania), fand LOVERIDGE im Jahre 1932 ein interessantes Chamäleon. Er nannte es *Chamaeleo laterispinis*. BÖHME (1982) stuft *Chamaeleo laterispinis* als Submontan-Chamäleon ein. Diese Tiere brauchen eine höhere relative Luftfeuchtigkeit in der Nacht.

Beschreibung: Die Männchen von *Chamaeleo laterispinis* erreichen eine Kopf-Rumpf-Länge von 70 mm und eine Schwanzlänge von 62 mm. Die Weibchen sind mit 73 mm Kopf-Rumpf-Länge und 69 mm Schwanzlänge etwas größer. Charakteristisch für beide Geschlechter sind die beweglichen, lanzettartigen Tuberkeln an Rumpf und Schwanz, die dem Chamäleon ein stacheliges Aussehen geben. Die aus Olivbraun, Schwarz und Weiß bestehende Färbung des Seitenstachel-Chamäleons sorgt für eine interessante Zeichnung.

Pflege und Zucht: Die Art muß in größeren Gazebehältern gepflegt werden. Die Tageshöchsttemperatur sollte bei 24°C liegen, wobei jedoch ein kleiner Strahler vorhanden sein muß, unter dem sich die Tiere noch stärker aufwärmen können. Nachts sollte die Temperatur immer um ca. 10°C abfallen.

Das Seitenstachel-Chamäleon gehört, wie Terrarienbeobachtungen ergaben, zu den lebendgebärenden Arten. Die Weibchen bringen nach einer Tragzeit von ca. 180 Tagen bis zu 14 lebende Jungtiere zur Welt. Die Aufzucht kann in kleinen Gruppen erfolgen und bereitet keine Probleme.

Chamaeleo marsabitensis TILBURY, 1991 Marsabit-Chamäleon

Verbreitung und Lebensraum: Dieses Chamäleon ist als eigenständige Art erst seit kurzem bekannt. Sein Vorkommen beschränkt sich auf den Mount Marsabit in Kenia, wo die Tiere auf Büschen und großen Bäumen zu finden sind. Erwachsene Marsabit-Chamäleons halten sich in Höhen von 1,8-6 Metern auf, Jungtiere dagegen zwischen 0,9 und 1,5 Metern.

Beschreibung: Das Marsabit-Chamäleon hat eine Gesamtlänge von 18 cm, wobei etwa die Hälfte auf die Schwanzlänge entfällt. Nur die Männchen besitzen ein Nasenhorn, dessen Länge beim Holotypus 2,5 mm beträgt. Die Grundfärbung ist grünlichbraun, wobei auf dem Körper größere grüne Flächen zu finden sind. Vom Aussehen erinnern diese Tiere an *Chamaeleo jacksonii*. Vielleicht ist dies der Grund, daß dieses Chamäleon so spät als eigene Art erkannt wurde.

Pflege und Zucht: Bis jetzt gibt es keine Erfahrungen zur Haltung oder Zucht dieses „Einhorns". Man wird sich wohl an den Haltungsbedingungen von *Chamaeleo jacksonii* und *Chamaeleo hoehnelii* orientieren müssen.

Chamaeleo melleri (GRAY, 1865)

Verbreitung und Lebensraum: Die Art lebt in den abgelegenen Bergwäldern Tansanias in einer Höhe von etwa 800 Metern, wo sie sich in den Baumkronen großer Bäume aufhält.

Beschreibung: *Chamaeleo melleri* ist neben *Furcifer oustaleti* und *Calumma parsonii* die größte bekannte Chamäleon-Art, die neben ihrer Körpergröße auch durch ihr Äußeres beeindruckt. Beide Geschlechter besitzen große Occipitallappen, die bei Erregung wie Elefantenohren abgespreizt werden können und die die ohnehin schon imposanten Chamäleons noch bedrohlicher wirken lassen. Auf dem Rücken befindet sich ein grob sägeförmig gewellter Hautkamm. Ein kleiner Schnauzenfortsatz ragt nur wenige Millimeter über die Schnauzenkante hinaus. Die Occipitallappen sind am Hinterkopf miteinander verwachsen und mit großen, flachen Plattenschuppen bedeckt.

Auch *Chamaeleo melleri* läßt sich im Terrarium gut pflegen.
Foto: A. v. d. Nieuwenhuizen

Die Körpergröße beträgt ungefähr 60 cm, ohne auffallenden Unterschied zwischen den Geschlechtern. Die Färbung besteht aus einem zitronengelben bis grünen Grundton mit hellgrünen oder dunkelgrünen Zeichnungselementen. Jungtiere zeigen eine breite Querbänderung.

Chamaeleo melleri **gehört mit einer maximalen Gesamtlänge von über 60 cm zu den größten Chamäleons.**
Foto: W. Schmidt

Pflege und Zucht: *Chamaeleo melleri* führt im Terrarium eine eher gemächliche Lebensweise. Trotzdem müssen die Behälter natürlich der Größe der Tiere angepaßt sein. Zur Pflege eignen sich Terrarien ab 1 m Kantenlänge. Bei Tagestemperaturen von 26-27°C und einer Nachtabsenkung, die durchaus 10°C betragen kann, lassen sich die Tiere gut pflegen. Eine paarweise Haltung ist nur möglich, solange keine Kopulation stattgefunden hat und das Weibchen nicht trächtig ist. Danach wird es gegen das Männchen zusehends unverträglicher, und eine Trennung ist unvermeidbar. Die Tragzeit dauert mit 3-4 Monaten ungewöhnlich lange. Um eine problemlose Eiablage zu ermöglichen, ist eine Bodenschicht von mindestens 30 cm Höhe erforderlich.

Die Gelege bestehen aus 30-70 Eiern, deren Zeitigung nicht problematisch ist. Bei einer konstanten Temperatur von 23-24°C schlüpfen die Jungtiere bereits nach 4 Monaten. Sie wachsen recht langsam und benötigen eine Strahlungsquelle zur ausreichenden Erwärmung. Im Gegensatz zu den erwachsenen Exemplaren ernähren sich die Jungtiere mit Vorliebe von Fliegen. Die Geschlechtsreife erreichen sie im zweiten Lebensjahr.

Chamaeleo montium (BUCHHOLZ, 1874) Bergchamäleon

Verbreitung und Lebensraum: Das Bergchamäleon kommt nur in Kamerun in Höhenlagen von 500-1200 Metern vor. Am großen Kamerun-Berg ist es sehr zahlreich vertreten und lebt auch direkt an den Straßenrändern, z.B. in Buea. Man findet es in Sträuchern, Bäumen, aber auch im sogenannten Elefantengras. Bei Regen und tagsüber entdeckt man es kaum, leicht aber morgens und abends, da es dann zum Sonnen einen offeneren Platz bevorzugt. Im Lebensraum dieser Chamäleons herrscht eine hohe relative Luftfeuchtigkeit.

Beschreibung: Das Bergchamäleon ist ein sehr hübsch aussehendes Tier, das leider selten bei uns gepflegt wird. Die auffälligsten Merkmale der Männchen sind die beiden Hörner auf der Schnauzenspitze sowie das Rücken- und Schwanzsegel. Die Hörner erreichen bei adulten Tieren Längen von fast 20 mm. Der Helm ist flach, leicht ansteigend und abgerundet. Die Schuppen sind teils klein und flach, teils groß, rund und ebenfalls flach. Als Grundfärbung zeigen die Chamäleons ein helles und dunkles Grün. Dabei erscheint an der Seite oft ein breites, von oben schräg nach hinten verlaufendes, helleres, gelblichgrünes Band. Die Weibchen haben anstelle der Hörner kleine Kegelschuppen; ihnen fehlen Rücken- und Schwanzsegel. Außerdem bleiben sie kleiner als die Männchen. Mit fast 25 cm Gesamtlänge ist dieses Chamäleon recht groß.

Pflege und Zucht: Will man das Weibchen des Bergchamäleons mit der Hand ergreifen, versuchen die Tiere normalerweise zuzubeißen. Anderenfalls lassen sie sich einfach vom Ast fallen und verschwinden dann blitzschnell im Unterholz und bleiben bewegungslos im Gras liegen. Die Männchen können sich mit den Hörnern attackieren. Jedoch ist uns nicht bekannt, daß sie sich mit den Hörnern verletzt hätten. Die Weibchen bekämpfen sich ebenfalls untereinander. Deshalb sollte man Bergchamäleons immer einzeln halten. Es darf hier jedoch nicht verschwiegen werden, daß wir Pärchen fanden, die sich in nur 10 cm Entfernung voneinander sonnten. Die Männchen halten sich relativ häufig am Boden auf, wo sie auch Gruben ausheben, um sich darin so weit zu vergraben, bis nur noch der Kopf herausschaut.

Das Terrarium für die Bergchamäleons sollte nur an einer Seite und am Deckel Lüftungsflächen erhalten, denn die Tiere brauchen eine hohe relative Luftfeuchtigkeit (100% in der Nacht und tagsüber 70% wären wünschenswert). Ein dreimal tägliches Überbrausen des Terrariums ist also notwendig. Temperaturen von 23-27°C am Tage und 18°C in der Nacht bekommen den Tieren am besten. Auch bei dieseer Art sollten wir zu hohe Temperaturen vermeiden. Eine Tropftränke ist angebracht.

Als Futter kann man wieder alles Übliche anbieten. Unsere Tiere bekommen Grillen, Heuschrecken, Heimchen, Fliegen, Wachsmotten, Wachsmottenraupen und Schaben. Erwachsene Tiere kann man alle zwei Tage füttern, trächtige Weibchen und Jungtiere selbstverständlich täglich. Die Tiere trinken nach dem Überbrausen des Terrariums von den Blättern oder warten unter der Tränke auf die herabfallenden Tropfen.

Wenn die Weibchen nicht paarungswillig sind, zeigen sie dies den Männchen durch eine dunkle, grüne Färbung mit noch dunkleren Bändern sowie mit Querwakkeln an. Im Terrarium entfernen sie sich möglichst weit von den Männchen. Falls das Weibchen jedoch paarungsbereit ist – dies kann ab dem 7. Lebensmonat der Fall sein – zeigt es seine leuchtend hellgrüne Färbung. Außerdem bleibt es ruhig sitzen und wandert nur sehr langsam von seinem Platz weg. Werbende Männchen sind am Kopf hellgrün mit grüngelben Flächen, die großen runden Schuppen werden hellblau. Sie gehen mit dem Kopf wackelnd auf das Weibchen zu. Die Paarung erfolgt in der für Chamäleons üblichen Weise und dauert etwa 4-20 Minuten. Es empfiehlt sich, die Tiere zur Paarung mehrere Tage hintereinander zusammenzusetzen, bis das Weibchen den Partner abweist.

Zwei Monate nach der Paarung setzt das Weibchen 5-8 Eier ab. Die Eiform kann sehr unterschiedlich sein, nämlich einmal länglich und beim nächsten Gelege oval. Der 10 cm hohe Bodengrund aus einem Sand-Erd-Gemisch muß feucht, aber nicht naß sein. Die Eier kommen in eine Klarsichtdose, die mit Vermiculi-

Ein prächtiges Männchen des Bergchamäleons. Foto: E. Wallikewitz

Die Männchen von *Chamaeleo montium* unterscheiden sich von den Weibchen deutlich durch zwei Hörner und einen ausgeprägten Rückenkamm.
Foto: W. Schmidt

te gefüllt ist. In einem Brutapparat dauert es bei 25°C oder 26°C mit einer Nachtabsenkung bis auf 16°C nur 3½ Monate, bis die Jungen schlüpfen. Die Kleinen haben dann eine Gesamtlänge von 5,5-6 cm. Die Aufzucht erfolgt einzeln in umgebauten Kaffeedosen. Als Bodengrund nimmt man ein Sand-Torf-Gemisch und steckt etwas Grün hinein. Einige kleine Ästchen machen das Miniterrarium für die Jungtiere wohnlich. Am Anfang gibt man ihnen *Drosophila melanogaster*, die gut mit Mineralien eingepudert werden. Im weiteren Verlauf muß die Futtergröße an das Wachstum der Kleinen angepaßt werden. Dreimal tägliches Sprühen ist notwendig. Zusätzlich sollte man immer wieder probieren, ob die Jungen nicht ihr Trinkwasser aus der Pipette annehmen. Schon nach kurzer Zeit kann man die Geschlechter unterscheiden, da sich die Hörner bei den Männchen schon früh ausbilden. Bei Temperaturen von 22-25°C tags und 18°C nachts entwickeln sich die Kleinen gut und werden nach 7-12 Monaten geschlechtsreif.

Chamaeleo namaquensis SMITH 1831 Wüstenchamäleon Abb. S. 15

Verbreitung und Lebensraum: Das Verbreitungsgebiet dieser Art ist riesig. Es erstreckt sich von Südangola entlang der Westküste Afrikas über ganz Namibia bis weit nach Südafrika hinein. Selbst 50 km vor Kapstadt kann man noch vereinzelt Tiere finden. Dieses Gebiet zeichnet sich durch ein trostloses Klima aus. An einigen Stellen in der Namib-Wüste ist 1937 zum letzten Mal Regen gefallen. Die Chamäleons müssen aber nicht nur mit der extremen Trockenheit, sondern auch mit der Gluthitze des Sommers und den niedrigen Wintertemperaturen fertig werden.
In diesem Gebiet besiedelt die Art sowohl Sand- als auch Steinwüsten und savannenartige Landschaften. Besonders häufig lebt sie entlang der ausgetrockneten Flußläufe, in denen kleine Büsche und Sukkulenten auf den nächsten Regen warten.
Beschreibung: Die Art zeichnet sich durch ein sehr urtümliches Aussehen aus. Ihr Körperbau ist sehr kompakt und hoch. Davon ist der kurze und breite Kopf deutlich abgesetzt. Auf dem Rükken zieht sich anstelle eines Rükkenkamms eine Reihe isolierter knospenähnlicher Tuberkel, die auch an Warzen erinnern können. Mit einer maximalen Gesamtlänge von 25 cm gehört *Chamaeleo namaquensis* zu den mittelgroßen Chamäleon-Arten. Jedoch sehen die Tiere deutlich größer aus, da weit mehr als die Hälfte der Gesamtlänge auf den Körper entfällt. Die Färbung ist sehr variabel. Frühmorgens und spät-

abends, wenn die Chamäleons Sonne tanken wollen, zeigen sie eine sehr dunkle bis fast schwarze Färbung. Im Laufe des Tages jedoch hellen sie diese immer mehr auf, und es kommt ein recht abwechslungsreiches, teilweise sogar buntes Farbkleid zum Vorschein. Die Tiere können braune, beige, gelbe, grüne, graue und sogar rote Farbtöne aufweisen.

Pflege und Zucht: *Chamaeleo namaquensis* stellt den einzigen reinen Bodenbewohner unter den Echten Chamäleons dar. Die Art benötigt daher geräumige Terrarien, die eine möglichst große Grundfläche aufweisen. Nur in sehr gut strukturierten Terrarien, wo die Chamäleons verschiedene Plätze ohne Sichtkontakt zueinander aufsuchen können, können sie auch paarweise gepflegt werden. Die Tageshöchsttemperaturen dürfen bis zu 40°C betragen, doch sollten immer kühlere Verstecke vorhanden sein. Ein kleiner Strahler, unter dem sich die Tiere noch weiter aufwärmen können, ist unerläßlich. Gefressen werden alle Arten an Futtertieren. Getränkt werden die Chamäleons durch morgendliches Überbrausen des gesamten Terrariums. Beim Vergesellschaften mit anderen Echsen muß man aufpassen, da das Wüstenchamäleon ein leidenschaftlicher Echsenfresser ist und selbst große Brocken nicht verschmäht.

Chamaeleo oweni (GRAY, 1831)

Verbreitung und Lebensraum: *Chamaeleo oweni* bewohnt fast ganz West- und Zentralafrika. Das Verbreitungsgebiet umfaßt die Länder Ghana, Nigeria, Kamerun, Zaire und die Insel Fernando Póo. Die Art ist ein typischer Bewohner der Regenwälder. Dort leben die Chamäleons auf Bäumen und Büschen, selbst auf dem Boden kann man sie antreffen.

Beschreibung: Mit einer Gesamtlänge von 36 cm gehört *Chamaeleo oweni* zu den größeren Chamäleon-Arten. Besonderes Kennzeichen der Männchen sind die drei Hörner. Das Farbkleid ist recht variabel und besteht aus einer dunklen Querbänderung auf grünem Grund. Zusätzlich ist der ganze Körper mit hellen und schwarzen Flecken übersät.

Pflege und Zucht: Die Art benötigt ein großes Terrarium mit einer dichten Bepflanzung, die den Chamäleons als Versteckmöglichkeit dient. Die Temperaturen sollten am Tage etwa 28°C betragen und nachts leicht abfallen. Ein- bis zweimal täglich muß der gesamte Behälter überbraust werden. Zusätzlich werden die Tiere zweimal in der Woche mit der Pipette getränkt, da sie einen hohen Wasserbedarf haben.

Ein Männchen von *Chamaeleo oweni*.
Foto: W. Schmidt

Zur Zucht dieser Chamäleons liegen uns bislang keine Informationen vor.

Chamaeleo pfefferi TORNIER, 1900

Verbreitung und Lebensraum: *Chamaeleo pfefferi* bewohnt in Kamerun den Mount Kupe und die Manengouba-Berge in ca. 1300 Metern Höhe. Dort findet man sie auf Bäumen, meist nicht unterhalb einer Höhe von 2 Metern.

Beschreibung: Sowohl die Männchen als auch die Weibchen ähneln *Chamaeleo montium*. Auch bei *Chamaeleo pfefferi* besitzen die männlichen Exemplare zwei Hörner, die Weibchen jedoch keines. WERNER (1911) gibt die Gesamtlänge des Männchens mit 195 mm an. Der erste Teil der Hörner ist verwachsen und erinnert an eine Schaufel. Dieser Abschnitt ist auch beschuppt. Die beiden geringelten Hörner laufen dann in divergierende Spitzen aus. Der Helm ist flach, hinten mäßig erhöht und spitzwinklig. Die Körperbeschuppung ist heterogen. Unter dem Kinn befindet sich ein Kamm aus kegelförmigen Schuppen. Die Männchen haben einen Rückensaum, der in Wellenform bis auf den Schwanz verläuft. Die Färbung der Männchen besteht aus einem leuchtenden Grün mit rotem Farbanteil. Das erste gefundene Weibchen hatte eine Gesamtlänge von 152 mm. Davon entfielen 80 mm auf die Kopf-Rumpf-Länge. Verschiedene Grün- und Rottöne lassen die Weibchen recht hübsch aussehen.

Pflege und Zucht: Die Tiere dürften ähnlich zu halten sein wie *Chamaeleo montium*. Man beachte auch hier unbedingt, daß *Chamaeleo pfefferi* aus dem Montanwald kommt und eine entsprechend hohe relative Luftfeuchtigkeit braucht. Zur Vermehrung liegen uns keine Informationen vor.

Chamaeleo quadricornis TORNIER, 1899 Vierhornchamäleon

Verbreitung und Lebensraum: Das Verbreitungsgebiet von *Chamaeleo quadricornis* erstreckt sich vom östlichen Nigeria bis zum westlichen Kamerun. Dort lebt die Art auf verschiedenen Gebirgsstöcken eines Hochplateaus. Durch diese teilweise weit voneinander isolierten Lebensräume hat sich im Lefo-Massiv die Unterart *Chamaeleo quadricornis gracilior* entwickelt. Die Tiere werden sowohl in dichten Wäldern als auch in der Buschlandschaft der Berge gefunden.

***Chamaeleo quadricornis* kann paarweise im Terrarium gepflegt werden.**
Foto: W. Schmidt

Das Klima ist eher als gemäßigt zu bezeichnen. Es gibt eine ausgeprägte Regen- und Trockenperiode.

Beschreibung: Das Vierhornchamäleon gehört sicherlich zu den eindrucksvollsten Chamäleon-Arten überhaupt. Besonderes Kennzeichen sind die vier unterschiedlich groß ausgebildeten Hörner der Männchen sowie das Rücken- und Schwanzsegel, welches bei den Männchen ebenfalls deutlich größer ausgebildet ist. Die Färbung besteht aus verschiedenen Grüntönen. Darauf zeigen die Tiere ein helles, meist gelbes oder bläuliches Zeichenmuster.

Pflege und Zucht: Die Art kann paarweise in sehr großen Terrarien, ab einer Mindestgröße von etwa L120xT50xH80 cm, gepflegt werden. Es müssen jedoch genügend Plätze vorhanden sein, wo sich die Chamäleons aufhalten können, ohne sich gegenseitig zu erblicken. Die Tageshöchsttemperatur sollte etwa bei 25°C liegen und nachts um 8°C abfallen. Auf eine gute Belüftung der Behälter ist unbedingt zu achten. Da die Art recht zutraulich wird, empfiehlt sich geradezu ein Tränken mit Hilfe der Pipette. Als Futtertiere nehmen die Chamäleons alle gängigen Sorten an.

Noch zeigt das kleine Vierhornchamäleon nichts von der späteren bizarren Körperform. Foto: W. Schmidt

Etwa 100 Tage nach einer erfolgreichen Paarung legen die Weibchen ihre aus ca. 12 verhältnismäßig großen Eiern bestehenden Gelege ab. Dafür graben sie einen langen Gang, der meist bis auf den Boden des Behälters reicht. Die Eier müssen aus dem Terrarium entnommen und bei Zimmertemperatur (18-23°C, Nacht-Tag) in leicht feuchtem Perlite gezeitigt werden. Unter diesen Bedingungen schlüpfen die Nachzuchten bereits nach 160 Tagen. Die Aufzucht der beim Schlupf bereits 7,5 cm großen Jungtiere erfolgt einzeln in kleinen Terrarien, wobei die Temperaturschwelle von 25°C nicht überschritten werden sollte. Mit etwa einem Jahr sind die Tiere geschlechtsreif.

Chamaeleo quilensis BOCAGE, 1866 Südafrikanisches Lappenchamäleon

Verbreitung und Lebensraum: In den Waldgebieten und Baumsteppen des südlichen und zentralen Afrikas gehört *Chamaeleo quilensis* wohl zu den häufigsten Chamäleons. In seinem großen Verbreitungsgebiet herrschen unterschiedliche Klimabedingungen.

Beschreibung: Diese Chamäleon-Art wurde früher häufig importiert. Auf den ersten Blick fällt bei diesem Chamäleon der flache Hinterkopf mit den kleinen Hinterhauptlappen auf. Die Haut besteht aus gleichgroßen Schuppen. Man erkennt deutlich den Kehl-, Bauch- und Rückenkamm. An den Flanken sieht man einen hellen Streifen, der vom Kinn oder von den Achseln ausgeht. Die

***Chamaeleo quilensis*, das Südafrikanische Lappenchamäleon.**
Foto: W. Schmidt

Grundfärbung ist grün. Die Maximalgröße wird mit knapp 25 cm angegeben. Die Männchen bleiben kleiner als die Weibchen und haben einen Fersensporn. Falls man trotzdem unsicher ist, sollte man auch hier wieder auf die verdickte Schwanzwurzel beim erwachsenen Männchen achten.

Pflege und Zucht: Die Tiere sollten unbedingt einzeln gehalten werden, da sie sehr unverträglich sind. Es kommt unter Lappenchamäleons, die zusammen gehalten werden, immer zu Beißereien, bei denen auch ernsthafte Verletzungen entstehen können. Aber auch ohne körperlichen Kontakt muß man damit rechnen, daß die Weibchen bei stürmischer Annäherung eines Männchens in eine Art Akinese verfallen, ganz schwarz werden und sich erst nach längerer Zeit wieder erholen.

Der ideale Terrarienstandort ist ein sonniger Platz, der dem Tier aber auch die Möglichkeit zum Aufsuchen schattiger Stellen gibt. Ein Spotstrahler und Leuchtstoffröhren helfen ansonsten, geeignete Temperaturen, die tagsüber zwischen 25 und 32°C liegen und nachts auf 18-22°C sinken sollten, und geeignete Lichtverhältnisse zu schaffen. Zur Durchlüftung sollte das Terrarium an einer Seitenfläche und dem Deckel aus Fliegendraht bestehen. Der Bodengrund ist aus einem 10 cm hohen Laub-Erde-Sand-Gemisch zusammenzusetzen. Eine relative Luftfeuchtigkeit von 50-60% am Tage und 80-90% in der Nacht ist angebracht und kann durch Überbrausen morgens und eventuell auch abends erreicht werden. Als Futter kann man alles Übliche anbieten: Wachsmottenraupen, Grillen, Heimchen, Fliegen, Spinnen und Motten. Ihr Trinkbedürfnis stillen die Chamäleons im Regelfall beim Übersprühen der Pflanzen, doch trinken sie gelegentlich auch aus einer Schale. Zusätzlich tränkt man die Tiere zweimal in der Woche mit der Pipette.

In der Paarungszeit, in der das Weibchen gelbe Flecken auf der grünen Grundfärbung zeigt, setzt man es zum Männchen. Das Weibchen reagiert entweder mit langsamer Flucht, oder es bleibt unter leichtem Drohen auf dem Ast sitzen. Die Annäherung des Männchens erfolgt sehr stürmisch, oft unterläßt es jede Balz. Die Paarung geschieht in der üblichen Weise und dauert insgesamt etwa 20 Minuten.

Nach der Paarung legt das Weibchen nach ca. 30-50 Tagen zwischen 19 und 58 Eier ab. Diese zeitigt man auf feuchtem Vermiculite bei 28°C in einem Brutkasten. Nach rund 10 Monaten schlüpfen die ca. 37 mm großen Jungtiere. Die Hälfte ihrer Länge entfällt auf den Schwanz. Innerhalb von 2 Monaten kann sich die Körperlänge verdoppeln. Bei optimaler Ernährung und Pflege erreichen die Jungen bereits nach drei Monaten eine Länge von 10 cm, nach 7 Monaten sind sie 15 cm groß! Nach etwa einem Jahr werden die kleinen Chamäleons geschlechtsreif. Auch beim Lappenchamäleon müssen die Kleinen einzeln aufgezogen werden. Eine Tageshöchsttemperatur von 25°C sollte nicht überschritten werden. Wie bei allen jungen Chamäleons ist für eine ausreichende Vitamin- und Mineralstoffzufuhr zu sorgen.

Unsere Nachzuchterfahrungen beschränken sich auf die südafrikanische Form von *Chamaeleo quilensis*, die wir hier als Beispiel angeführt haben. Bei Tieren aus anderen Verbreitungsgebieten ist wahrscheinlich eine andere Eizeitigungstemperatur erforderlich.

Chamaeleo roperi (BOULENGER, 1890)

Verbreitung und Lebensraum: Der Lebensraum dieses aus Ostafrika stammenden Chamäleons ähnelt dem von *Chamaeleo dilepis*, allerdings ist das Verbreitungsgebiet, das Teile Ugandas und des westlichen Kenias umfaßt, längst nicht so groß.

Beschreibung: *Chamaleo roperi* ist eine mit *Chamaeleo dilepis* sehr eng verwandte Art, die sich von dieser eigentlich nur durch die wesentlich kleineren Occipitallappen und die mit 22 cm deutlich geringere Körpergröße unterscheidet. Die Geschlechter zeigen keinerlei Unterschiede in Färbung und Zeichnung.

Pflege und Zucht: Die ausgeprägte Aggressivität der Chamäleons erlaubt grundsätzlich nur eine Einzelhaltung. Die Terrarien müssen gut durchlüftet sein, Stickluft ist auf jeden Fall zu vermeiden. Das Temperaturbedürfnis liegt bei 25-28°C tagsüber und 20-22°C nachts.

Nach erfolgter Paarung und einer ca. sechswöchigen Tragzeit werden die Eier in feuchter Erde abgelegt. Die Zeitigung dauert bei einer konstanten Temperatur von 26-27°C ungefähr 5½ Monate. Bei der Aufzucht der Jungtiere ist auf ausreichende Frischluftzufuhr zu achten.

Chamaeleo senegalensis DAUDIN, 1802

Verbreitung und Lebensraum: Diese Art lebt in weiten Teilen Westafrikas, wie in Togo, Kamerun und Gambia. Auch in Mauretanien soll sie vorkommen.

Beschreibung: *Chamaeleo senegalensis* zeigt keine besonderen Auffälligkeiten. Der Helm ist niedrig, jedoch ist der Kopf deutlich vom Rumpf abgesetzt. Die Schuppen des Helmes sind größer als die des Körpers. Die Körperbeschuppung ist homogen. Ein heller Seitenstreifen zieht sich vom Kinn bis zum After. Ebenso

Chamaeleo senegalensis **ist über weite Teile Westafrikas verbreitet.**
Foto: W. Schmidt

führt ein helles Längsband von der Achsel in Richtung Hüfte, ohne diese jedoch zu erreichen.
Die Männchen können eine Gesamtlänge von 28 cm erreichen, wobei die Schwanzlänge etwa die Hälfte einnimmt. Die Färbung besteht aus verschiedenen Grüntönen. Männchen zeigen manchmal eine mehr graubraune Farbe.
Pflege und Zucht: Als Terrarium dient ein Behälter mit den Mindestmaßen L50xT40xH60 cm. Die Beleuchtung aus Leuchtstoffröhren oder besser noch 50-W-HQL-Lampen muß etwa 12-14 Stunden am Tage angeschaltet sein. Zum Aufwärmen müssen sich die Tiere unter einem Spotstrahler oder unter Halogenlampen aufhalten können. Um für genügend Frischluft zu sorgen, werden die Oberseite des Terrariums und eine Seitenfläche mit Fliegendraht bespannt. Als Bodengrund dient ein Sand-Erde-Gemisch (1:3) von 10 cm Höhe. Desweiteren gibt man einige Pflanzen (z.B. *Scindapsus*) und genügend Kletteräste hinein.
Einmal morgens sollte das Terrarium übersprüht werden. Die Chamäleons lecken dann die Tropfen von den Blättern. Zusätzlich werden die Tiere zweimal in der Woche mit der Pipette getränkt, um auf diese Weise die nötigen Vitamine und Mineralien zu bekommen. Natürlich werden alle Futtertiere z. B. mit Korvimin ZVT eingestäubt.
Man kann die Art paarweise in einem großen Terrarium halten, doch müssen die Tiere nach der Paarung getrennt werden.
Die Weibchen können von den Männchen sehr schnell zur Paarung gezwungen werden. Dies passiert vor allem bei Wildfängen. Es kann vorkommen, daß so ein Weibchen vor Schreck über das stürmische Gehabe des Männchens ganz dunkelgrün wird und die Augen fest geschlossen hält. Auch extremere Reaktionen wurden schon beobachtet. Das weibliche Chamäleon sah das Männchen, das schon auf dem Weg zu ihr war, um sich zu paaren. Da der Abstand schon sehr gering war, ließ sich das Tier auf den Boden fallen, wurde ganz dunkelgrün und blieb mit geschlossenen Augen liegen. Nach 30 Minuten – das Männchen wurde sofort entfernt – öffnete das Chamäleon vorsichtig die Augen. Immer wieder schloß und öffnete das verängstigte Tier die Augen und ließ sie wild umherrollen. Haltung und Färbung veränderten sich noch nicht. Nach weiteren 5 Minuten wechselte die Farbe in ein helleres Grün mit dunkelgrünen Punkten. Wieder einige Mi-

nuten später versuchte es, mit den Vorderbeinen hochzukommen. Es schien dabei Schwierigkeiten zu haben. Endlich gelang es ihm doch, auf die Beine zu kommen. Weiterhin aufmerksam beobachtend, schlich es sich vorsichtig am Boden entlang in Deckung zu einem Ast, der den Boden berührte. Ganz vorsichtig kletterte das Weibchen hoch. Mittlerweile hatte es seine gewohnte Färbung angenommen.

Die normale Paarung verläuft jedoch in der für Chamäleons üblichen Weise. Das Männchen nähert sich dem Weibchen, das nur langsam oder gar nicht wegläuft. Zu diesem Zeitpunkt zeigt sich das Männchen in seiner ganzen Pracht. Auf weißem Grund trägt es kontrastreiche schwarzgrüne Flecken. Es steigt von hinten auf den Rücken des Weibchens, das den Schwanz etwas anhebt. Dadurch fällt es dem Männchen leichter, die Paarung zu vollziehen. Nach einigen Minuten versucht das Weibchen, sich langsam fortzubewegen. Nach kurzem Zögern läßt das Männchen dann mit den Vorderbeinen los und sucht an einem Ast Halt.

Es kann an den folgenden Tagen zu weiteren Paarungen kommen. Ab dann muß man mit Drohreaktionen des Weibchens auf das Auftauchen des Männchens rechnen. Die Weibchen färben sich dunkelgrün mit gelben Punkten. Wenn die Männchen nicht auf diese Warnung achten, verstärkt sich diese Reaktion über wildes Hin- und Herschaukeln sowie Maulaufreißen bis zu Stößen mit dem geöffneten Maul in Richtung Männchen.

Die Eiablage erfolgt nach 6-8 Wochen und kostet die Weibchen aufgrund der bis zu 55 Eier umfassenden Gelege sehr viel Kraft. Man sollte unbedingt darauf achten, daß sich die Weibchen erst neuerlich paaren, wenn sie sich wieder gut erholt haben. Eine Dose mit feuchtem Vermiculite nimmt die Eier auf. In einem Brutbehälter dauert es bei 28°C 9 Monate, bis die Jungtiere schlüpfen.

Die Kleinen werden bei nicht ganz so hohen Temperaturen aufgezogen.

Chamaeleo tempeli (TORNIER, 1899)

Verbreitung und Lebensraum: *Chamaeleo tempeli* lebt in Tansania. Es ist in den Uzungwe-, Ukinga- und Ubena-Bergen heimisch.

Beschreibung: Mit einer Länge von 16 cm und den deutlich zu erkennenden Occipitallappen ist es ein sehr interessant aussehendes Chamäleon. Charakteristisch ist ein doppelter, V-förmiger Kehlkamm. Der Helm ist hinten schwach erhöht und dachförmig. Die Schnauzenkante endet über der Schnauzenspitze in zwei kleinen, nebeneinanderliegenden Tuberkelschuppen. Die Körperbeschuppung ist heterogen. Ein Rückenkamm ist vorhanden. Das Farbkleid besteht aus einer Art Tarnzeichnung, die aus grünen und braunen Tönen gebildet wird.

Pflege und Zucht: Über die Tiere ist sonst fast nichts bekannt. Lediglich durch Untersuchungen an toten Weibchen weiß man, daß auch diese Art lebendgebärend ist.

Chamaeleo werneri TORNIER, 1899

Verbreitung und Lebensraum: Auch dieses Chamäleon stammt aus Tansania. Dort lebt es im Uluguru- und Uzungwe-Gebirge.

Beschreibung: Der Helm ist flach und hinten etwas erhöht. Die großen Occipitallappen sind miteinander verwachsen. Die Körperbeschuppung ist heterogen. Die Männchen besitzen drei 15 mm lange Hörner, die Weibchen haben dagegen nur ein Nasenhorn. Die Männchen erreichen eine Gesamtlänge von etwa 23 cm, während die Weibchen mit 22 cm etwas kleiner bleiben. Der Schwanz nimmt etwa die Hälfte der Länge in Anspruch. Die Tiere zeigen eine dezente Färbung aus grünen, gelben, grauen und braunen Farbtönen.

Pflege und Zucht: Die Art ist lebendgebärend, so daß die Zucht keine Probleme bereitet. Die Weibchen bringen wahrscheinlich nur einmal im Jahr einen aus ca. 18 Jungtieren bestehenden Wurf zur Welt. Bei der Aufzucht ist unbedingt darauf zu achten, daß die Temperaturen 25°C nicht übersteigen.

Im Gegensatz zu den Männchen von *Chamaeleo werneri*, die drei Hörner tragen, haben die Weibchen nur ein Horn.
Fotos: W. Schmidt

Chamaeleo wiedersheimi NIEDEN, 1910

Verbreitung und Lebensraum: *Chamaeleo wiedersheimi* ist in Kamerun mit zwei Unterarten vertreten, *Chamaeleo wiedersheimi wiedersheimi* am Bamanda-Plateau und *Chamaeleo wiedersheimi peretti* in den Manenguba-Bergen. In Höhenlagen von 800-2000 Metern bewohnt es die Büsche und Sträucher an Waldrändern. Hier herrscht ein tropisches Bergklima mit starken Tag/Nacht-Schwankungen und ausgeprägten Jahreszeiten vor. Dementsprechend sollte die Tagestemperatur im Terrarium bei 24-25°C liegen. Die Nachtabsenkung muß mit 8-10°C deutlich höher sein als bei vielen anderen Arten.

Beschreibung: *Chamaeleo wiedersheimi* ist eine attraktive kleinbleibende Chamäleon-Art aus Westafrika. Die Tiere erreichen eine Gesamtlänge von 15 cm. In der Kopfform ähnelt *Chamaeleo wiedersheimi*, abgesehen von den fehlenden Hörnern, sehr den verwandten Arten *Chamaeleo montium* und *Chamaeleo quadricornis*. *Chamaeleo wiedersheimi* besitzt einen kleinen Rückenkamm aus

Ein Männchen von *Chamaeleo wiedersheimi*. Foto: W. Schmidt

gerundeten Tuberkelschuppen. Der Körper ist feingeschuppt und das Schwanzsegel bei den Männchen nur schwach angedeutet. Die Männchen sind grün und zeigen einen blassen, hellen Lateralstreifen, eine rotbraune Augenbinde und ein dunkles Schädeldach. Bei Erregung zeigen sich am Körper schwarze und am Kopf blaue Punkte. Die Weibchen sind insgesamt blasser gefärbt, sie sind braun- bis graugrün mit Schattierungen. Bei Erregung zeigen sich am Körper blaue und am Kopf gelbe Punkte. Im Gegensatz zu den Männchen ist der Rückenkamm nicht ausgeprägt.

Pflege und Zucht: Zur Haltung eignen sich Gazebehälter oder die freie Haltung im schattigen Wintergarten. Das Trinkbedürfnis dieser Art ist relativ hoch.

Nach erfolgter Paarung und einer anschließenden Tragzeit von 6-8 Wochen legt das Weibchen seine 7-9 Eier ungefähr 10 cm tief in feuchter Erde ab. Die Eier sind zu diesem Zeitpunkt ca. 8x5 mm groß. Die Inkubation erfolgt in leicht feuchtem Vermiculite bei 22°C tagsüber und 18°C nachts. Unter diesen Bedingungen schlüpfen die Jungtiere nach 150-160 Tagen (PIETSCHMANN, mündl. Mitt.). Die Aufzucht ist nur in Gazebehältern möglich, da eine hohe Anfälligkeit gegen Stickluft besteht. Nach ca. 4 Wochen sind die Männchen am Rükkenkamm zu erkennen, die Umfärbung erfolgt im Alter von ca. 3 Monaten. Die Geschlechtsreife erreichen die Tiere mit 6-7 Monaten.

Chamaeleo zeylanicus (LAURENTI, 1768)

Verbreitung und Lebensraum: Dieses schöne Chamäleon findet man in Goa (Indien) und auf Sri Lanka. Es lebt in den trockeneren Bereichen dieser Gebiete.

Beschreibung: Im Gegensatz zu dem ansonsten ähnlich aussehenden *Chamaeleo chamaeleon* hat *Chamaeleo zeylanicus* einen hinten stark erhöhten Helm. Die Occipitallappen sind bei ihm nur angedeutet. Die Körperbeschuppung ist homogen. Der Rückenkamm ist nur schwach zu sehen, Kehl- und Bauchkamm dagegen deutlich. Auch bei dieser Art ist ein heller Seitenstreifen vom Kinn bis zum After zu erkennen. Beide Geschlechter können jeweils einen Fersensporn am Hinterbein besitzen. Die Normalfärbung ist grün. Die Farbpalette reicht dabei von hell- bis schwarzgrün, gelegentlich treten auch gelbe Flächen auf. Bei Verärgerung bekommen die Tiere gelbe, blaue oder schwarze Bänder bzw. Flecken. Die Kopf-Rumpf-Länge beträgt ca. 18 cm, die Schwanzlänge 20 cm.

Pflege und Zucht: Über die Terrarienhaltung ist nichts bekannt. Jedoch liegen Freilandbeobachtungen zur Eiablage vor. Danach haben sich die Tiere am 5. und 6. Oktober gepaart. Am 9. November begann das Weibchen, ein Loch zu graben. Die Nacht verbrachte sie relativ niedrig sitzend in einem Busch. Am 10. November legte sie über viele Stunden die Eier. Erst am Nachmittag des 11. November fing das Tier mit dem Auffüllen der Erde an und war am Morgen des 12. November damit fertig. Das Tier hatte 31 Eier gelegt, die 13x7 mm groß waren.

11.4 Gattung: *Furcifer*

Furcifer antimena GRANDIDIER, 1872

Im Vergleich zu dem unten abgebildeten Männchen von *Furcifer antimena* trägt das Weibchen nur einen kleinen Helm und nur einen angedeuteten Rückenkamm. Fotos: W. Schmidt

Verbreitung und Lebensraum: Diese zur *Furcifer labordi*-Gruppe gehörende Art kommt im Südwesten Madagaskars in der Gegend um Tulear vor. Besonders häufig findet man sie in der warmen Jahreszeit.

Beschreibung: *Furcifer antimena* ähnelt im Aussehen *Furcifer labordi*, weist jedoch einen wesentlich stärker ausgeprägten Rückenkamm auf, der aus bis zu dreißig 3-6 mm hohen gekrümmten Kegelschuppen besteht. Das deutlich kleinere Weibchen weist diesen Rückenkamm nur in der vorderen Körperhälfte auf. Die Männchen besitzen eine grüne Grundfärbung mit weißlichen oder gelben Lateralstreifen. Die Weibchen sind dunkelgrün gefärbt. Ihr Helm, die Kopfoberseite und Teile der Seiten sind dunkelrot. Vom Kinn bis zur Schwanzwurzel zieht sich ein weißer Streifen. Der Schnauzenfortsatz ist nur etwa halb so lang wie der der Männchen. Mit einer Maximallänge von 34 cm (Männchen) und 17 cm (Weibchen) zählt *Furcifer antimena* zu den mittelgroßen Arten.

Pflege und Zucht: Die Haltung ist nur einzeln in gut belüfteten Terrarien möglich. Ein punktueller Strahler sollte Temperaturen von ca. 30°C erzeugen. Die durchschnittliche Tagestemperatur sollte 25-27°C betragen. Eine Nachtabsenkung um 5°C ist angemessen.

Im madagassischen Winter legen die Tiere eine Ruhephase ein, zu der sie sich in selbstgegrabene Erdhöhlen zurückziehen und völlig inaktiv werden. Dies sollte man bei der Haltung unbedingt berücksichtigen.

Einige Zeit nach Beendigung der Ruhephase beginnen die Paarungsaktivitäten. Etwa 6 Wochen nach erfolgter Paarung legen die Weibchen die aus bis zu 12 Eiern bestehenden Gelege in feuchter Erde ab. Die Zeitigung gelingt in leicht feuchtem Vermiculite bei 27-28°C. Nach ungefähr 300 Tagen schlüpfen dann die Jungtiere, deren Aufzucht keine besonderen Probleme bereitet.

Furcifer balteatus (DUMÉRIL, 1851)

Verbreitung und Lebensraum: Das Verbreitungsgebiet dieser Art ist ein kleines Waldgebiet im Südosten Madagaskars in einer Höhenlage von 200-400 Metern.

Beschreibung: Mit einer Gesamtlänge von 44 cm (Männchen) bzw. 30 cm (Weibchen) kann man *Furcifer balteatus* durchaus zu den großen Arten zählen. Die Grundfärbung beider Geschlechter ist ein fleckiges Dunkelgrün mit einem charakteristischen weißen Band, das auf beiden Körperseiten schräg von der Schulter bis zum Ansatz der Hinterbeine ver-

***Furcifer balteatus* stammt aus dem Südosten Madagaskars, wo die Tiere nur in einem kleinen Areal vorkommen.**

Rechts: Weibchen
Unten: Männchen Fotos: W. Schmidt

läuft. Ein kleiner Rückenkamm wird von ca. 20 nur 1 mm hohen Kegeln gebildet. Die Männchen weisen zwei verknöcherte Schnauzenfortsätze auf, die bis 15 mm lang werden und spitz zulaufen. Morphologisch auffällig sind bei dieser Art zum einen der im Vergleich mit gleichgroßen Chamäleon-Arten sehr kurze, gedrungene Kopf sowie der unverhältnismäßig lange und dünne Schwanz.

Pflege und Zucht: Bei Tagestemperaturen von 24-26°C und einer Nachtabsenkung um 5-6°C lassen sich die Tiere gut pflegen. Einmaliges Überbrausen am Tag sorgt für die nötige relative Luftfeuchtigkeit. Einzelhaltung ist auch bei dieser Art empfehlenswert. Die Zucht ist bis heute leider nicht gelungen.

Furcifer belalandaensis (BRYGOO & DOMERGUE, 1970)

Verbreitung und Lebensraum: Die Tiere leben in einem isolierten Gebiet im Südwesten Madagaskars, dem Village de Belalanda. Zahlreiche neue Funde zeigen jedoch, daß ihr Verbreitungsgebiet deutlich größer sein muß. In diesem Gebiet herrscht im Sommer ein trockenes und heißes, im Winter hingegen ein recht kühles Klima vor. Die Chamäleons leben auf Bäumen und Büschen in der Trockensavanne sowie in den Trocken- und Dornenwäldern.

Beschreibung: Die Art wird hin und wieder mit dem Teppichchamäleon (*Furcifer lateralis*) verwechselt. Häufig wird sie auch zusammen mit einer besonders großen Form des Teppichchamäleons als *Furcifer lateralis major* bezeichnet.

Die maximale Gesamtlänge beträgt etwa 23 cm. Leicht erkennen kann man die Art an dem stark ausgeprägten Rückenkamm, der kurz hinter der Schwanzwurzel endet, und der Verlängerung des Helms, der wenige Millimeter über die Schnauzenspitze hinwegreicht. Die Färbung besteht aus verschiedenen Grün-, Braun-, Gelb- oder Grautönen. Immer sichtbar ist der weiße Lateralstreifen.

Pflege und Zucht: Die Chamäleons sollten in geräumigen Terrarien, die mit einer guten Lüftung ausgestattet sind, gepflegt werden. Die Tageshöchsttemperaturen müssen etwa bei 28-30°C liegen. Unabdingbare Voraussetzung für die Zucht ist eine kühlere Haltungphase bei Tagestemperaturen unter 22°C über einen Zeitraum von 2 Monaten.

Furcifer bifidus (BRONGNIART, 1800)

Verbreitung und Lebensraum: *Furcifer bifidus* ist eine kaum bekannte Chamäleon-Art von der nördlichen Ostküste Madagaskars.

Beschreibung: Die bis zu 42 cm großen Männchen und ca. 29 cm großen Weibchen fallen nicht durch eine besonders bunte Färbung auf. Die Männchen sind dunkelgrün bis graubraun mit einer etwas helleren Bauchseite, die Weibchen hingegen blaugrau mit einer weißlichen Linie von der Achsel bis zur Leiste. Auffallend sind vor allem die beiden über 2 cm langen Schnauzenfortsätze der Männchen, die parallel verlaufen. Der Rückenkamm aus 10-20 einzelnen Kegeln, die bis zu 1,5 mm Höhe erreichen, ist kaum ausgeprägt. Die Lippen sind gelb gefärbt. Der Helm ist klein und flach.

Pflege und Zucht: Die Haltung sollte in geräumigen Regenwaldterrarien bei Tagestemperaturen von ca. 25°C erfolgen. Eine Nachtabsenkung ist ebenso erforderlich wie eine hohe relative Luftfeuchtigkeit. Zur Fortpflanzung von *Furcifer bifidus* liegen uns bislang keine Informationen vor.

Männchen und Weibchen (oben) von *Furcifer bifidus*. Fotos: W. Schmidt

Furcifer campani (GRANDIDIER, 1872)

Die Weibchen von *Furcifer campani* sind besonders kontrastreich gefärbt.
Foto: W. Schmidt

Verbreitung und Lebensraum: Diese kleine, sehr attraktive Art bewohnt das Ankaratra-Hochland in Zentral-Madagaskar, das sich durch ausgeprägte Tag-Nacht-Temperaturschwankungen auszeichnet. Der Lebensraum von *Furcifer campani* ist die Gras- und Buschvegetation in einer Höhe von ca. 2000 Metern.

Beschreibung: Die Grundfärbung der Weibchen besteht aus einem hellen Grün, das von drei weißgelben Seitenstreifen überlagert und mit hellblauen Punkten durchsetzt ist. Die Oberseite des Kopfes zeigt eine kräftige braunrote Färbung. Die Grundfarbe der Männchen ist ein intensives Schwarzbraun; darauf sind weiße Seitenlinien und hellblaue oder weiße Punkte zu sehen.

Pflege und Zucht: *Furcifer campani* ist eine sehr lebhafte Chamäleon-Art, deren innerartliche Aggressivität eine paarweise Haltung nicht zuläßt. Zur Haltung eignen sich nur Terrarien mit einer guten Durchlüftung, da Stickluft schlecht vertragen wird. Die Behälter sollten nicht kleiner als L25xT25xH40 cm sein.

Erblickt ein Männchen ein Weibchen, so bewegt es sich sofort unter heftigem Kopfnicken auf dieses zu und versucht eine Paarung einzuleiten. Meist hält es sich dabei nicht allzu lange mit der Balz auf. Nach erfolgter Paarung beträgt die Tragzeit etwa 40 Tage. Die Weibchen legen dann ihre bis zu 16 Eier umfassenden Gelege in einer selbstgegrabenen Erdhöhle ab. Die Zeitigung ist unter folgenden Bedingungen möglich: 45 Tage bei 25°C, dann eine ebensolange Kältephase bei 12-15°C und anschließend wieder bei konstant 25°C. Nach einer Gesamtzeit von 220-250 Tagen schlüpfen die mit ca. 25 mm sehr kleinen Jungtiere, die in der ersten Zeit nur mit Springschwänzen und kleinen *Drosophila* gefüttert werden können. Bei der Aufzucht ist darauf zu achten, daß die Temperaturen tagsüber möglichst bei 22-23°C liegen. Werte über 25°C sind für die Jungtiere tödlich.

Furcifer cephalolepis (GÜNTHER, 1880)

Verbreitung und Lebensraum: *Furcifer cephalolepis* ist eine der beiden von den Komoren bekannten Chamäleon-Arten. Die Tiere leben auf der Insel Moroni, wo feucht-heißes Küstenklima vorherrscht. Dort halten sie sich bevorzugt im dichten Buschwerk und in Sträuchern auf. Die relative Luftfeuchtigkeit schwankt zwischen 60 und 100%, die Tagestemperaturen betragen 26-30°C mit einer Nachtabsenkung von 6-8°C.

Beschreibung: Die sehr eng mit *Furcifer polleni* verwandten Tiere erreichen eine Länge von maximal 18 cm (Männchen) bzw. 13 cm (Weibchen), wobei die meisten männlichen Exemplare nicht größer als 16,5 cm werden. Der Schwanz nimmt etwa 50-60% der Gesamtlänge ein. Die Grundfarbe ist ein sattes, leuchtendes Hellgrün. Bei den Männchen ist ein weißer Lateralstreifen zu sehen, der bei weiblichen Tieren nur selten auftritt. In der Regel nimmt *Furcifer cephalolepis* auch gelbe und dunkelgrüne Farbtöne an. Die Körperbeschuppung ist gleichmäßig. An der Helmkante finden sich große Höckerschuppen, die an der Schnauzenspitze am größten sind. Bei den Männchen reichen diese Schuppen etwa 2 mm über die Schnauzenspitze hinaus, bei den Weibchen erreichen sie diese nicht einmal. Darüberhinaus erkennt man die Männchen leicht an der deutlich verdickten Schwanzwurzel.

Herrlich türkisgrün zeigt sich das Männchen von *Furcifer cephalolepis*.
Foto: K. Tamm

Pflege und Zucht: *Furcifer cephalolepis* ist eine relativ lebhafte Chamäleon-Art mit einer stark ausgeprägten Aggressivität. Selbst wesentlich größere vermeintliche Feinde werden angegriffen, wenn sie sich zu sehr nähern. Nach dem morgendlichen Aufwärmen unter einem Spotstrahler wandern die Tiere fast den ganzen Tag auf der Suche nach Nahrung durch das Terrarium. Zur Unterbringung eignen sich Behälter ab einer Größe von L20xT20xH30 cm, die mit reichlich Klettergeäst sowie einem *Ficus benjamini* eingerichtet sind. Lüftungsflächen sind an einer Seite und im Deckel des Behälters angebracht. Zum Aufwärmen dient ein 25-W-Strahler, der das Terrarium auf die gewünschte Temperatur von 26-30°C bringt. Eine ausreichende Luftfeuchtigkeit erreichen wir durch zweimal tägliches Überbrausen. Beleuchtet wird mit Leuchtstoffröhren 12-14 Stunden am Tag. Als Bodengrund dient ein Erde-Torf-Gemisch.

Die Chamäleons fressen kleine Heimchen, Schaben, Wachsmotten und deren Raupen sowie *Drosophila*. Eine besondere Vorliebe zeigt *Furcifer cephalolepis* für Stubenfliegen. Die Tiere werden

einmal pro Woche getränkt, zusätzlich können sie jeden Tag Sprühwasser aufnehmen.
Die Zucht von *Furcifer cephalolepis* ist wiederholt gelungen und unter folgenden Bedingungen möglich: Um die Paarungsbereitschaft adulter Weibchen nicht zu versäumen, setzt man sie alle drei Tage zu einem Männchen. Dieses wird sofort mit der Werbung beginnen und sich dem Weibchen unter heftigem Kopfnicken nähern. Ist das Weibchen nicht in Paarungsstimmung, nimmt es eine deutliche Warnfärbung aus dunkelgrünen Flecken am ganzen Körper und schwarz-grünen Tönen am Kopf an. Nähert sich das Männchen trotzdem, wird es vom Weibchen sofort gebissen. Ist es jedoch paarungsbereit, bleibt es bei Annäherung des Männchens ruhig sitzen. Die Paarung selbst verläuft wie bereits bei den anderen Arten beschrieben und dauert nur 5 Minuten. Um viele befruchtete Eier zu erhalten, sollte man die Tiere möglichst oft zusammensetzen. Die Tragzeit beträgt 33-35 Tage, das Weibchen frißt dabei bis zum letzten Tag. Die 4-7 etwa 12x8 mm großen Eier werden am Ende eines selbstgegrabenen Ganges abgelegt. Der Gang wird anschließend wieder sorgfältig zugeschüttet.
Die Eier werden in luftdicht schließende Plastikschachteln gelegt, die mit feuchtem Vermiculite gefüllt sind, und dann in einem handelsüblichen Inkubator bei einer Temperatur von 26-28°C gezeitigt.
Nach einer Zeitigungsdauer von 244-310 Tagen schlüpfen die nur 48 mm großen Jungtiere. Sie zeigen eine schmutzig weißbeige Färbung mit grünen Flecken, die erst nach ca. 4 Monaten immer mehr der Färbung der adulten Tiere weicht. Das Wachstum der Jungen ist im Vergleich zu anderen *Furcifer*-Arten sehr langsam, nach 180 Tagen messen sie gerade 80 mm.
Die Aufzucht erfolgt in Kleinstterrarien oder Plastikdosen mit Abmessungen von ca. L10xT10xH15 cm, die mit kleinen, dünnen Ästen und einer Rankpflanze ausgestattet sind. Die Temperatur sollte am Tag maximal 26°C betragen. Eine Nachtabsenkung um ca. 8°C ist unbedingt angeraten. Der Behälter wird einmal am Tag kurz überbraust.
Die Jungtiere sind sehr anfällig für Häutungsprobleme, daher müssen vor allem die Greiffüße bei jeder Häutung auf Rückstände kontrolliert werden, da sonst das betreffende Glied abgeschnürt wird, anschwillt und später abstirbt. Nachzuchttiere erreichen nach ungefähr einem Jahr die Geschlechtsreife.

Furcifer labordi GRANDIDIER, 1872

Verbreitung und Lebensraum: *Furcifer labordi* ist eine interessante Art aus dem Südwesten Madagaskars.
Beschreibung: Die Verwandtschaft mit *Furcifer antimena*, *Furcifer rhinoceratus*, *Furcifer monoceras* und *Furcifer angeli* ist äußerlich gut zu erkennen. Die Männchen besitzen einen hohen Helm und einen knöchernen Schnauzenfortsatz, der aus zwei seitlich zusammengedrückten Elementen besteht. Der Schnauzenfortsatz ist bei den Weibchen nur angedeutet. Im Gegensatz zu den viel kleineren Weibchen trägt das Männchen einen deutlich ausgeprägten Rückenkamm, der sich aus maximal 40 bis zu 2 mm hohen Kegelschuppen zusammensetzt. Die Grundfärbung der Männchen ist hellgrün mit einem angedeuteten weißen Lateralstreifen und einer grauschwarzen Querbänderung. Die Weibchen sind ebenfalls hellgrün und zeigen braune Flecken am Rücken und kleine violette Punkte am Körper. Direkt hinter dem Kopf befinden sich auf jeder Körperseite einer oder mehrere leuchtend rote Punkte. Besonders trächtige Weibchen bieten einen sehr beeindruckenden Anblick.
Pflege und Zucht: Das Terrarium für diese Art sollte ausreichend Klettermöglichkeiten bieten und gut bepflanzt sein. Tagestemperaturen von 25-27°C und eine Nachtabsenkung von 5°C imitieren die natürlichen Verhältnisse im Bio-

Leicht lassen sich Männchen und Weibchen von *Furcifer labordi* unterscheiden.
Das oben abgebildete Männchen trägt einen ausgeprägten Helm sowie einen deutlich erkennbaren Schnauzenfortsatz.
Das unten gezeigte Weibchen ist wesentlich kleiner als das Männchen. Es trägt keinen Helm und nur einen angedeuteten Schnauzenfortsatz.
Fotos: W. Schmidt

top in ausreichender Weise. Einmal täglich wird gesprüht. Auch bei *Furcifer labordi* läßt die innerartliche Aggressivität nur eine Einzelhaltung zu. Bei Paarungsversuchen müssen die Tiere genau beobachtet werden, um Beißereien zuvorzukommen. Hat die Paarung stattgefunden, muß das Weibchen in den nächsten Wochen abwechslungsreich und mit erhöhten Vitamingaben ernährt werden. Nach ca. 6 Wochen legt es dann 8-12 Eier in einer selbstgegrabenen Erdhöhle ab. Die Gelege werden in leicht feuchtem Vermiculite in einer Brutglucke gezeitigt. Bei Temperaturen von 26-28°C schlüpfen die etwa 4 cm großen Jungtiere nach 240-300 Tagen. Die Aufzucht ist nur in gut belüfteten Kleinterrarien möglich, deren Temperatur nicht über 25°C steigt.

Furcifer lateralis (GRAY, 1831) Teppichchamäleon

Verbreitung und Lebensraum: *Furcifer lateralis* ist in ganz Madagaskar mit Ausnahme des Nordens und des Nordwestens beheimatet. Die Art bewohnt den Regen- und Trockenwald sowie die feuchte Grassavanne. Sehr häufig findet man das Teppichchamäleon in Hecken und auf Wiesen.
Das Klima zeichnet sich durch einen ausgeprägten Sommer-Winter-Rhythmus aus. Die Tageshöchsttemperaturen liegen im Sommer bei 26-30°C und im Winter bei 18-24°C. Die Tag-Nacht-Schwankungen betragen im Durchschnitt etwa 12°C.
Beschreibung: Das Teppichchamäleon zählt wegen seiner bunten Färbung und seines lebhaften Verhaltens zu den Juwelen unserer Terrarien. Am auffälligsten ist die Zeichnung, der das Chamäleon seinen deutschen Namen verdankt. Typisch für das Zeichenmuster ist der Lateralstreifen, der immer zu erkennen ist, sogar bei frisch geschlüpften Jungtieren. Weiterhin charakteristisch sind die ovalen Seitenflecken. Die Grundfarbe der Chamäleons kann grau, braun oder grün sein, die Seitenflecken und der Seitenstreifen heben sich aber farblich immer etwas ab. Die meisten Tiere haben ein sehr variables buntes Zeichenmuster mit leuchtend weißen Seitenstreifen. Allgemein gilt, daß die Weibchen bunter gefärbt sind als die Männchen. Besonders kontrastreich gefärbt sind Weibchen, die in Paarungsstimmung oder trächtig sind. Die Chamäleons können eine Gesamtlänge von 25 cm erreichen. Unterarten sind nicht bekannt, wohl aber variieren die Tiere je nach Fundort sehr stark in Größe und Färbung. Das Teppichchamäleon hat einen dachförmigen, leicht erhöhten Helm. Die Körperbeschuppung ist gleichmäßig mit vereinzelt eingestreuten Plattenschuppen.
Ab dem 50. Lebenstag kann man den Geschlechtsunterschied, die stark verdickte Schwanzwurzel der Männchen, leicht erkennen. Mit einiger Erfahrung erkennt man das Geschlecht bereits ab dem 14. Lebenstag an der Färbung.
Pflege und Zucht: Die Art läßt sich gut in Gefangenschaft halten und nachzüchten. Zu bedenken ist jedoch, daß *Furcifer lateralis* eine sehr aggressive Art ist, die niemals mit artgleichen Tieren oder anderen Echten Chamäleons zusammen gehalten werden kann. Vertragen haben sich die Tiere im Terrarium mit Phelsumen und Nachtgeckos.
Die Unterbringung des Teppichchamäleons sollte in Terrarien der Größe L30xT40xH60 cm erfolgen. Belüftet werden diese durch ein kleines Gitter vorne und in der Oberseite, so daß keine Stickluft entstehen kann. Als Beleuchtung sollte man 50-W-HQL-Lampen verwenden, die auch für die erforderlichen Temperaturen sorgen. Die Temperaturen schwanken

tagsüber zwischen 23-32°C und nachts zwischen 15°C und 25°C, wobei die Temperaturschwelle von 32°C nicht überschritten werden darf. Die relative Luftfeuchtigkeit sollte immer zwischen 60 und 100% liegen, dies erreicht man durch zweimal tägliches Übersprühen des gesamten Terrariums.

Furcifer lateralis hat einen sehr großen Nahrungsbedarf. Gefüttert wird am besten täglich und abwechselungreich. Verfettungen sind uns nie bekannt geworden. Das Teppichchamäleon frißt Grillen, *Drosophila*, Stubenfliegen, kleine Wanderheuschrecken, Mehl- und Wachsmotten sowie deren Raupen. Nur bei großem Hunger fressen die Tiere Mehlwürmer, Schaben und Mäusebabys. Absolutes Lieblingsfutter sind Grüne Schaben. Die Tiere sollten jeden Tag die Gelegenheit haben, Sprühwasser in Form von Tropfen aufzunehmen. Zusätzlich werden sie zweimal in der Woche mit der Pipette getränkt.

Erblickt ein Männchen ein Weibchen, läuft es sofort mit kopfnikkenden Bewegungen auf dieses zu. Ist das Weibchen nicht paarungsbereit, droht es dem Männchen und beißt dieses, sobald es sich weiter nähert. Meist lassen sich die Männchen davon nicht weiter beeindrucken, erst nach dem 2. oder 3. Mißerfolg geben sie auf. Leider gibt es unter den Weibchen besonders aggressive Tiere, die das Männchen übel zurichten. Deshalb sollte man bei Paarungsversuchen immer anwesend sein. Einige Männchen vergessen vor Aufregung das Nicken und stürmen sofort auf das Weibchen los. Ist das Weibchen paarungsbereit, was man gut an der stark verminderten Aggressivität und der Färbung feststellen kann, so unterläßt es bei Annäherung des Männchens jedes Drohverhalten. Es versucht nur langsam wegzulaufen, wird aber vom Männchen eingeholt. Die Tiere paaren sich, indem das Männchen seitwärts auf das Weibchen klettert und versucht, seine Kloakenöffnung unter die des Weibchens zu bringen. Die Kopulation dauert 10-20 Minuten. Nach der Paarung verjagt das Weibchen das Männchen wieder. Es ist schon vorgekommen, daß ein Männchen versucht hat, ein Weibchen nach der Paarung zu beißen.

Ein weibliches Teppichchamäleon droht einem Männchen.
Foto: W. Schmidt

Nach einer Tragzeit von 30-52 Tagen legen die Weibchen ihre Eier ab. Sie machen keine Versuche, die Eier zu vergraben, sondern streuen sie einfach auf den Terrarienboden. Um Ausfälle zu vermeiden, ist es wichtig, daß keine Futtertiere im Terrarium verbleiben. In der Natur legen die Weibchen vom 15. November bis 15. April 4-5 Gelege mit 4-23 Eiern, die sie in 10 cm tiefe, selbstgegrabene Erdröhren legen (BLANC & BLANC 1971). Bereits 14 Tage nach der Eiablage paaren sich die Weibchen wieder. Die Eier müssen sofort aus dem Terrarium entfernt und in einen üblichen, mit leicht feuchtem Vermiculite gefüllten Zeitigungsbehälter überführt werden. Eine kühle Phase ist der Auslöser für die Entwicklung der Eier. Die folgenden Zeitigungstemperaturen führten bei uns immer zum Schlupf der kleinen Chamäleons und zu einem nahezu ausgeglichenen Geschlechtsverhältnis: während der ersten 45 Tage 25°C, dann 40 Tage 10-15°C, abschließend sollten die Temperaturen bis zum Schlupf 25-27°C betragen. Etwa 100 Tage nach dem Ende der kühlen Phase schlüpfen die Nachzuchttiere. Dies ist natürlich temperaturabhängig: so schlüpfen bei hohen Temperaturen die Nachzuchten unter Umständen bereits einige Tage früher. Die Zeitigungsdauer betrug bei uns zwischen 154 und 378 Tagen. Die Aufzucht der Jungtiere ist problemlos. Bei Tagestemperaturen von 25°C ist das Wachstum enorm. Nach 4-6 Monaten sind die Tiere geschlechtsreif.

In der Natur erreichen die Chamäleons ein Alter von nur einem Jahr, in Gefangenschaft bei artgerechter Haltung und Pflege dagegen leicht eines von 2-3 Jahren. Die Weibchen stellen ihr Fortpflanzungsverhalten nach dem 4.-6. Gelege ein.

Furcifer minor GÜNTHER, 1879

Verbreitung und Lebensraum: Das Hauptverbreitungsgebiet von *Furcifer minor* ist der Südwesten des zentralmadagassischen Hochplateaus. Dort lebt die Art auf Sträuchern und niedrigen Bäumen in der Nähe von Wasserläufen.

Die kühlere und trockenere Jahreszeit verbringt *Furcifer minor* in einer Art Ruhephase. Dabei ziehen sich die Tiere in Erdhöhlen oder unter Wurzeln zurück. Zu dieser Zeit fallen die Temperaturen bis auf 10°C ab. Steigen die Temperaturen zu Beginn der Regenzeit wieder an, so erwachen die Chamäleons aus ihrer Ruhephase.

Beschreibung: Bei *Furcifer minor* handelt es sich um ein sehr farbenprächtiges Chamäleon, das auch aufgrund seiner geringen Körpergröße, die maximale Gesamtlänge beträgt 18 cm, ein geeigneter Terrarienpflegling ist.

Ein Weibchen von *Furcifer minor* in Erregungsfärbung. Foto: W. Schmidt

Besonders auffällig sind die beiden Schnauzenfortsätze der Männchen von *Furcifer minor*. Foto: W. Schmidt

Besonders auffallend sind die knochigen Schnauzenfortsätze der Männchen, die leicht V-förmig auseinanderlaufen. Bei den Weibchen sind sie nur schwach angedeutet. Die Grundfärbung der Männchen ist ein fleckiges Braunrot oder seltener auch ein Graugrün. Die Weibchen sind kräftig grasgrün, können aber bei Erregung oder Trächtigkeit auch zitronengelb werden und einen schrägen violetten oder purpurroten Seitenstreifen zeigen. Auch die Oberseite des Helms färbt sich dann entsprechend um.

Pflege und Zucht: Zur Haltung dieser Art eignet sich ein gut belüftetes Terrarium, das tagsüber auf 24-26°C erwärmt wird und nachts auf 20-22°C abkühlt. Zur Winterzeit sollte man den Tieren eine Ruhepause von 6-8 Wochen ermöglichen, um den natürlichen Ansprüchen so weit wie möglich gerecht zu werden. Die nötige relative Luftfeuchtigkeit wird durch einmal tägliches Überbrausen des Behälters erreicht. Etwa 6 Wochen nach der Paarung legen die Weibchen ihre 10-15 Eier in einer selbstgegrabenen Erdhöhle ab. Zur Zeitigung wurden bislang verschiedene Methoden angewandt. Bei einer konstanten Temperatur von 23-24°C und einer sechswöchigen Kühlphase bei 14-16°C entwickelten sie sich vollständig, ohne jedoch zu schlüpfen. Bei Zeitigungsversuchen ohne Kältephase kam es nach 9 Monaten zum Schlupf einiger Jungtiere. Die Aufzucht erfolgt in Kleinterrarien, die gut belüftet sein müssen. Temperaturen über 25°C sind bei der Aufzucht zu vermeiden.

Furcifer oustaleti (MOCQUARD, 1894)

Verbreitung und Lebensraum: Neben *Furcifer lateralis* ist *Furcifer oustaleti* das in Madagaskar am weitesten verbreitete Chamäleon. Außer den feuchten Waldgebieten besiedelt diese Art jeden Biotop.

Beschreibung: *Furcifer oustaleti* gilt mit einer Maximallänge von über 70 cm als die größte Chamäleon-Art.

Je nach Herkunftsgebiet weisen die Chamäleons eine ganze Reihe unterschiedlicher Farbformen auf. Die Grundfärbung ist jedoch meist ein fleckiges Ockerbraun. Es sind Exemplare bekannt, die auf ockerfarbenem Grund große schwarze und rote Flecken zeigen. Darüber hinaus kommen bis zum Graubraun alle möglichen

Furcifer oustaleti **im Biotop. Die Tiere werden über 70 cm groß und gelten damit als größte Chamäleons überhaupt.** Foto: W. Schmidt

Zwischenstufen vor. Die Färbung der Weibchen weicht meist von der der Männchen deutlich ab. So kommen im Norden Madagaskars Tiere vor, die eine grüne Grundfärbung mit feiner brauner Fleckenzeichnung aufweisen. Meist besticht diese Art jedoch schon allein durch ihre Größe.

Pflege und Zucht: Die „Riesen" unter den Chamäleons lassen sich nur in sehr geräumigen Terrarien oder in freier Zimmerhaltung pflegen. Aufgrund der innerartlichen Aggressivität ist zudem nur die Einzelhaltung möglich. Lediglich zur Paarung setzt man die Tiere zusammen. Nach erfolgter Kopulation müssen die Geschlechter wieder getrennt werden. Die Tragzeit dauert etwa 40 Tage. Dann legt das Weibchen sein bis zu 50 Eier umfassendens Gelege in feuchter Erde ab. Bei einer Zeitigungstemperatur von konstant 28°C in leicht feuchtem Vermiculite schlüpfen die Jungtiere nach ca. 240 Tagen. Wichtig ist jedoch gerade bei dieser Art, daß man den genauen Fundort seiner Tiere kennt, denn die von uns angegebenen Zeitigungsdaten beziehen sich nur auf die Küstenformen. Bereits nach etwa einem Jahr erreichen die Tiere die Geschlechtsreife. *Furcifer oustaleti* ernährt sich in der Natur neben den üblichen Futtertieren auch von Echsen und nestjungen Vögeln.

Furcifer pardalis (CUVIER, 1829) Pantherchamäleon

Verbreitung und Lebensraum: Das Verbreitungsgebiet umfaßt den Norden und Osten Madagaskars, die vorgelagerten Inseln Nosy Bé und Nosy Boraha, die Gegend um Fort Dauphin und die Inseln Mauritius und Réunion. Auffallend ist, daß die Tiere immer nur Küstengebiete mit feuchtheißem Klima besiedeln.

Für das gesamte Verbreitungsgebiet gilt, daß es einen Sommer-Winter-Rhythmus mit einer ausgeprägten Regenzeit im Südsommer von November bis März gibt. Die Tagesdurchschnittstemperaturen betragen 22-28°C, die Tageshöchsttemperaturen erreichen im Südsommer etwa 25-40°C, und der Tag-Nacht-Unterschied beträgt etwa 6°C im Mittel. Die relative Luftfeuchtigkeit schwankt zwischen 70 und 100%. Das Pantherchamäleon scheint keinen besonderen Biotop zu bevorzugen. Die Tiere leben auf Bäumen, im Gebüsch und auf Palmen. Häufig findet man sie in der Nähe von menschlichen Siedlungen, in Gärten und an Feldrändern. Wälder meiden sie. Wenn innerhalb des Verbreitungsgebietes Wälder gerodet werden, besiedelt das Pantherchamäleon diese Stellen sofort und verdrängt andere bisher dort lebende Chamäleon-Arten.

Beschreibung: Innerhalb des großen Verbreitungsgebietes haben sich so viele unterschiedliche Farbvarianten herausgebildet, daß eine Beschreibung den Rahmen des Buches sprengen würde. Die am häufigsten gehaltene Form ist die Farbvariante von Nosy Bé. Jungtiere sind grau oder

braun gefärbt. Erst nach 6-9 Monaten, mit Erreichen der Geschlechtsreife, verlieren sie die Jugendfärbung. Alle Farbformen haben einen Lateralstreifen aus unterschiedlich großen ovalen Flecken, der sich farblich immer etwas abhebt. Der Rückenkamm besteht aus großen, dicht hintereinanderstehenden Stachelschuppen, die nach hinten immer kleiner werden. Auch der Kehlkamm ist mit Stachelschuppen besetzt. Die Schnauzenoberseite ist durch große Schuppen nach den Seiten und nach vorne deutlich vergrößert. Die adulten Männchen erkennt man leicht an der verdickten Schwanzwurzel. Darüber hinaus sind sie meist größer und auffälliger gefärbt als die Weibchen. Die Männchen können eine Größe von 52 cm, die Weibchen von 35 cm erreichen. Meist bleiben die Tiere aber kleiner.

Pflege und Zucht: Das Pantherchamäleon ist eine der am häufigsten nachgezüchteten Chamäleon-Arten. Alleine einem Autor gelang 1988 die Nachzucht von 105 Jungtieren. Wegen ihrer Robustheit empfiehlt sich diese Art besonders dem noch nicht so erfahrenen Chamäleonpfleger.

Furcifer pardalis ist eine sehr lebhafte Chamäleon-Art, die wegen ihrer Aggressivität nur einzeln untergebracht werden kann. Das Terrarium darf nicht zu klein be-

Von *Furcifer pardalis* gibt es zahlreiche Farbvarianten. Das abgebildete Tier stammt von der Madagaskar vorgelagerten Insel Nosy Bé.
Foto: W. Schmidt

Oben: Dieses Pantherchamäleon stammt aus der Nähe von Maroansetra.
Unten: Ein Tier aus der Umgebung von Diego Suarez
Fotos: R. Zobel

messen sein und sollte für ein ausgewachsenes Männchen eine Größe von L50xT50xH120 cm und für ein Weibchen etwa L40xT50xH80 cm haben. Das Terrarium für das Weibchen muß mit einer etwa 15 cm hohen Bodenschicht ausgestattet sein.

Das Pantherchamäleon ist ein Sonnenanbeter, weshalb unbedingt für eine gute Beleuchtung gesorgt werden muß. Die Tagestemperatur sollte etwa 28°C betragen. Für eine ausreichende Belüftung sorgen ein Gitter vorne oder an der Seite und ein Gitter oben, so daß keine Stickluft entstehen kann. Das Pantherchamäleon eignet sich besonders zur freien Haltung auf der Fensterbank, in Gewächshäusern und in Wintergärten.

Furcifer pardalis frißt alle üblichen Futterinsekten sowie Mäusebabys. Auf eine regelmäßige Futteraufnahme ist dringend zu achten. Ein oft grundloser „Freßstreik" wird manchmal durch das Anbieten eines grünen Futtertieres beendet. Vorsicht, besonders die Weibchen stellen gerne kleinen Echsen nach! Getränkt werden die Tiere zweimal wöchentlich mit der Pipette, zusätzlich können sie jeden Tag Sprühwasser aufnehmen. Ein Großteil der Chamäleons lernt recht schnell auch aus einer Wasserschale zu trinken.

Zur Paarung setzt man das Weibchen in das Terrarium des Männchens, oder man läßt die Tiere frei im Zimmer umherlaufen. Erblickt das Männchen das Weibchen, hellt es seine Grundfärbung auf, so daß die Streifenzeichnung besonders leuchtend hervortritt. Es nähert sich nickend und präsentiert ihm seine abgeflachte Seite. Ist das Weibchen nicht paarungsbereit, reißt es beim Anblick des Männchens sofort das Maul auf und macht mit dem Körper vorschnellende Bewegungen in seine

Richtung. Das Männchen bricht daraufhin meist seine Annäherungsversuche ab.

Ist das Weibchen paarungsbereit, was man auch gut am Verhalten gegenüber dem Pfleger erkennen kann, da es jede aggressive Handlung unterläßt, so reagiert es auf das Männchen ohne jede Abwehr. Während sich das Männchen langsam nähert, versucht das Weibchen davonzulaufen oder sich zu verstecken. Das Männchen nähert sich kopfnickend und klettert dann von hinten auf das Weibchen. Dieses verhält sich währenddessen ganz ruhig und drückt sich platt auf den Gegenstand, auf dem es gerade sitzt. Wenn das Männchen alle vier Füße am Körper oder an den Beinen des Weibchens festgeklammert hat, macht es einige ruckartige Bewegungen, woraufhin das Weibchen seinen Schwanz etwa 3 cm hoch anhebt. Das Männchen kann nun seinen Schwanz unter den des Weibchens bringen. Die Kopulation dauert ca. 10 Minuten. Die Paarungsbereitschaft der Weibchen hält etwa 3 Tage an. Danach verhalten sie sich besonders aggressiv und sind sehr futtergierig.

Man darf die Tiere nur zur Paarung und nur für deren Dauer zusammensetzen. Auch sollte man ständig anwesend sein, um Beißereien verhindern zu können. Besonders junge Männchen sind recht ungestüm und unerfahren, so daß es leicht passieren kann, daß das Weibchen eine Beißerei anfängt. Besonders bemerkenswert ist das Fluchtverhalten des Pantherchamäleons: Es versucht sich durch ziellose Sprünge einem Ergreifen zu entziehen.

Etwa 31 bis 45 Tage nach der Paarung legt das Weibchen seine 12-46 Eier am Ende eines bis auf den Boden des Terrariums reichenden selbstgegrabenen Ganges ab. Anschließend verschließt es den

Oben: ***Furcifer pardalis*** **aus dem Gebiet um Jeoffreville.**

Unten: ***Furcifer pardalis*** **von St. Marie.** Fotos: R. Zobel

Gang wieder sorgfältig. Etwa 14 Tage später ist das Weibchen wieder paarungsbereit, was man an einer etwas veränderten Färbung und der verminderten Aggressivität feststellen kann. Es hat sich bewährt, etwa ab dem zehnten Tag nach der Eiablage, wenn das Weibchen wieder in einem guten Zustand ist, alle 3 Tage zu versuchen, die Tiere zusammenzusetzen.
Die Eier müssen sofort aus dem Terrarium entnommen werden. Gezeitigt werden sie, soweit es sich um Elterntiere handelt, die aus Nosy Bé oder Diego Suarez stammen, etwa bei 28°C in leicht feuchtem Vermiculite. Bei Tieren aus anderen Populationen kann auch eine kühlere Zeitigung erforderlich sein. Nach 159-323 Tagen schlüpfen die Jungtiere. Ihre Aufzucht bereitet keine Schwierigkeiten. Das Wachstum ist stark von der Flüssigkeitsversorgung, der Qualität des Futters und den Temperaturen abhängig. In der ersten Zeit sollte die Temperatur 25°C betragen, aber bereits nach 2 Monaten kann sie auf 28°C steigen.
In menschlicher Obhut erreichen die Tiere ein Lebensalter von etwa 4 Jahren, in der Natur werden sie hingegen nur etwa 2 Jahre alt.

Furcifer petteri (BRYGOO & DOMERGUE, 1966)

Verbreitung und Lebensraum: Diese erst 1966 entdeckte und beschriebene Art bewohnt nur ein kleines Gebiet zwischen Joffreville und dem Montagne d'Ambre im Norden Madagaskars. Ihr Lebensraum ist dort die Busch- und Baumvegetation an Wegrändern und in Gärten. Aufgrund ihrer grasgrünen Grundfärbung und ihrer Lebensweise in einer Höhe von ca. 3-5 Metern über dem Erdboden sind sie tagsüber fast nicht zu entdecken.
Beschreibung: Mit einer Gesamtlänge von 16 cm (Männchen) bzw. 14,5 cm (Weibchen) zählt *Furcifer petteri* zu den kleinbleibenden Chamäleon-Arten.
Das Männchen erinnert mit seinen beiden Schnauzenfortsätzen stark an *Bradypodion tavetanum* aus Ostafrika. Auf hellgrünem

***Furcifer petteri* bei der Balz.**
Foto: W. Schmidt

Grund zeigen sie einen deutlichen weißen Lateralstreifen. Dagegen fehlen die Schnauzenfortsätze bei den Weibchen völlig. Die Grundfärbung reicht von zitronengelb bis hellgrün, paarungsbereite oder trächtige Tiere zeigen auf dem Helm eine rotbraune Y-Zeichnung und an der Körperseite zwei hellblaue Punkte.

Pflege und Zucht: In gut belüfteten Terrarien mit einer Kantenlänge von 30 cm ist diese Art leicht zu halten. Nach erfolgter Paarung und einer Tragzeit von ca. 30 Tagen legt das Weibchen seine 8-20 Eier in einer selbstgegrabenen Erdhöhle ab. Diese wird anschließend sorgfältig wieder verschlossen. Bei einer Zeitigungstemperatur von 25°C dauert es 330-340 Tage bis zum Schlupf der ca. 40 mm großen Jungtiere. Für diese gilt dasselbe wie für die adulten Tiere: Tagestemperaturen von 24-26°C, gute Belüftung, Nachtabsenkung um 6-8°C. Damit kann man die natürlichen Verhältnisse im Biotop ausreichend simulieren, und die Aufzucht bereitet keine Probleme. Die Geschlechtsreife erreichen die Tiere nach ungefähr einem Jahr.

Furcifer polleni (PETERS, 1873)

Verbreitung und Lebensraum: Neben *Furcifer cephalolepis* ist *Furcifer polleni* die zweite endemische Chamäleon-Art auf den Komoren. Ihr Lebensraum ist die Busch- und Strauchvegetation der Insel Mayotte.

Beschreibung: Die Männchen und Weibchen sind in Form und Färbung sehr unterschiedlich und können leicht für zwei verschiedene Arten gehalten werden. So erreichen die Männchen eine Gesamtlänge von etwa 20 cm und sind grasgrün bis blaugrün gefärbt. Selten treten auch graue Exemplare auf. Auffallend sind die weißen Lippenschilder und ein angedeuteter weißlicher Lateralstreifen. Die Weibchen bleiben mit 15 cm deutlich kleiner als die Männchen, sind dafür aber bunter gefärbt. Die Grundfarbe ist ein helles Gelb bis Grasgrün, die Kopfoberseiten und die Fußspitzen sind ziegelrot, Augenlider und Kehlfalten hellblau. Die Rotfärbung setzt erst mit Erreichen der Geschlechtsreife ein.

Pflege und Zucht: Für die Pflege dieser Art eignen sich gut belüftete Terrarien mit einer Kantenlänge von wenigstens 40 cm. *Furcifer polleni* muß einzeln gepflegt werden, da sowohl Männchen als auch Weibchen sehr aggressiv gegenüber Artgenossen reagieren. Lediglich paarungsbereite Weibchen verhalten sich weitgehend ruhig und reagieren kaum auf das balzende Männchen. So kann es zur Kopulation kommen, die bis zu einer Stunde andauern kann.

Nur 4-5 Wochen nach der Paarung legt das Weibchen seine 6-12 Eier in einem Gang im feuchten Sandboden ab. In leicht feuchtes Vermiculite gebettet, schlüpfen die Jungtiere bei einer Zeitigungstemperatur von 28-31°C nach 260-270 Tagen. Die schnellwüchsigen Chamäleons erreichen ihre Maximallänge bereits nach 12 Monaten. Geschlechtsunterschiede sind frühestens nach 2 Monaten zu erkennen.

Furcifer verrucosus (CUVIER, 1829)

Verbreitung und Lebensraum: Diese *Furcifer oustaleti* sehr ähnliche Art besiedelt vor allem den Süden und Südosten der Insel Madagaskar. Ihr Lebensraum sind die Bäume und kräftigen Sträucher der Trockenwälder.

Beschreibung: Von *Furcifer oustaleti* unterscheidet sich diese Art nur durch den niedrigeren Helm und die Beschuppung am Rückenkamm und in der Schläfengegend. Mit einer Maximallänge von ca. 50 cm bleibt *Furcifer verrucosus* deutlich kleiner als *Furcifer oustaleti*.

Die Färbung reicht von Graugrün bis Hellgrün, meist getrennt durch einen weißen Lateralstreifen. Die Jungtiere sind oft eintönig graubraun, zeigen ebenfalls einen weißen Lateralstreifen und ähneln jungen *Furcifer pardalis*.

Pflege und Zucht: Zur Pflege und Zucht von *Furcifer verrucosus* können die Angaben von *Furcifer oustaleti* zugrunde gelegt werden.

Furcifer verrucosus **ähnelt** ***Furcifer oustaleti*** **sehr stark. Von diesem unterscheidet es sich in erster Linie durch die geringere Körpergröße.**
Foto: W. Schmidt

Furcifer willsi GÜNTHER, 1890

Verbreitung und Lebensraum: *Furcifer willsi* ist eine kleine Art aus dem Osten des madagassischen Zentralmassivs. Die Art bewohnt Büsche und Sträucher am Rand der Regenwälder.

Beschreibung: Die Männchen von *Furcifer willsi* zeichnen sich durch einen doppelten Schnauzenfortsatz aus, der im Vergleich zu *Furcifer petteri* spitzer und schlanker wirkt. Die bis zu 17 cm großen Männchen zeigen eine grüne Grundfärbung mit einigen hellen Flecken oder Punkten. Die Lippen sind weiß. Die ebenfalls grünen Weibchen, denen der Schnauzenfortsatz vollständig fehlt, zeigen gelbe und weiße Punkte sowie dunkelgrüne Streifen.

Ein Weibchen von *Furcifer willsi*.
Foto: W. Schmidt

Pflege und Zucht: Entsprechend dem Lebensraum dieser Art sollten auch die Terrarien reichhaltig mit Kletterästen und Blattpflanzen eingerichtet sein. Tagestemperaturen von 24-26°C und eine Nachtabsenkung um 5-6°C tragen wesentlich zum Wohlbefinden dieser Tiere bei. Leider wurden bis heute nur wenige Exemplare dieser Art nach Europa importiert, so daß über die Zucht bislang keine Erkenntnisse vorliegen.

12. Erd- oder Stummelschwanzchamäleons

Unterfamilie: Brookesiinae

12.1 Gattung: *Brookesia*

Brookesia betschi BRYGOO & DOMERGUE, 1974

Verbreitung und Lebensraum: *Brookesia betschi* ist bisher nur im Norden Madagaskars gefunden worden. Der Biotop liegt im dichten, immergrünen Regenwald bei Marojezy in etwa 1300 Metern Höhe. Die Tiere leben dort in der Laub- und Krautschicht, aber auch im Gestrüpp und Gebüsch bis in eine Höhe von etwa einem Meter. Dadurch, daß der Wald fast ständig im Nebel liegt, herrscht ein ausgesprochen feuchtes, aber gemäßigtes Klima vor.

Beschreibung: Die maximale Gesamtlänge beträgt etwa 56 mm, wovon nur 22 mm auf den Schwanz entfallen. Die Färbung besteht aus hellen Braun- und Beigetönen, nur der Schwanz ist gräulich abgesetzt. In der Lendenregion weist die Art einen weißen Rückenstrich auf. Auf dem Schädel besitzen die Tiere zwei nach hinten grün gesäumte Flecken und unter dem Auge einige weiße Flecken. Die Rückensäge ist nur schwach ausgeprägt. Besonders auffallend sind die charakteristischen Stirnhörner.

Pflege und Zucht: Die Art benötigt ein hohes, sehr feuchtes Regenwaldterrarium. Die Seiten sollten grob strukturiert verkleidet sein, damit sie als zusätzliche Lauffläche dienen. Eine Laubschicht, einige Kletteräste und eine üppige Bepflanzung bilden die Einrichtung. Die Tageshöchsttemperatur sollte 23°C möglichst nicht überschreiten und nachts um einige Grade abfallen. Mindestens zweimal täglich muß das gesamte Terrarium überbraust werden. Ideal wäre für diese Art auch der Einsatz einer Nebelanlage. Zur Zucht liegen uns keine Angaben vor.

Brookesia bonsi RAMANANTSOA, 1979

Verbreitung und Lebensraum: Die Art ist bisher nur auf einem Hochplateau im zentralen Westen Madagaskars gefunden worden. Ihren Lebensraum bildet ein recht eigentümlicher, in einer Höhe von 200 bis 300 Metern gelegener Trockenwald, der schon vor langer Zeit unter strengen Schutz gestellt wurde (Réserve Naturelle des Tsingy de Namovoka).
Dieses Gebiet zeichnet sich durch sein eigenartiges Klima aus. Im Sommer ist es heiß mit einer kurzen Regenzeit, während der alles unter Wasser steht, und im Winter ist es kühl und sehr trocken. Als Anpassung an dieses Klima vergraben sich die Erdchamäleons während des Winters und während der Trockenperioden im Boden. Wie fast alle *Brookesia*-Arten lebt auch *Brookesia bonsi* in der Laub- und Krautschicht dieser lichten, im Winter laubabwerfenden Trockenwälder.

Beschreibung: Die Art erreicht eine Größe von 67 mm, wovon etwas weniger als die Hälfte auf den Schwanz entfällt. *Brookesia bonsi* besitzt einen kräftigen Körperbau. Entlang des Rückenfirsts verläuft eine schmale Säge, die sich an der Schwanzwurzel zu einem großen Karo verbreitert und auf dem Schwanz ausläuft. Die

Färbung besteht aus braunen, grauen und beigen Farbtönen. Besonders häufig zeigen die Chamäleons eine Längsstreifung, welche ihnen im Gras und Gestrüpp eine hervorragende Tarnung verleiht.
Pflege und Zucht: Das Terrarium zur Pflege eines Pärchens sollte mindestens eine Kantenlänge von 40 cm aufweisen. Auch muß es mit einer guten Lüftung ausgestattet sein, damit sich keine Stickluft bilden kann. Die Tageshöchsttemperatur sollte im Sommer 26°C nicht überschreiten und im Winter unter 20°C liegen. Wichtig ist ein häufiges Überbrausen des gesamten Behälters während des Sommers. Im Winter sollte lediglich morgens einmal kurz gesprüht werden, um den Tau zu imitieren und den Erdchamäleons die Gelegenheit zu geben, ihren Wasserbedarf zu decken.
Die Vermehrung dieser Art ist uns bislang leider noch nicht gelungen.

Brookesia decaryi ANGEL, 1938

Verbreitung und Lebensraum: Diese Art ist bisher nur aus einem kleinen Waldgebiet in der Nähe von Ankarafantsika, im zentralen Nordwesten von Madagaskar gelegen, bekannt geworden. Dort leben die recht großen Erdchamäleons in der Laub- und Krautschicht sowie im niedrigen Gestrüpp. Das Klima zeichnet sich durch einen feucht-heißen Sommer und einen sehr kühlen und trockenen Winter aus. Während der Wintermonate verliert der Wald sein gesamtes Laub. *Brookesia decaryi* hat sich diesem Klima in der Weise angepaßt, daß die Art den Winter im Boden vergraben oder unter Wurzeln und Baumstämmen versteckt verbringt. Dieses Verhalten zeigen die Tiere auch im Terrarium.
Beschreibung: *Brookesia decaryi* erreicht eine maximale Gesamtlänge von 85 mm, wirkt aber durch seinen massigen Körperbau erheblich größer. Besondere Kennzeichen sind der große und breite Helm sowie die breite Rükkensäge, die sich selbst auf dem Schwanz noch fortsetzt. Die Färbung besteht meist aus einem Braunton. Deutlich erkennbar sind aber fast immer schwarze Flecken im Nacken sowie jeweils rechts und links von der Säge in der Körpermitte und kurz vor der Schwanzwurzel.
Pflege und Zucht: Die Art kann paarweise in Terrarien mit einer Kantenlänge von 50 cm gepflegt werden. Die Temperaturen sollten im Sommer 26°C nicht überschreiten und im Winter unter 20°C liegen, so daß die Tiere eine Winterruhe einlegen. Über eine geglückte Zucht liegen uns keine Informationen vor.

Mit einer Gesamtlänge von 8,5 cm zählt *Brookesia decaryi* zu den großen Erdchamäleons. Foto: W. Schmidt

Brookesia ebenaui (BOETTGER, 1880)

Verbreitung und Lebensraum: *Brookesia ebenaui* bewohnt ein riesiges Verbreitungsgebiet. Im einzelnen handelt es sich jedoch meist um voneinander isolierte Fundpunkte, die sich von der Nordspitze Madagaskars die gesamte Westküste entlang bis Tuléar sowie auf Gebiete in Zentral- und Ostmadagaskar erstrekken. Auch diese Art bewohnt ausschließlich die Laub- und Krautschicht der lichten Trockenwälder. Nur äußerst selten klettern die Tiere bis in eine Höhe von einem Meter ins Geäst. In der Natur legen sie während des kühlen und trockenen Südwinters eine Art inaktive Phase ein.

Beschreibung: Im Aussehen ähnelt die Art *Brookesia stumpffi*. Jedoch bleibt *Brookesia ebenaui* mit einer maximalen Gesamtlänge von 75 mm deutlich kleiner. Auch sind die Gliedmaßen kräftiger ausgebildet und mit wehrhaften Stachelschuppen übersät. Am einfachsten erkennt man *Brookesia ebenaui* an den großen Stachelschuppen vor der Kloakenöffnung. Die breite Rückensäge besteht aus nach beiden Seiten gerichteten, entlang des Rückenfirsts verlaufenden Reihen von Stachelschuppen. Sie verbreitert sich auf der Schwanzwurzel zu einem großen Karo, in dem sie auch endet. Die Art besitzt eine Tarnzeichnung, die an ein Flechten- oder Rindenmuster erinnert. Das Farbkleid weist braune, grüne, beige und rötliche Farbtöne auf.

Pflege und Zucht: Die Erdchamäleons werden paarweise in Terrarien der Größe L 40 x T 40 x H 40 cm gepflegt. Die Einrichtung sollte aus einer hohen Laubschicht, einigen Kletterästen und einer dichten Bepflanzung bestehen. Nach einer Tragzeit von ca. 40 Tagen legen die Weibchen ihre 2-5 Eier versteckt unter Rinde, Moosplatten etc. oder nur 1-3 cm tief vergraben im feuchten Erdreich ab. Die Eier müssen sofort aus dem Terrarium entnommen werden und sollten zur Zeitigung in leicht feuchtes Vermiculite gebettet werden. Bei Inkubationstemperaturen von 23-24°C schlüpfen die Jungtiere nach 65 Tagen. Die Aufzucht der etwa 22 mm großen Nachzuchten erfolgt einzeln in kleinsten Terrarien. Als Erstfutter nehmen die Babys Springschwänze, kleine *Drosophila* und frisch geschlüpfte Heimchen an.

Brookesia ebenaui Foto: W. Schmidt

Brookesia griveaudi BRYGOO, BLANC & DOMERGUE, 1974

Verbreitung und Lebensraum: Diese Chamäleons bewohnen nur den Nordosten Madagaskars, etwa das Gebiet zwischen Sambava und Maroantsetra. Dort leben sie sowohl in den Küstenwäldern als auch im Bergwald bis in eine Höhe von 800 Metern. Die Tiere leben hauptsächlich auf dem Erdboden in lockeren Aufschüttungen trockenen Fallaubs. Stellenweise ist diese Art sehr häufig. Das Klima ist warm und feucht.

Beschreibung: *Brookesia griveaudi* gehört mit einer maximalen Gesamtlänge von 110 mm zu den beiden größten Erdchamäleon-Arten. Der Körper ist schlank und langgestreckt. Die Chamäleons besitzen eine eher dunkle Färbung, die als schwarzbraun bezeichnet werden kann und auf der sie im unteren Körperbereich helle Flecken zeigen. Vereinzelt findet man auch hellbraune bis fast strohgelbe Tiere. Die Art trägt keinen Rückenkamm, die Rückensäge besteht aus 10 Dornenpaaren, die erst in einigem Abstand hinter dem Nacken beginnen.

Pflege und Zucht: Die Chamäleons können paarweise in Terrarien der Größe L50xT50xH40 cm gepflegt werden. Die Einrichtung sollte aus einer ca. 3 cm hohen Bodenschicht, auf die eine 5 cm hohe Laubschicht gegeben wird, und zahlreichen Kletterästen sowie einigen Rankpflanzen gebildet werden. Die Temperaturen sollten am Tag 25°C betragen und nachts leicht abfallen. Zweimal täglich muß das gesamte Terrarium überbraust werden, um die nötige hohe relative Luftfeuchtigkeit zu erreichen. Zur Fortpflanzung von *Brookesia griveveaudi* können wir leider noch keine Angaben machen.

Brookesia legendrei RAMANANTSOA, 1979

Verbreitung und Lebensraum: *Brookesia legendrei* ist nur von der dem Nordwesten Madagaskars vorgelagerten Insel Nosy Bé bekannt. Dort leben die Tiere in einem kleinen Restregenwaldgebiet, dem Reservat Lokobe.

Die Art nimmt innerhalb der Erdchamäleons einen besonderen Status ein, weil sie eigentlich den Namen Erdchamäleon gar nicht verdient. Die Tiere leben nur auf Bäumen, etwa in Höhen ab 5 Metern. Die einzigen *Brookesia legendrei*, die bisher am Boden gefunden wurden, waren Weibchen, die zur Eiablage herabgestiegen waren, oder frisch geschlüpfte Jungtiere.

***Brookesia legendrei* ist nur von der Insel Nosy Bé im Nordwesten Madagaskars bekannt.** Foto: W. Schmidt

Beschreibung: Die Art erreicht eine maximale Gesamtlänge von 70 mm. Die Körperform ist recht schlank und erinnert an ein Ästchen. Die sehr schmale Rückensäge setzt sich bis auf den

Schwanz fort. Besonders auffällig sind die großen Stachelschuppen auf der Schnauzenoberseite und an der Helmkante. Die Körperfärbung ist recht variabel und besteht meist aus verschiedenen Brauntönen.

Pflege und Zucht: Im Gegensatz zu den meisten *Brookesia*-Arten ist bei *Brookesia legendrei* die innerartliche Aggressivität stark ausgeprägt, so daß eigentlich nur eine Einzelhaltung in Frage kommt. Geeignet sind Terrarien ab einer Größe von L20xT20xH40 cm, wobei jedoch eine etwas bessere Lüftung als sie für die meisten anderen Erdchamäleons nötig wäre, vorhanden sein muß. Eine Vergesellschaftung mit anderen kleinen Terrarientieren ist möglich. Die Seiten und die Rückwand sollten mit Rinde beklebt sein, da sie den Chamäleons als natürliche Lauffläche dienen. Als Einrichtung dienen zahlreiche Kletteräste und einige Rankpflanzen. Die Tagestemperatur sollte etwa bei 26°C liegen. Einmal täglich wird das gesamte Terrarium überbraust, so daß die Tiere genügend Möglichkeiten haben, Flüssigkeit aufzunehmen. Als Futter eignen sich Fliegen, Wachs- und Mehlmotten sowie deren Raupen, kleine Heimchen usw.

Obwohl die Art im Terrarium zu den am leichtesten zu pflegenden Erdchamäleon-Arten gehört, ist über eine erfolgreiche Nachzucht nichts bekannt.

Brookesia minima (BOETTGER, 1893)

Verbreitung und Lebensraum: *Brookesia minima* bewohnt nur Nosy Bé, eine kleine nordwestlich vor Madagaskar gelegene Insel. In diesem Gebiet leben die winzigen Erdchamäleons in der Laubschicht kleiner Restbestände von Urwäldern. Sie bevorzugen lichtes Unterholz auf hartem Boden. Auf Nosy Bé herrscht feuchtheißes Küstenklima.

Beschreibung: *Brookesia minima* ist die kleinste bekannte Chamäleon-Art und eines der kleinsten Reptilien überhaupt. Ihre Körperform ist walzenartig, wobei sich der Kopf nicht deutlich vom Körper absetzt. Die Schnauze ist sehr kurz und steil abwärts gerichtet. Die Beschuppung ist unregelmäßig. Über den ganzen Körper verlaufen wellig gekrümmte Längsreihen von kleinen Runzeln, besonders der Helm ist grob gerunzelt. Den Rücken entlang läuft beidseitig je eine Reihe kleiner Stacheln, die sich am Schwanz langsam auflösen. Die Grundfärbung ist sehr variabel; die Tiere können grüne, braune und graue Farbtöne annehmen. Die Zeichnung besteht häufig aus Längsstreifen. Selten haben die Tiere ein einfarbiges oder flechtenähnliches Farbkleid. Häufig ist die Helmfront intensiv beige gefärbt. Ungeklärt ist noch die Fra-

Brookesia minima ist die kleinste Chamäleonart. Foto: W. Schmidt

ge, wozu der leuchtende Fleck auf der Stirn dient. Es wäre möglich, daß er zur innerartlichen Kommunikation oder zum Anlocken von Insekten dient. Unser größtes Weibchen maß 33 mm, das größte Männchen 28 mm. Frisch geschlüpfte Jungtiere haben eine Größe von 14,5-15,5 mm. Die Männchen sind mit Hilfe einer Lupe leicht an der verdickten Schwanzwurzel zu erkennen. Außerdem sind sie kleiner und im Körperbau wesentlich flacher als die Weibchen.

Pflege und Zucht: Trotz ihrer Winzigkeit benötigen die Erdchamäleons ein geräumiges Terrarium. Als günstig erwiesen sich Behälter mit einer Kantenlänge von 30 cm für eine Gruppe von 1,2 adulten Tieren. Die innerartliche Aggressivität ist relativ schwach ausgebildet. Nur zwischen den Männchen, die keinesfalls miteinander vergesellschaftet werden dürfen, konnten ernsthafte Drohgebärden beobachtet werden. Hingegen haben sich Gruppen von einem Männchen und mehreren Weibchen in einem „großen" Terrarium immer gut vertragen.

Beleuchtet werden die Terrarien mit einer Leuchtstoffröhre. Strahler und direkte Sonneneinstrahlung werden von den Tieren gemieden. Es ist gut zu wissen, daß die Temperaturen im natürlichen Biotop am Boden niedriger sind und die Luftfeuchtigkeit höher ist als aus den Klimadaten ersichtlich wird. Die benötigte relative Luftfeuchtigkeit von 80-100% erreicht man durch sehr häufiges Übersprühen des gesamten Terrariums und durch kleine Lüftungsflächen. Die Temperaturen können tagsüber zwischen 23 und 25°C schwanken, wobei aber 25°C nicht überschritten werden sollten. Die Nachtabsenkung sollte 6°C betragen. Der Bodengrund ist aus Gartenerde oder Lehm zusammenzusetzen. Auf keinen Fall darf man Lecatonkugeln (Hydrokultur) verwenden, weil an den trockenen Kugeln die Zungen der kleinen Chamäleons hängen bleiben können und die Tiere elendig sterben. Bei der Einrichtung muß eine Laubschicht oder eine entsprechende Imitation immer vorhanden sein. Die Imitation kann aus Rinden- und Korkstücken, die auf dem Boden gehäuft sind, bestehen. Die sonstige Ausstattung der Terrarien besteht aus vielen dünnen Ästen und einigen kleinen Rankenpflanzen.

Das wohl schwierigste Thema bei der Haltung von *Brookesia minima* ist die Ernährung. Adulte Tiere fressen kleine *Drosophila*, Blattläuse, weiße Fliegen, Springschwänze und alles, was sich an Kleinstinsekten in einem Terrarium befindet. Kleine Heimchen sollte man besser nicht verfüttern, da diese nach wenigen Tagen die Erdchamäleons als Futter betrachten könnten und auch den Eiern nachstellen. Alle Futtertiere müssen wegen der doch recht einseitigen Kost häufig und in kleinen Mengen gut mit Korvimin ZVT eingestäubt verfüttert werden. Ihren Wasserbedarf dekken die Chamäleons ausschließlich durch Auflecken von Sprühwasser. Als Futter für die etwa 15 mm großen Nachzuchten eignen sich nur junge Blattläuse und junge Springschwänze, die immer in großen Mengen im Aufzuchtbehälter vorhanden sein müssen.

Das Balzverhalten von *Brookesia minima* ist sehr ausgeprägt und unterscheidet sich stark von dem der anderen Chamäleon-Arten. Das Männchen umwirbt das Weibchen mit Kopfnicken und ruckenden Bewegungen. Ist das Weibchen nicht paarungsbereit, macht es einige heftige Seitwärtsbewegungen, woraufhin das Männchen die Balz abbricht. Ist das Weibchen jedoch paarungsbereit, läuft es den ganzen Tag zusammen mit dem Männchen durch das Terrarium. Nach einiger Zeit heftigen Umwerbens klettert das Männchen auf den Rücken des Weibchens und läßt sich im Terrarium umhertragen. Dieses Verhalten erinnert stark an das Umklammern bei den Fröschen und Kröten. Am Ende des Tragens steht immer die Paarung, die spät abends oder nachts stattfindet. Dabei schiebt das Männchen seinen Schwanz unter den des Weibchens, ohne ihn dabei abzuwinkeln. Die eigentliche Kopulation dauert bis zu einer halben Stunde.

Die frisch gelegten Eier haben nur eine Größe von ca. 2,5x1,5 mm, und es ist äußerst schwierig, sie im Terrarium zu finden. Deshalb ist es unumgänglich, die Bodenbedingungen so zu gestalten, daß sich die Eier dort entwickeln können. Wichtigste Voraussetzung ist ein Feuchtigkeitsgefälle im Bodengrund, so daß sich die Tiere eine Stelle mit geeigneter Substratfeuchte für die Eiablage aussuchen können. Wir setzen dafür

einen doppelten Boden schräg ins Terrarium, auf den ca. 3 cm sterile Gartenerde gelegt wird. Auf diese Weise gelang die Nachzucht ohne Entnahme der Eier aus dem Terrarium und ohne beondere Zeitigungsmethoden.
Zwischen einer beobachteten Paarung und einem damit im Zusammenhang stehenden Schlupf lagen etwa 4 Monate. Die im Terrarium geschlüpften Nachzuchttiere müssen sofort entfernt werden, um sie einzeln in Kleinstterrarien aufzuziehen. Eine gemeinsame Aufzucht mehrerer Jungtiere, auch in größeren Terrarien, ist nicht möglich. Die innerartliche Aggressivität ist stärker ausgeprägt als bei den adulten Tieren. Die Tagestemperatur sollte etwa 22°C betragen. Jeden Tag werden die Kleinstterrarien zweimal übersprüht und, wenn nötig, werden neue Springschwänze hineingegeben. *Brookesia minima* erreicht ein Alter von über 2 Jahren.

Brookesia nasus BOULENGER, 1887

Verbreitung und Lebensraum: *Brookesia nasus* bewohnt den Südosten und das zentrale Hochland Madagaskars. Die Art ist ein reiner Regenwaldbewohner von der Meereshöhe bis zur Waldgrenze in 1400 Metern Höhe. Der dortige Regenwald läßt sich in drei Vegetationszonen einteilen. Zunächst die Baumkronen, die nicht sehr dicht sind und somit genügend Licht für eine dicht bewachsene Mittelschicht und eine üppige Krautschicht durchlassen. Die Erdchamäleons leben in den Büschen der Mittelschicht, meist an lichteren Stellen, wie z.B. in der Höhe von Bachläufen usw. Man findet sie in Höhen ab ca. 3 Metern über dem Boden.
Beschreibung: *Brookesia nasus* ähnelt im Aussehen sehr stark einem verwelkten Blatt. Damit ähnelt die Art mehr *Rhampholeon spectrum* als den übrigen madagassischen *Brookesia*-Arten. Die Tiere erreichen eine Gesamtlänge von 60 mm, wovon etwas weniger als ein Drittel auf den Schwanz entfällt. Auffälligstes Kennzeichen sind zwei an der Oberlippe horizontal vorspringende große Dornenschuppen. Die Färbung besteht aus unterschiedlichen Brauntönen, meist zeigen sie eine Art Rautenmuster.
Pflege und Zucht: Der Behälter für ein Pärchen sollte nicht zu klein gewählt sein. Wichtig ist es, auf eine gute Lüftung zu achten und gleichzeitig für eine hohe relative Luftfeuchtigkeit zu sorgen. Bislang liegen noch keine Informationen zur Zucht vor.

Brookesia perarmata (ANGEL, 1933)

Verbreitung und Lebensraum: Die Art ist bisher nur auf einem Hochplateau im zentralen Westen Madagaskars gefunden worden. Den Lebensraum bildet ein recht eigentümlicher, in einer Höhe von 200 bis 300 Metern gelegener Trockenwald, der schon vor langer Zeit unter strengen Schutz gestellt wurde (Réserve Naturelle des Tsingy de Namovoka). Das Gebiet zeichnet sich durch ein ganz eigenes Klima aus. Im Sommer ist es heiß mit einer kurzen Regenzeit, während der alles unter Wasser steht, und im Winter ist es kühl und sehr trocken. Als Anpassung an dieses Klima verbringen die Erdchamäleons den Winter und die Trockenperioden im Boden vergraben.
Brookesia perarmata lebt in den Büschen und auf den Bäumen der lichten Wälder. Besonders morgens steigen sie hoch ins Geäst, um sich von den ersten Sonnenstrahlen aufwärmen zu lassen.
Beschreibung: *Brookesia perarmata* ist sicherlich das eindrucksvollste Erdchamäleon. Mit einer

maximalen Gesamtlänge von 110 mm ist es eine der beiden größten bekannten *Brookesia*-Arten. Der Körperbau ist kräftig und gedrungen, fast walzenförmig. Von ihm hebt sich der durch große Stachelschuppen stark verbreiterte Helm deutlich ab. Sehr auffällig ist auch die bis zu 23 mm breite, im Nakken beginnende und auf der Schwanzwurzel endende Rückensäge. Der Schwanz, die Körperseite und die Gliedmaßen sind mit großen Dornenschuppen besetzt. Aufgrund dieser urtümlichen Besonderheiten gilt *Brookesia perarmata* als die bizarrste Chamäleon-Art. Äußerlich betrachtet erinnern die Tiere an den australischen Dornenteufel.

Pflege und Zucht: Die Art kann paarweise in Terrarien mit einer Kantenlänge von 50 cm gepflegt werden. Die Ausstattung sollte aus einer hohen Bodenschicht, zahlreichen Kletterästen und einigen Rankpflanzen bestehen. Die Tageshöchsttemperatur sollte bei 26°C liegen, wobei jedoch ein kleiner Strahler vorhanden sein muß, unter dem sich die Tiere jederzeit weiter aufwärmen können. Nachts muß die Temperatur um einige Grade abfallen.

***Brookesia perarmata* wird bis zu 11 cm groß.** Foto: W. Schmidt

Wichtigste Voraussetzung für die Zucht ist das Simulieren der Jahrezeiten. Die Tiere benötigen eine kühlere und trockenere Haltungsphase von wenigstens 2 Monaten bei Tagestemperaturen von 20°C. Dies erreicht man durch Abschalten des Strahlers und indem man nur noch einmal morgens kurz zur Tausimulation sprüht. Die Weibchen legen ihre Gelege unter Rindenstücken, Moosplatten, Steinen usw., aber auch in selbstgegrabenen Höhlen ab.

Brookesia peyrierasi BRYGOO & DOMERGUE, 1975

Verbreitung und Lebensraum: Die Art ist bisher nur im zentralen Nordosten von Madagaskar gefunden worden. Sie lebt in den Regenwäldern um Maroantsetra und auf der vorgelagerten Insel Nosy Mangabe. Dieses Gebiet gilt als die regenreichste Region Madagaskars. Die Jahresniederschlagsmengen liegen bei weit über 6000 mm. Fast jeden Tag gibt es gewitterähnliche Niederschläge.

Beschreibung: *Brookesia peyrierasi* besitzt einen walzenförmigen, kräftigen Körperbau. Auffallend sind der leicht erhöhte Rückenkamm, die nur angedeutete Rückensäge und die zahlreichen Runzeln auf der Schnauzenoberseite. Das Farbkleid besteht aus verschiedenen Brauntönen. Sehr selten zeigen die Tiere ein flechtenartiges Muster, meist sind sie einfach braun gefärbt.

Pflege und Zucht: Die kleinen Erdchamäleons sollten paarweise in Terrarien mit einer Mindestgröße von L20xT20xH20 cm gepflegt werden. Niemals können zwei Männchen in einem Terrarium vergesellschaftet werden. Die Einrichtung sollte aus einer dünnen Bodenschicht bestehen, auf der sich eine ca. 5 cm hohe Laubschicht befindet. Zweimal täglich, am bestens morgens und abends, wird das gesamte Terrarium überbraust. Die Temperatur darf 26°C nicht überschreiten. Ernährt werden die Chamäleons mit Springschwänzen und kleinen *Drosophila*. Die Zucht ist uns bislang noch nicht gelungen.

Auch *Brookesia peyrierasi* hat bequem auf einem Streichholz Platz.
Foto: W. Schmidt

Brookesia ramanantsoai BRYGOO & DOMERGUE, 1975

Verbreitung und Lebensraum: *Brookesia ramanantsoai* ist der Vertreter aus der *Brookesia minima*-Gruppe im zentralen Osten Madagaskars. Die Tiere leben ausschließlich auf dem Boden und in der Laub- und Krautschicht der dichten Regen- und Bergwälder in Höhenlagen von 800 bis 1300 Metern. Sehr häufig findet man die Tiere im Raum Andasibe. Das Gebiet zeichnet sich durch ein eher gemäßigtes Klima aus. Die Sommer sind feucht-warm und die Winter feucht-kalt. Nur äußerst selten gehen die Temperaturen außerhalb des Regenwaldes einmal unter die 0°C-Grenze.

Beschreibung: Die nur 44 mm groß werdende Art hat einen sehr schlanken Körperbau. Von ihm hebt sich deutlich die recht breite Rückensäge ab, die bis auf den Schwanz reicht. Die Chamäleons sind sehr variabel gezeichnet. Besonders häufig zeigen sie ein rinden- oder flechtenartiges Muster. Die Farbpalette umfaßt braune und beige Farbtöne.

Das schlanke Erdchamäleon *Brookesia ramanantsoai* wird nur etwa 4,5 cm groß.

Pflege und Zucht: Ein Terrarium zur Pflege eines Paares muß etwa eine Kantenlänge von 20 cm aufweisen. Die Einrichtung sollte aus einer 3 cm hohen, relativ festen und immer leicht feuchten Bodenschicht bestehen, auf die eine ca. 5 cm hohe Laubschicht aufgetragen wird. Einige Kletteräste sowie eine Rankpflanze, z.B. *Ficus pumila*, vervollständigen die Einrichtung. Die Tagestemperaturen sollten im Sommer bei 23-25°C liegen und im Winter 18°C nicht übersteigen. Eine Nachtabsenkung ist ebenso erforderlich wie eine hohe relative Luftfeuchtigkeit. Als Futter eignen sich Springschwänze, Fruchtfliegen und kleinste Heimchen. Zur Fortpflanzung liegen uns keine Angaben vor.

Brookesia stumpffi (BOETTGER, 1894)

Verbreitung und Lebensraum: Das Erdchamäleon bewohnt den Norden und Nordwesten Madagaskars sowie die vorgelagerte Insel Nosy Bé. Das Biotop umfaßt die Laubschicht und das niedrige Gebüsch der Urwälder, teilweise dringt diese Art auch in verwilderte Kaffeeplantagen vor. Allgemein herrscht im Verbreitungsgebiet feuchtheißes Küstenklima. Die Tagestemperaturen betragen im Durchschnitt 23-28°C. Die Tageshöchstwerte sind im Südsommer enorm, die Temperaturen im natürlichen Biotop aber niedriger.

Beschreibung: *Brookesia stumpffi* hat einen walzenförmigen Körper, der mit kleinen Stachelschuppen übersät ist. Auf dem Rücken sind paarweise große, flache Stacheln angeordnet, die nach den Seiten gerichtet sind. Der Helm ist flach gewölbt und am Hinterkopf und über den Augen mit größeren Stacheln besetzt. Von weitem wirkt das Tier wie ein verdorrtes Blatt. Die Grundfärbung ist braun, aber auch rötlich oder sogar olivgrün und kann sich je nach Stimmungslage aufhellen oder verdunkeln. Während der Paarungszeit zeigen die Männchen ein flechtenartiges Zeichenmuster mit braunen, grauen und grünen Farbtönen. *Brookesia stumpffi* erreicht eine maximale Größe von fast 10 cm.

Pflege und Zucht: Man hält die Erdchamäleons einzeln in Terrarien der Mindestgröße L20 x T30 x H30 cm. Die Lüftungsgitter sollten nicht zu groß gewählt sein, damit die relative Luftfeuchtigkeit nicht zu stark absinkt. Es darf aber auch keine Stickluft entstehen. Die Temperaturen sollten tagsüber 23-28°C und nachts 17-20°C betragen. Mehrmaliges tägliches Überbrausen des gesamten Terrariums ist notwendig. Bei der Einrichtung muß man unbedingt für viele geschützte Versteckplätze in Form einer Laubschichtimitation aus zerbrochenen Korkplatten sorgen.

Brookesia stumpffi frißt alle üblichen Futterinsekten bis zu einer Größe von etwa einem Zentimeter. Besonders beliebt sind Stubenfliegen und frisch geschlüpfte Heuschrecken. Die günstigste Fütterungszeit ist der Morgen, wenn die Tiere aktiv durchs Terrarium laufen und nach Futter suchen. Die Erdchamäleons erhalten soviel Futter, wie sie wollen. Überzählige Futtertiere sollten keinenfalls im Terrarium verbleiben, da sie den Eiern nachstellen. Es erfordert einige Beobachtungen, die richtige Futtermenge abzuschätzen. In jedem Terrarium sollte ein kleines Schälchen mit Sepiastücken oder z. B. Kalzan D3 zur Deckung des Kalkbedarfs vorhanden sein. Es konnten wiederholt Tiere bei der Kalkaufnahme beobachtet werden. Das Trinkbedürfnis wird ausschließlich durch Auflecken von Sprühwasser gedeckt. Viele Erdchamäleons tranken auch sehr gerne aus Blattachseln, wie sie zum Beispiel Bromelien besitzen.

Brookesia stumpffi ist die heute am häufigsten gehaltene und nachgezogene Erdchamäleon-Art. Wir selbst ziehen sie bereits in der vierten Generation nach. Die innerartliche Aggressivität der Tiere ist sehr stark ausgeprägt. So wird ein Artgenosse nicht wie bei anderen Chamäleons durch ein neutrales Nicken, sondern sofort durch Mauldrohen und Vor- und Zurückschaukeln begrüßt. Erst nach einiger Zeit überprüfen zumindest die Männchen die Geschlechtszugehörigkeit des anderen Erdchamäleons. Ist das andere auch ein

Männchen, kann es zu einer Beißerei kommen, in der die Rangordnung ausgemacht wird. Wird das andere Erdchamäleon als Weibchen erkannt, was unter Umständen Stunden dauern kann, unterläßt das Männchen jedes Drohverhalten. Es verliert nun meist die braune Färbung und zeigt ein flechtenartiges Muster. Unter Kopfnicken und ruckenden Bewegungen verfolgt es das Weibchen. Nach kurzer Zeit erkennt das Männchen, ob das Weibchen paarungsbereit ist oder nicht. Im letzteren Fall bricht es das Werben ab. Danach konnten keine neuen Drohverhaltensweisen gegenüber dem Weibchen beobachtet werden. Als Abwehrreaktion von nicht paarungsbereiten Weibchen konnte wiederholt ein Kopfwakkeln beobachtet werden. Ab der Eiablage und manchmal auch schon vorher laufen die Männchen nur noch in Balzfärbung hinter dem Weibchen her. Man sieht nun die Tiere den ganzen Tag nahe beieinander sitzen. Die Männchen versuchen immer wieder, die Weibchen zu begatten, ihre Bemühungen sind aber erst gegen Abend erfolgreich. Vor der eigentlichen Kopulation läuft das Männchen ruckend und kopfnickend um das Weibchen herum und hält immer Körperkontakt, schließlich klettert es von hinten auf. Die Kopulation dauert ca. 10 Minuten.

Etwa 40 Tage nach der Paarung legt das Weibchen 2-5 Eier. Meist hält es sich bereits einige Tage vor der Ablage nur noch auf dem Boden auf und sucht nach einem idealen Eiablageplatz. Als günstig hat es sich erwiesen, das Weibchen etwa 14 Tage nach der Eiablage zusammen mit einem Männchen in ein sehr großes, mit vielen Verstecken ausgestattetes Terrarium zu setzen und die Tiere solange zusammen zu pflegen, bis man entweder eine Paarung beobachtet hat oder sieht, daß das Weibchen wieder trächtig ist. Die Paarung findet

Durch ihre Körperform und Färbung sind die Erdchamäleons in ihrem Lebensraum ausgezeichnet getarnt. Auch das abgebildete *Brookesia stumpffi* ist im Bodenlaub kaum auszumachen. Foto: W. Schmidt

meist 20-40 Tage nach der Eiablage statt. Die Eier müssen sofort aus dem Terrarium entnommen werden und in eine kleine, mit stark angefeuchtetem Vermiculit gefüllte Dose überführt werden. Gute Schlupfergebnisse erzielt man, wenn man die Eier bei schwankenden Zimmertemperaturen zwischen 18°C und 22°C zeitigt. Die Jungtiere schlüpfen nach etwa 50-60 Tagen. Wärmer als 25°C gezeitigte Eier entwikkelten sich nicht vollends. Auffallend war, daß wir nur Nachzuchten mit einer Inkubationszeit von mehr als 45 Tagen bis zur Geschlechtsreife heranziehen konnten. Die Aufzucht der Jungtiere ist problemlos. Als erstes Futter sind Springschwänze (ca. 1 Woche) unumgänglich, zusätzlich sollten aber bereits Blattläuse und *Drosophila* angeboten werden. Die ideale Aufzuchttemperatur liegt bei etwa 22°C, wobei sich Temperaturen von 28°C und mehr als tödlich erwiesen haben. Die Chamäleons erreichen ein maximales Lebensalter von 3-4 Jahren.

Brookesia superciliaris (KUHL, 1820)

Brookesia superciliaris
Foto: W. Schmidt

Verbreitung und Lebensraum: Die Art besitzt ein großes Verbreitungsgebiet, das sich über die gesamte Ostküste Madagaskars, etwa von Meereshöhe bis in Lagen von über 1000 Metern, erstreckt. Außerdem gibt es noch eine kleine isolierte Population auf der Insel St. Marie. Der Lebensraum dieser Chamäleons sind die immergrünen Regenwälder. Man findet sie dort in der Laub- und Krautschicht, aber auch im niedrigen Geäst etwa bis in eine Höhe von einem Meter.

Beschreibung: *Brookesia superciliaris* zählt zu den bekanntesten Erdchamäleon-Arten. Die Tiere werden mit einer maximalen Gesamtlänge von 100 mm sehr groß und erinnern in ihrem Aussehen stark an ein vertrocknetes Blatt. Besonders auffallend sind das hohe Rückensegel, die entlang des Rückenfirsts verlaufende schmale Rückensäge, die großen Stachelschuppen über den Augen und die 4 einzeln stehenden Stachelschuppen an der Schnauzenunterseite. Die Färbung ist dem Lebensraum angepaßt. Die Chamäleons zeigen braune, graue, olivgrüne, rötliche und sehr dunkle Farbtöne, wobei der Bauch meist hell abgesetzt ist. Als Hochzeitskleid zeigen die Männchen eine flechtenartige Musterung.

Pflege und Zucht: Die Art ist recht verträglich und kann paarweise in Terrarien mit den Maßen L30xT30xH40 cm gepflegt werden. Es muß jedoch immer eine dichte Bepflanzung vorhanden sein. Die Temperaturen sollten am Tag im Sommer zwischen 22°C und 25°C betragen und im Winter (ca. 2 Monate) 18°C nicht übersteigen (letzteres gilt nur für die Hochlandtiere). Nachts sind die Temperaturen immer um einige Grade abzusenken. Ideal wäre eine relative Luftfeuchtigkeit zwischen 70 und 100%. Werden die Tiere im Winter kühler gehalten, so legen sie eine inaktive Phase ein. Diese kann (besonders für die Hochlandformen) unabdingbare Voraussetzung für eine erfolgreiche Nachzucht sein. Etwa 45 Tage nach der Paarung verstecken die Weibchen ihre Gelege unter Laub, Moos, Rindenstücken usw. Regelrechte Gänge graben sie nur äußerst selten. Da die Eier einfach nur auf das Substrat gelegt werden, muß der Bodengrund immer recht feucht gehalten werden. Die 2 bis 5 Eier sollten in leicht feuchtem Vermiculite bei Zimmertemperaturen (nicht über 25°C und nicht unter 18°C) gezeitig werden. Wegen des recht großen Verbreitungsgebietes dürfte es aber regionale Unterschiede geben. Unter den genannten Bedingungen schlüpfen die Babys nach spätestens 70 Tagen. Die Schlüpflinge sind etwa 18-22 mm groß. Ihre Aufzucht sollte einzeln in kleinen Terrarien erfolgen. Als Erstfutter eignen sich Springschwänze und kleine Fruchtfliegen. Die Geschlechtsreife erreichen die Tiere in einem Alter von 9 Monaten.

Brookesia therezieni BRYGOO & DOMERGUE, 1970

Verbreitung und Lebensraum: Die Art ist bisher nur auf dem Hochplateau (ca. 800 Meter hoch gelegen) in der Gegend um Andasibe bekannt geworden. Die Tiere sind strenge Waldbewohner, die sowohl in der Laub- und Krautschicht als auch im Geäst bis in eine Höhe von etwa 3 Metern vorkommen.

Beschreibung: *Brookesia therezieni* ist mit einer maximalen Gesamtlänge von 90 mm eine recht große Erdchamäleon-Art. Ihre auffallendsten Kennzeichen sind die große Rückensäge, die sich bis auf den Schwanz fortsetzt, und die großen Dornenschuppen auf der Schädeloberseite. Die Färbung besteht aus verschiedenen Brauntönen.

Pflege und Zucht: Auch diese Art läßt sich in Terrarien, die mit einer hohen Laubschicht und einigen Kletterästen ausgestattet sind, gut pflegen. Die Temperatur sollte 24°C nicht überschreiten. Zweimaliges tägliches Überbrausen des gesamten Terrariums ist dem Wohlergehen der Tiere sehr zuträglich. Bislang ist uns die Nachzucht noch nicht geglückt.

Brookesia therezieni Foto: W. Schmidt

Brookesia thieli BRYGOO & DOMERGUE, 1969

Verbreitung und Lebensraum: *Brookesia thieli* bewohnt den zentralen Osten Madagaskars. Das Verbreitungsgebiet ist etwa 800 bis 1400 Meter hoch über dem Meeresspiegel gelegen.

Brookesia thieli Foto: W. Schmidt

Dort leben die Erdchamäleons nur im dichten Urwald, wobei man sie sowohl in der Laub- und Krautschicht als auch in Höhen bis zu 3 Metern finden kann. Das Gebiet zeichnet sich durch ein kühles und feuchtes Klima aus.

Beschrcibung: Die Art erreicht eine maximale Gesamtlänge von 70 mm. Ihr Körper ist seitlich stark zusammengedrückt und die Rückensäge nur schwach ausgeprägt. Am Augenbrauenrand besitzt *Brookesia thieli* 2 große Höcker, die bis zur Schnauzenspitze und darüber reichen können. Die Färbung besteht aus verschiedenen schmutzigen Brauntönen und macht die Tiere auf ihren Ästchen nahezu unsichtbar. Nur selten zeigen die Chamäleons eine Streifenzeichnung aus beigen und braunen Farbtönen und einen schwarzweiß gestreiften Flecken im Nakkenbereich.

Pflege und Zucht: Wegen der ausgeprägten innerartlichen Aggressivität sollte die Art maximal paarweise oder in Gruppen aus einem Männchen und mehreren Weibchen gepflegt werden. Niemals dürfen 2 Männchen vergesellschaftet werden. Zur Pflege eines Paares sollte das Terrarium etwa L30xT30xH30 cm groß sein. Entsprechend dem Klima dürfen die Tagestemperaturen im Sommer 24°C und im Winter 18°C (für ca. 2 Monate) nicht überschreiten. Nachts sollten die Temperaturen immer um einige Grade abfallen. Die Art benötigt eine hohe relative Luftfeuchtigkeit.

Auch bei *Brookesia thieli* trägt das Weibchen das Männchen während der Balz einige Stunden auf ihrem Rücken durch das Terrarium, ehe es spät abends oder nachts im Schutz der Dunkelheit zur Paarung kommt. Etwa 30 Tage später legen die Weibchen ihre aus bis zu 4 Eiern bestehenden Gelege in Spalten unter Rindenstücken, Moosplatten, Laub oder Steinen ab. Die Eier sollten aus dem Terrarium entnommen und in leicht feuchtem Vermiculit bei Zimmertemperatur gezeitigt werden. Unter diesen Bedingungen schlüpfen die winzigen Jungtiere nach 39-45 Tagen. Die Aufzucht der Stummelschwanzchamäleons erfolgt einzeln in Kleinstterrarien. Dabei ist unbedingt für genügend winziges Futter wie Springschwänze und kleine Fruchtfliegen zu sorgen. Die Temperaturen sollten 23°C nicht übersteigen.

Brookesia tuberculata MOCQUARD, 1894

Verbreitung und Lebensraum: *Brookesia tuberculata* bewohnt nur die Montage d´Ambre an der Nordspitze Madagaskars. Die kleine *Brookesia*-Art, sie erreicht nur eine maximale Gesamtlänge von 34,5 mm, lebt dort ausschließlich im trockenen Laubstreu der feuchten Bergwälder. Die Art wurde in Höhenlagen von 800-1300 Metern gefunden. Bekanntester Fundort ist die Station Les Roussettes im Park.

Beschreibung: *Brookesia tuberculata* weist einen walzenförmigen Körperbau ohne Rückenkamm oder Rückensäge auf. Einziges leicht erkennbares Unterscheidungsmerkmal zu den anderen Arten aus der *Brookesia minima*-Gruppe ist der verlängerte Schädel. Die Färbung besteht aus braunen, beigefarbenen und leicht grünlichen Farbtönen. Sehr selten weisen die Tiere eine Art Längsstreifung auf.

Pflege und Zucht: Die Art sollte am besten paarweise in kleinen Terrarien gepflegt werden. Die Einrichtung kann aus einer ca. 2 cm hohen Erdschicht, auf die eine hohe Laubschicht gelegt wird, einigen Kletterästen sowie kleinblättrigen Rankpflanzen wie *Ficus pumila* bestehen. Die Tageshöchsttemperaturen dürfen 25°C nicht überschreiten und sollten nachts immer leicht abfallen. Mindestens einmal täglich wird das gesamte Terrarium überbraust. Über eine geglückte Zucht ist uns noch nichts bekannt.

Brookesia vadoni BRYGOO & DOMERGUE, 1968

Ein auch farblich ansprechendes Erdchamäleon ist *Brookesia vadoni*.
Foto: W. Schmidt

Verbreitung und Lebensraum: Bisher wurde die Art nur im Nordosten Madagaskars gefunden. Bekanntester Fundort ist das Vallée de la Iarala auf der völlig unzugänglichen und unerforschten Halbinsel Masuala. *Brookesia vadoni* lebt in Höhenlagen von 600-1000 Metern. Das Verbreitungsgebiet gehört zu den regenreichsten Regionen Madagaskars. Die durchschnittliche Anzahl der Regentage im Jahr liegt bei über 330. Die Chamäleons sind Regenwaldbewohner, die man aber auch an Waldrändern und auf Lichtungen antreffen kann. Dort leben die Tiere in der Laub- und Krautschicht, klettern aber gelegentlich auch höher ins Geäst. Ihr bevorzugter Lebensraum ist die Rinde dicker, vermooster Urwaldriesen.

Beschreibung: *Brookesia vadoni* ist bisher die einzige bekannte *Brookesia*-Art, die ein ausgeprägtes Farbmuster aus leuchtend hellblauen, grünen, gelben, weißen und vereinzelt sogar roten Farbtönen zeigt. Die gesamte Farbpalette besitzen jedoch nur die Männchen, die Weibchen sind meist wesentlich trister gefärbt. Sie zeigen auf braunem Grund nur eine grüne, an Flechten erinnernde Zeichnung. Die Art weist einen recht schlanken, langgestreckten Körperbau auf, wobei die breite Rückensäge bis auf den Schwanz reicht. Besonders auffallend sind die enorm vergrößerten Stachelschuppen über den Augen. Die Chamäleons erreichen eine Größe von 60 mm.

Pflege und Zucht: Die Art kann paarweise in geräumigen Terrarien gepflegt werden. Lediglich auf eine dichte Bepflanzung ist unbedingt zu achten. Die Temperaturen sollten bei 23-25°C am Tage liegen und nachts leicht abfallen. Das gesamte Terrarium muß mehrmals täglich überbraust werden, da die Chamäleons eine hohe relative Luftfeuchtigkeit benötigen. Zur Zucht liegen uns noch keine Informationen vor.

12.2 Gattung: *Rhampholeon*

Rhampholeon boulengeri STEINDACHNER, 1911

Verbreitung und Lebensraum: Dieses Stummelschwanzchamäleon kommt in Zentral- und Ostafrika vor. Man fand es interessanterweise auch auf den Inseln im Kiwu-See, auf die es vielleicht durch angeschwemmte Äste gelangt ist.

Beschreibung: Die Art hat einen kurzen, kleinen und kegelförmigen Schnauzenfortsatz. Die Augenbrauenfortsätze sind durch eine Querleiste verbunden. Der Helm ist niedrig, die Beschuppung heterogen. Einige wenige größere Tuberkel sind stachelartig zugespitzt.

Noch weitgehend unbekannt sind die Anforderungen, die *Rhampholeon boulengeri* an die Pflege im Terrarium stellt. Foto: W. Schmidt

Die braune Färbung, der Nasenfortsatz und die geringe Größe von ca. 80 mm (Männchen und Weibchen) lassen die Tiere welken Blättern ähnlich sehen.

Pflege und Zucht: Leider ist über die Haltung und Zucht nichts bekannt. *Rampholeon boulengeri* kommt im Regenwald in Höhenlagen bis auf 800 Meter vor, so daß man aus diesen Angaben vernünftige Haltungsbedingungen ableiten kann.

Rhampholeon brevicaudata (MATSCHIE, 1892)

Verbreitung und Lebensraum: *Rhampholeon brevicaudata* findet man in Ostafrika, genauer gesagt in den Usambara- und Ulunguru-Bergen von Tansania, findet man.

Beschreibung: Der Hinterkopf wirkt bei diesen Tieren wie zusammengedrückt. Die dadurch entstehenden beiden Falten stoßen auf der Mittellinie in einem sehr spitzen Winkel zusammen. An der Kehle befinden sich einige Kegelschuppen. Auf den Unterarmen sitzen zwei Stachelschuppen. Die Körperbeschuppung besteht aus ungleich großen Körnerschuppen. An den Seiten befinden sich dunkle Längsstreifen. Die Tiere zeigen wie fast alle *Rhampholeon*-Arten eine braune Färbung in verschiedenen Stufen. Der Körper hat die Form eines Blattes. Auch bei dieser Art erreichen Männchen und Weibchen fast die gleiche Länge von ca. 95 mm. Der Schwanz ist auffallend kurz.

Pflege und Zucht: BARBOUR & LOVERIDGE (1928) machten bei dieser Art einige Freilandbeobachtungen. Sie stellten fest, daß in der Zeit von September bis Oktober 4-6 Eier vergraben wurden. Diese hatten einen Durchmesser von 10x6 mm. Die Untersuchungen ergaben ebenfalls, daß die Tiere im Magen Reste von Spinnen, Grashüpfern und Heuschrekken hatten.

Ein etwa anderthalb Jahre im Terrarium gehaltenes weibliches Exemplar dieser Art hatte eine Gesamtlänge von 60 mm. Davon entfielen 10 mm auf den Schwanz. Das Gewicht des Tieres betrug etwa 5 g. Es wurde bei einer Temperatur von tagsüber ca. 25°C und bei einer maximalen Nachttemperatur von 17°C gehalten. Das Terrarium (L 30 x T 30 x H 30 cm) wurde durch eine Leuchtstoffröhre (11 W) und einen 25 W-Strahler beleuchtet. Der Strahler war auch die einzige Wärmequelle. *Drosophila*, kleine Heimchen, kleine Grillen und junge Heuschrecken sowie Stubenfliegen bildeten das Futter. Dieses Tier leckte die Tropfen

nach dem Sprühen der Pflanzen von den Blättern ab.
Beim Anfassen des Tieres war gelegentlich ein leichtes Vibrieren zu spüren. Das Weibchen erzeugte diese „Vibrationen" besonders in den Fällen, in denen es sich durch längeres Festhalten in der Hand oder durch plötzliches Anfassen gereizt oder bedroht fühlte. Am 21.11.86 gelangte ein Männchen dazu (GL = 75 mm, SL = 15 mm, Gew. = 10 g). Beide Tiere wurden sich auf einer Hand gegenübergestellt. Das Weibchen vibrierte und wendete sich ab.
Das Männchen ließ sich nicht beeindrucken und verpaarte sich mit dem Weibchen im Terrarium ca. 5 Minuten lang. Dann trennten sich die Tiere. Am 16.3.87 ging das Weibchen an Legenot ein. Es wurden 2 Eier (12 x 6 mm) gerettet und inkubiert. Normalerweise kann *Rampholeon brevicaudata* 4-6 Eier legen. Leider kam es bei den beiden Eiern nach anfänglicher Volumenzunahme nicht zum Schlupf.

Rhampholeon chapmani Tilbury, 1992

Verbreitung und Lebensraum: Die Art ist bisher nur in den Natundu-Bergen im Süden Malawis gefunden worden. Der Fundort liegt in einem kleinen Restwald auf einer Bergspitze. Das Klima zeichnet sich durch nahezu gleichbleibende Tagestemperaturen von 21-24°C und eine ausgeprägte Regenzeit aus. Wie alle Erdchamäleons ist auch *Rhampholeon chapmani* ein typischer Bewohner immergrüner Wälder. Dort leben sie auf den Blättern der kleinen Baumart *Rinorea ilicifolia*. Die Tiere wurden nur in Höhen von über einem Meter gefunden.
Beschreibung: *Rhampholeon chapmani* ist ein sehr kleines Stummelschwanzchamäleon. Die Männchen erreichen eine maximale Gesamtlänge von 58 mm, die Weibchen von 60 mm. Die Männchen sind leicht an der verdickten Schwanzwurzel zu erkennen. Die Färbung besteht aus braunen und beigen Farbtönen, die die Tiere in ihrem Lebensraum nahezu unsichtbar machen. Sehr auffällig ist der kurze Schwanz, der nur etwas mehr als ein Viertel der Gesamtlänge ausmacht.
Pflege und Zucht: Über die Pflege und Zucht dieser Art ist bisher nichts bekannt.

Rhampholeon kerstenii (PETERS, 1868)

Verbreitung und Lebensraum: *Rhampholeon kerstenii* findet man von Tansania über Kenia bis nach Somalia findet man, oft in den Küstenregionen. Die Tiere leben meist am Boden, wo sie zwischen den Blättern und Ästen kaum auffallen. An den Waldrändern hält sich *Rampholeon kerstenii* anscheinend am liebsten auf. Die

Rhampholeon kerstenii
Foto: W. Schmidt

Nähe des Menschen scheint ihnen nicht unbedingt zu mißfallen, denn es wurden auch Exemplare dieser Art in Siedlungen gefunden.

Beschreibung: Die Tiere haben ein flaches, langgestrecktes Aussehen und erreichen eine Länge von ca. 90 mm. Die normale Färbung ist ein Braunton. Bei Erregung ist die Ausbildung einer Streifenzeichnung möglich. Die Beschuppung mit feinen Körnerschuppen und vergrößerten Tuberkeln sorgt dafür, daß sich die Haut wie Sandpapier anfühlt. Für dieses Stummelschwanzchamäleon ist eine stark vergrößerte Augenbrauenkante typisch.

Pflege und Zucht: Die Pflege und Zucht dieser *Rhampholeon*-Art ist schon über Jahre gelungen. Ein Terrarium der Größe L30 x T30 x H40 cm reicht aus, wenn man die Tiere nur zu Paarungszwecken zusammensetzt. Mit Hilfe der üblichen Lampen muß eine Tagestemperatur von ca. 25°C angestrebt werden. Die Nachtabsenkung auf etwa 20°C hat sich bewährt.

Als Futter kommen *Drosophila*, Stubenfliegen, kleine Grillen und Heimchen usw. in Frage. Ihr Trinkbedürfnis stillen die Tiere beim täglichen Übersprühen der Pflanzen.

Im Terrarium sind die Tiere im allgemeinen gut zu sehen. Soweit man bis jetzt weiß, vergraben die Weibchen nach ca. 50 Tagen bis zu 9 Eier. Wenn diese in feuchtem Vermiculite bei 28°C gezeitigt werden, schlüpfen nach 50-55 Tagen die Jungtiere mit einer Größe von ungefähr 30 mm. Die Aufzucht der Kleinen führt man dann gemäß den Angaben für die Haltung der Alttiere durch.

Rhampholeon marshalli (Boulenger 1906) Marshall's Erdchamäleon

Verbreitung und Lebensraum: Marshall's Erdchamäleon kommt endemisch in Simbabwe und Mozambique vor. Es lebt in den Montanwäldern in Höhen von 1000-1800 Metern. Man unterscheidet die Nominatform *Rhampholeon marshalli marshalli* und *Rhampholeon marshalli gorongosae* von den Gorongoza Mountains in Simbabwe.

Beschreibung: Die Männchen der Nominatform werden nur etwas kleiner als die Weibchen, die eine Gesamtlänge von ca. 110 mm bei einer Kopf-Rumpf-Länge von 50-90 mm erreichen. Hingegen sind die männlichen Tiere der Unterart *Rhampholeon marshalli gorongosae* nur halb so groß wie die Weibchen.

Am Hinterkopf befinden sich große Tuberkelschuppen. Die Männchen haben eine aus dunkelbraunen, grünen oder olivgrünen Tönen zusammengesetzte Färbung. Die Weibchen besitzen ein hellgrünes Farbkleid.

Pflege und Zucht: Bei der Paarung hat man beobachtet, daß die Männchen, wie bei anderen *Rhampholeon*-Arten auch, von den Weibchen auf dem Rücken getragen werden. Im Januar kommt es zur Eiablage. Die 10-18 Eier haben eine Größe von 12-13x8 mm. Ihre Inkubation dauert in der Natur etwa 35-60 Tage (HUMPHREYS, 1990). Die Jungtiere sind direkt nach dem Schlupf sehr aktiv. Sie sind etwa 30-35 mm groß, die Kopf-Rumpflänge liegt bei 20-25 mm. Die Geschlechtsreife wird nach ca. 2 Jahren erreicht.

Rhampholeon spectrum (BUCHHOLZ, 1874)

Verbreitung und Lebensraum: Das Verbreitungsgebiet dieser Art reicht von Ost-Nigeria bis Tansania. Dabei kommen die Chamäleons selbst bis in Höhen von 2400 Metern vor. Es handelt sich um strenge Waldbewohner. Auch diese Art lebt am Boden und klettert bis auf ca. 1 m Höhe ins Geäst.

Beschreibung: Männchen und Weibchen erreichen einer Größe von 90 mm. Ihr Körper erinnert an ein Blatt. Genau wie bei vielen anderen *Rhampholeon*-Arten ist die Färbung braun, braungrau und schwarzbraun. Ein etwas lustiges Aussehen bekommen die Tiere durch ihren kleinen Nasenfortsatz. Die Beschuppung ist heterogen.

Pflege und Zucht: Auch *Rhampholeon spectrum* sollte einzeln gehalten werden, da man sonst doch große und gut bewachsene Terrarien braucht, die wiederum schlecht zu kontrollieren sind. Ein Bekleben der Seitenwände mit Kork ist sinnvoll. Der Boden sollte aus einem Sand-Erde-Gemisch bestehen, dessen Höhe der Größe der Tiere angepaßt wird. Wie bei allen *Rhampholeon*-Arten sollte man nicht darauf verzichten, Laub auf dem Boden auszustreuen. Tägliches Übersprühen des Terrariums ist notwendig. Gute Erfahrungen wurde mit Terrarien der Größe L45xT50xH100 cm gemacht. Obwohl die Tiere sich auch am Boden aufhielten, waren sie oft in den Ästen zu finden. Die Chamäleons verließen sich sehr auf ihre Tarnung, denn sie versteckten sich so gut wie nie. Eine Temperatur von tagsüber 25-28°C und eine Nachtabsenkung auf 20°C oder etwas tiefer bekommt ihnen gut. Die Beleuchtungsdauer sollte etwa 14 Stunden betragen.

Das übliche Kleinfutter (Grillen, *Drosophila*, Fliegen, Wachsmotten und -maden) muß natürlich mit z. B. Korvimin ZVT oder einem ähnlichen Präparat eingestäubt werden. Die Erdchamäleons trinken das Wasser von den Blättern und Ästen.

Genau wie bei „richtigen" Chamäleons kann das Weibchen durch Hin- und Herschaukeln des Körpers zeigen, daß es nicht paarungswillig ist. Das Männchen bricht dann seinen Paarungsversuch ab. Sollte das Weibchen jedoch nicht oder durch sehr langsame Flucht reagieren, so kommt das Männchen unter fortgesetzten Nickbewegungen des Kopfes näher. Dann klettert es auf den Rükken des Weibchens, und die Tiere paaren sich.

Nach rund 40 Tagen werden die 2-5 Eier vergraben. Leider ist die Zeitigung noch nicht geglückt.

Rhampholeon spectrum **ähnelt einem vertrockneten Blatt.** Foto: K. Paysan

13. Literatur

ALTEVOGT, R. & R. ALTEVOGT (1954): Studien zur Kinematik der Chamäleonzunge: – Z. Vergl. Physiol. 36: 66-77.

ANGEL, F. (1942): Les Lézards de Madagascar. – Mémoires de l'Académie Malgache XXXVI., Paris.

ATSATT, S.R. (1953): Storage of sperm in the female Chamaeleon, *Microsaura pumila pumila*. – Copeia: 59.

BARBOUR, T. & A. LOVERIDGE (1928): A Comparative Study of the Herpetological Fauna of the Uluguru and Usambara Mountains, Tanganyika Territory, with Descriptions of New Species. – Memoirs of the Museum of Comparative Zoology, 2: 169-178.

BECH, R. (1982): Zur Haltung und Nachzucht von *Chamaeleo jacksonii* im Terrarium. – AT 29(3): 99-103.

BENZIEN, J. (1954): Einiges über *Chamaeleo fischeri matschiei*. – DATZ VII (11): 295-298.

BLANC, F. (1970a): Contribution a l'étude de la croissance postembryonnaire de *Chamaeleo lateralis* (GRAY, 1831). – Ann. Univ. Madagascar, Tananarive, (Sci) 7: 321-343.

- (1970b): Le cycle reproducteur chez la femelle de *Chamaeleo lateralis* (GRAY 1831). – Ann. Univ. Madagascar Ser. Sci. 7: 345-358.

BLANC, F. & CH. BLANC (1971): Élévage de *Chamaeleo lateralis*. – C.R. Sec. Herp. France, Paris, 1: 30-34.

BNA (1987): Das neue Artenschutzrecht. – BNA-Handbuch, Köln.

BÖHME, W. (1974): Ein seltenes Zwergchamäleon aus Madagaskar. – Salamandra, Frankfurt, 10 (2): 80-82.

– (1982): Ein neues Chamäleon aus Tanzania, mit Bemerkungen über Mimese bei Echsen. – Bonn Zool. Beitr. 33, (2-4): 349-361.

– (1987): Seltene Reptilien aus dem Uzungeve-Gebirge, Süd-Tansania. – herpetofauna, Weinstadt, 9(48): 27-34.

BÖHME, W. & C. Klaver (1981): Zur innerartlichen Gliederung und zur Artgeschichte von *Chamaeleo quadricornis*. – Amphibia-Reptilia 1(3/4): 313-328.

– (1990): Zur Kenntnis von *Bradypodion uthmoelleri* (Müller, 1938). – Salamandra, Bonn 26(4): 260-266.

BOURGAT, R.M. (1968): Comportement de la femelle de *Chamaeleo pardalis* Cuvier, 1829 apres-l'accouplement. – Bull. Soc. zool. Fr. 93: 355-356.

– (1970): Recherches écologiques et biologiques sur le *Chamaeleo pardalis* Cuvier, 1829 de L'ile de la Réunion et de Madagascar. – Bull. Soc. zool. Fr. 95: 259-269.

– (1971): Vie en captivité des chaméléons malgaches. – Aquarana 5: 41-44.

BRANCH, B. (1988): Bill Branch's Field Guide to the Snakes and other Reptiles of Southern Africa. – London, 328 S.

BREUER A. (1994): Zur Haltung und Nachzucht der Zwergchamäleons *Bradypodion damaranum* (Boulenger, 1887) und *Bradypodion pumilum* (Gmelin, 1789). – Sauria, Berlin 16(2): 21-26.

BROADLEY, D.G. (1980): A field study of *Rhampholeon marshalli* on Vumba Mountain, Rhodesia. – Arnoldia Rhod., 8 (34): 1-6.

BRYGOO, E.R. (1971): Reptiles Sauriens Chamaeleonidae. Genre Chamaeleo. – Faune de Madagascar 33: 1-318, Orstom et CNRS, Paris.

– (1974): Wo leben die madagassischen Chamäleons? – Aquarien Magazin, Stuttgart 8(10): 445-447.

– (1978): Reptiles Sauriens Chamaeleonidae. Genre *Brookesia* et complement pour la genre *Chamaeleo*. – Faune de Madagascar 47: 1-173 Orstom et CNRS, Paris.

BURRAGE, B.R. (1973): Comparative ecology and behaviour of *Chamaeleo pumilus pumilus* and *Chamaeleo namaquensis* (Sauria: Chamaeleonidae). – Ann. S. Afr. Mus. 61 : 1-158.

BUSTARD, H.R. (1958): Use of horns by *Chamaeleo jacksonii*. – Br. J. Herpet. Z. 105-107.

COOPER, J.E. & O.F. JACKSON (eds.)(1981): Diseases of the Reptilia, Vol. 1+2. – London, New York, Toronto, Sydney, San Francisco, Academic Press.

DAISS, S. (1978): Haltung und Aufzucht von *Chamaeleo hoehnelii*. – Auar.- und Terrar.-Z. Stuttgart 31: 64-67.

DISCHNER, H. (1958): Zur Wirkungsweise der Zunge bei Chamäleons. – Natur und Volk 9: 320-324.

EASON, P., G. W. FURGUSON & J. HERBRAD (1988): Variation in *Chamaeleo jacksonii*: Description of a new Subspecies. – Copeia, 3: 580-590.

EGGERS, J. (1963): *Chamaeleo basiliscus*: Terrarienaufzucht in zweiter Generation. – DATZ 16: 242-246.

FISCHER. J. V. (1882): Das Chamäleon (*Chamaeleo vulgaris*), sein Fang und Versand, seine Haltung und seine Fortpflanzung in der Gefangenschaft. – Zool. Garten 23: 70-82.

FITZSIMONS, V. F. (1943): The Lizards of South Africa. – Transv. Mus. Mem. 1, XV: 1-528.

FLOWER, S. S. (1925): Contributions to our knowledge of the duration of life in vertebrate animals III: Reptiles. – Proc. Zool. Soc., London 911-981.

FRANCKE, H. (1963 und 1964): Probleme der Haltung und Zucht von Chamäleons. – DATZ 16: 344-346 und 374-377, DATZ 17: 23-25 und 54-56.

FRIEDERICH, U. (1985): Beobachtungen an *Rhampholeon kerstenii kerstenii* im Terrarium. – Salamandra, Bonn, Band 21, Heft 1: 40-45.

FRIEDERICH, U. & W. VOLLAND (1981): Futtertierzuchten. – Verlag Eugen Ulmer, Stuttgart.

FRISCH, O. V. (1962): Zur Biologie des Zwergchamäleons (*Microsaurus pumilus*). – Z. Tierpsychol. 19: 276-289.

FRITZ, J.R. & F. SCHÜTTE (1987): Zur Biologie jeminitischer *Chamaelo calyptratus* (DUMERIL & DUMERIL, 1851), mit einigen Anmerkungen zum systematischen Status. – Salamandra, Bonn 23(1): 17-25.

GLAW, F. & M. VENCES (1992): Amphibians and Reptiles of Madagascar. – Eigenverlag, Köln.
HAUSCHILD A., WALLIKEWITZ E. & KUBKE D. (1993): Faszinierende Pantherchamäleons. – DATZ 46(11): 704-707.
HEINECKE, S. (1989): Reise durch den Kivu. – DATZ, Stuttgart 42(9): 561-564.
– (1993): Ein Chamäleon wird zum Ausländer. – Mitteilungsblatt der AG Chamäleons Nr. 9: 4-5.
HENKEL, F. W. & S. HEINECKE (1993): Chamäleons im Terrarium. – Landbuch Verlag, Hannover.
HENKEL, F. W. & W. SCHMIDT (1991): Geckos. – Eugen Ulmer Verlag, Stuttgart.
– (1995): Farbatlas der Amphibien und Reptilien Madagaskars, der Komoren, der Seychellen und der Maskarenen. – Ulmer Verlag, Stuttgart.
HILLENIUS, D. (1959): The differentiation within the genus *Chamaeleo* LAURENTI, 1768. – Beaufortia 8, (89): 1-92.
– (1963): Comparative cytology: aid and new complications in Chamaeleon taxonomy. – Beaufortia 9, (108): 201-218.
HÖFFLER, F. (1989): Verhaltensphysiologische Untersuchungen zum optischen Sinn von *Chamaeleo pardalis*. – Diplomarbeit, Universität Bielefeld.
HOFMANN, A., L. R. MAXSON & J. W. ARNTZEN (1991): Biochemical evidence pertaining to the taxonomic relationships within the family Chamaeleonidae. – Amphibia-Reptilia 12: 245-265.
HUMPHREYS, C. W. (1990): Observations on the nest excavation, egglaying and the incubation period of Marshall's Dwarf Chamaeleon *Rhampholeon marshalli* BOULENGER, 1906. – The Zimbabwe Science News, 24: 1-3.
IPPEN, R., H.-D. SCHRÖDER & K. ELZE (1985): Handbuch der Zootierkrankheiten, Band 1 Reptilien. – Akademie Verlag, Berlin.
ISENBÜGEL, E. & W. FRANK (1985): Heimtierkrankheiten. – Verlag Eugen Ulmer, Stuttgart.
JOGER, U. (1978): Herpetofaunistik des Senegal. – Bonn. Zool. Ber., 29 (4): 387.
JUSCHKA, M. & P. NEETEN (1994): Ereignisse, die Spaß machen. – Jahresbericht Löbbecke Museum + Aquazoo Düsseldorf, 58-66.
KÄSTLE, W. (1967): Soziale Verhaltensweise von Chamäleons aus der *pumilus-bitaeniatus*-Gruppe. – Z. Tierpsychol., Hamburg 24: 313-341.
– (1972): Echsen im Terrarium. – Franckh'sche Verlagshandlung, Stuttgart.
– (1982): Schwarz vor Zorn, Farbwechsel bei Chamäleons. – Aquarien Magazin, Stuttgart.
KLAVER, C. J. J. (1973): Lung anatomy: aid in chamaeleon taxonomy. – Beaufortia, Amsterdam, 20: 155-177.
– (1981): Chamaeleonidae. *Chamaeleo chamaeleon* (Linnaeus, 1758), Gemeines oder gewöhnliches Chamäleon. – In: Handbuch der Reptilien und Amphibien Europas ed.: W. BÖHME, I: 217-238.
KLAVER, C. J. J. & W. BÖHME (1986): Phylogeny and classification of the Chamaeleonidae (Sauria) with special reference to hemipenis morphology. – Bonn zool. Monogr., 22: 1-64.
– (1988): Systematics of *Bradypodion tenue* (Matschi, 1892)(Sauria: Chamaeleonidae) with a description of a new species from the Uluguru and Uzungwe Mountains, Tansania. – Bonn. zool. Beitrag 39(4): 381-393.
– (1992): The species of the *Chamaeleo cristatus* group from Cameroon and adjacent countries, West Africa. – Bonn. zool. Beitr. 43(3): 433-476.
KLINGELHÖFFER, W. (1957): Terrarienkunde, III. Teil: Echsen. – Stuttgart.
KLUSMEIER, B. (1993): Kurzmitteilung über die Inkubationszeit von Eiern des Teppichchamäleons *Furcifer lateralis* (Gray, 1831). – elaphe (N.F.) 1(4): 8-9.
KRIMSE, W. (1988): Foveal and Ambient Visuomotor Control in Chameleons (Squamata). – Zool. Jb. Physiol. 92: 341-350.
KRINTLER, K. (1977): Nachwuchs bei Helmchamäleons. – DATZ 30: 352-354.
KUIYPERS E. (1993): *Chamaeleo labordi*. – Mitteilungsblatt der AG Chamäleons Nr. 7:3-4.
LEPTIEN, R. (1988): Haltung und Nachzucht von *Furcifer polleni*. – Salamandra, Bonn, Band 24 (2/3): 81-86.
– (1989a): Zur Haltung eines Weibchens von *Chamaeleo ellioti* Gunther, 1895, mit dem Nachweis von Amphigonia retardata. – Salamandra, Bonn 25(1): 21-24.
– (1989b): Erläuterungen zu einigen Grundsatzfragen in der Chamäleonhaltung. – Sauria, Berlin 11(4): 3-8.
– (1991): Haltung und Nachzucht von *Rhampholeon kerstenii*. – Salamandra, Bonn 27 (1/2): 70-75.
LIN, J. & C.E. NELSON (1957): Comparative Reproductive Biology of Two Sympatric Tropical Lizards. – Amph.-Rep. 3/4: 287-311.
LIPPE R. (1993): Erfahrungen mit dem Augenbrauen-Chamäleon. – Das Aquarium 27(9): 37-38.
LOVERIDGE, A. (1956): A new Subgenus of *Chamaeleo* from Rhodesia and new race of *Mabuya* from Kenya colony. – Breviora, Mus. o. Comp. Zool., Cambr. Mass., 59: 1-4
– (1957): Check list of the Reptiles and Amphibians of East Africa. – Bulletin of the Museum of Comparative Zoology, Cambridge, 153-360.
MATZ, G. & M. VANDERHAEGE (1980): BLV Terrarienführer. – BLV-Verlagsgesellschaft, München, Wien, Zürich.
MEERMANN, J. & T. BOOSOMSNA (1987): Beobachtungen an *Chamaeleo calyptratus*. – Salamandra, Bonn, 23(1): 10-16.
MEIER, M. (1979): Eine ehrliche Haut. – Geo, Hamburg: 32-48.
MERTENS, R. (1938): Herpetologische Ergebnisse einer Reise nach Kamerun. – Abh. Senckenb. naturf. Ges., Frankfurt, 442: 1-52.
– (1946): Die Warn- und Drohreaktion der Reptilien. – Abh. Senckenb. naturforsch. Ges., Frankfurt, 471: 1-108.
– (1951): *Brookesia stumpffi*, ein madagassisches Zwergcha-

mäleon, in Gefangenschaft. – DATZ 4: 329-330.

– (1964): Die Reptilien von Fernando Póo. – Bonner Zool. Beiträge 15(3/4): 211-238.

– (1966): Chamaeleonidae. – Das Tierreich 83: 1-37.

– (1968): Zur Kenntnis der Herpetofauna von Kamerun und Fernando Póo. – Bonner Zool. Beiträge (1/2): 69-84.

MOODY, S. & Z. ROCEK (1980): *Chamaeleo caroliquarti* (Chamaeleonidae: Sauria): a new species from the lower Miocene of Central Europe. – Vest. ustred. geol., Praha, 55(2): 85-92.

NECAS, P. (1991): Bemerkungen über *Chamaeleo c. calyptratus*. – herpetofauna, Weinstadt 13: 6-10.

– (1993): Expedition „Ethiopia 92" aus der Sicht der „Chamäleontologie". – Mitteilungsblatt der AG Chamäleons Nr. 9: 6-7.

– (1995): Chamäleons, bunte Juwelen der Natur. – Edition Chimaira, Frankfurt.

NIETZKE, G. (1978): Die Terrarientiere 1 und 2. – Verlag Eugen Ulmer, Stuttgart.

OESER, R. (1961) Chamäleonpflege I-III. – DATZ 14: 53-56, 91-94 und 116-117.

PAASCH J. (1994): Vierhornchamäleons (*Chamaeleo quadricornis*) erstmals nachgezüchtet. – DATZ, Stuttgart 47(8): 493-495.

PARCHER, S. R. (1974): Observations of the natural histories of six Malagasy Chamaeleontidae. – Z. Tierpsychol. 34: 500-523.

PETZOLD H. G. (1973): Das Geheimnis der Chamäleonzunge. -Forschende Kamera, Urania 49 (11): 14-16.

– (1982): Aufgaben und Probleme bei der Erforschung der Lebensäußerungen der Niederen Ammionten (Reptilien). – Berliner Tierpark Buch Nr. 38, Nachdruck aus Milu Bd. 5 (4/5): 485-786.

PODLOUCKY, R. (1987): Das neue Artenschutzrecht und seine Folgen für die Amphibien- und Reptilienhaltung. – herpetofauna, Weinstadt 9(50): 9-16.

RAVET, J. (1948): Atlas climatographique de Madagascar. – Publ. Serv. météorologique Madagascar, Antananarivo, 10: 1-96.

RAW L. (1976): A survey of the Dwarf Chamaeleons of Natal, South Africa, with Description of three new Species. – Durban Museum 11(7): 139-161.

– (1978): A further new Dwarf Chameleon from Natal, South Africa. – Durban Museum 11(15): 266-269.

RÖSTEL, G. S. (1987): Legenot bei einer *Lacerta lepida* und einem *Chamaeleo chamaeleon*. – Eine Methode zum Austreiben von Resteiern. – Salamandra, Bonn, 23(2/3): 179-180.

SCHIFTER, H. (1965): Erfahrungen mit einem Pantherchamäleon. -Zool. Garten 30 (3/4): 179-181.

– (1971): Familie Chamäleons. – In: Grzimeks Tierleben, Bd. VI: 229-245.

SCHLEICH, H. H., & W. KÄSTLE (1979): Hautstrukturen als Kletteranpassungen bei *Chamaeleo* und *Cophotes*. – Salamandra, Frankfurt 15(2): 95-100.

SCHMIDT, W. (1984): Springschwanzzuchten. – Der kleine Tip, Sauria 6 (3): 11.

– (1985): *Chamaeleo lateralis*. – Beilage zur Sauria, Amph/ Rept.-Kartei, Berlin W. 7(4): 41-42.

– (1986a): *Brookesia stumpffi*. – Beilage zur Sauria, Amph./ Rept.-Kartei, Berlin W. 8(2): 41-42.

– (1986b): Über die Haltung und Zucht von *Chamaeleo lateralis* (GRAY, 1831). – Salamandra, Bonn 22(2/3): 105-112.

– (1987): Bemerkungen über das Pantherchamäleon. – herpetofauna, Weinstadt 9(47): 21-24.

-(1988): Zeitigungsversuche mit Eiern des madagassischen Chamäleons *Furcifer lateralis* (GRAY, 1831). – Salamandra, Bonn 24(2/3): 182-183.

-(1990): Anmerkungen zur Pflege von Chamäleons. – DATZ, Stuttgart 43: 268-272.

– (1991): Ein buntes Zwergchamäleon aus Südafrika, *Bradypodion pumilum*. – DATZ, Stuttgart, 44: 778-783.

– (1992): Über die erstmalige gelungene Nachzucht von *Furcifer campani* (GRANDIDIER, 1872), sowie eine Zusammenstellung einiger Eizeitigungsdaten von verschiedenen Chamäleon-Arten in Tabellenform. – Sauria, Berlin 14(3): 21-23.

– (1993a): Freiland- und Haltungsbeobachtungen an der Chamäleon-Art *Calúmma parsonii* (CUVIER, 1824). – Salamandra, Bonn, 27(4): 195-201.

– (1993b): Über Versuche mit Umwegaufgaben bei Chamäleons, *Bradypodion pumilum*. – Salamandra, Bonn 27(4): 270-274.

– (1994a): Gedanken zur Problematik bei der Aufzucht von Nachzuchten verschiedener Chamäleon-Arten. – Sauria, Berlin 16(2): 35-38.

– (1994b): *Bradypodion pumilum*. – Beilage zur Sauria, Amph./Rept.-Kartei, Berlin.

SCHMIDT, W. & A. BREUER (1995): Über die südafrikanischen Zwergchamäleons der Gattung *Bradypodion*. – DATZ, Stuttgart.

SCHMIDT, W., F. W. HENKEL & W. BÖHME (1989): Zur Haltung und Fortpflanzungsbiologie von *Brookesia stumpffi* (Boettger, 1894). – Salamandra, Bonn Band 25 (1): 14-20.

SCHMIDT, W. & K. TAMM (1987): Nachzucht vom Teppichchamäleon. – DATZ, Stuttgart 40(12): 561-563.

– (1988a): Nachtrag zu Bemerkungen über das Pantherchamäleon. – herpetofauna, Weinstadt 10 (52): 11.

– (1988b): *Furcifer pardalis*. – Beilage zur Sauria, Amph./ Rept.-Kartei, Berlin W. 10(1): 101-104.

SCHMIDT, W. & H. SIMON (1988a): Die kleinste bekannte Chamäleonart der Welt, *Brookesia minima*. – DATZ, Stuttgart 41(5): 90.

– (1988b): *Brookesia minima*. – Beilage zur Sauria, Amph./ Rept.-Kartei, Berlin W. 10(4): 121-124.

SCHUSTER, M. (1979): Experimentelle Untersuchungen zum Beutefang-, Kampf- und Fortpflanzungsverhalten von *Chamaeleo jacksonii*. – Dissertation Universität Münster.

– (1984): Zum fortpflanzungsbiologischen Verhalten von *Chamaeleo jacksonii*, Boulenger, 1896. – Salamandra, Bonn, 20(2/3): 88-100.

SCHUSTER, D. & M. SCHUSTER (1980): Haltung und Zucht von *Chamäleon jacksonii* bis zur zweiten Generation. – Zool. Garten N.F. Leipzig, 50: 49-51.

SCHWENK, K. (1985): Occurence, Distribution und Functional Significance of Taste Buds in Lizards. – Copeia 1: 91-101.

SIEBENROCK, F. (1893): Das Skelett von *Brookesia superciliaris*, KUHL. – Sber. Akad. Wiss., Wien 102: 71-118.

STETTLER, P. H. (1973): Handbuch der Terrarienkunde. – Kosmos Verlag Stuttgart.

TAMM, K., V. MÜLLER & W. SCHMIDT (1988): Haltung und Zucht von *Furcifer cephalolepis*. – herpetofauna, Weinstadt, 10(57): 11-14.

TIEDEMANN, U. & M. TIEDEMANN (1992): *Chamaeleo calyptratus* – Jemen Chamäleon. – Mitteilungsblatt der AG Chamäleons Nr. 5: 3-4.

TILBURY, C. R.: A new species of *Chamaeleo* LAURENTI, 1768 (Reptilia: Chamaeleonidae) from a relict montane forest in northern Kenya. – Tropical Zoology, 4: 159-165.

TRÖGER, M. (1993): Nachzucht von *Bradypodion fischeri tavetanus*. – Mitteilungsblatt der AG Chamäleons Nr. 9: 5.

UETZ, P. (1983): Bemerkungen zur Inkubation von *Chamaeleo laevigatus* unter künstlichen Bedingungen. – herpetofauna, Weinstadt, 5 (22): 26-27.

WAGER, V. A. (1981): The Life of Chamaeleons. – A Wildlife Handbook.

WALLIKEWITZ E. (1991): Bemerkungen zur Problematik der Eizeitigung bei *Bradypodion fischeri* (REICHENAU, 1895). – Mitteilungsblatt der AG Chamäleons Nr. 4: 5-7.

– (1993): Chamäleonliteratur. – Mitteilungsblatt der AG Chamäleons Nr. 9: 10-15.

WALLIKEWITZ E. & A. WALLIKEWITZ (1992): Einige Beobachtungen zur Haltung und Nachzucht und zum Verhalten von *Chamaeleo montium* (BUCHHOLZ, 1874). – herpetofauna, Weinstadt, 14(81): 6-10.

WERNER, F. (1902): Prodromus einer Monographie der Chamäleonten. – Zool. Jb. Syst. 15: 295-460.

– (1911): Chamaeleontidae. – Das Tierreich 27: 1-52.

– (1912): Das Bodenbewohnen des Chamäleons. – Bl. Aquar. Terrarienk. 40: 7-9.

WITTE, G. Fr. (1965): Les Chaméleons de l'Afrique Central. – Mus. R. Afr. Centr., Tervuren, Belg. Ann. Ser. 8° Sci. Zool. 142: 215.

ZIMMERMANN, E. (1976): Nach Spanien – der Chamäleons wegen. Bericht über eine ökologische Untersuchung. Aquarien Magazin, Stuttgart, 10: 398-406.

– (1983): Das Züchten von Terrarientieren. – Kosmos Verlag, Stuttgart.

14. Fachwortregister

adult:	Ausgewachsen, geschlechtsreif
Akinese:	Totstell-Verhalten, ein Zustand der Unbeweglichkeit
akzessorisch:	Ergänzend
Apathie:	Teilnahmslosigkeit als Ausdruck einer Erkrankung
binokular:	räumliches (Sehen mit beiden Augen)
Endolymph-Säcke:	Statisches Organ
Geschlechtsdimorphismus:	Geschlechtsunterschied
Habitat:	Lebensraum
Hemipenis:	Kopulationsorgan bei Echsen
Holotypus:	Tier nachdem die Erstbeschreibung einer Art erfolgt ist
Inkubation:	Zeitigung
Keratin:	Eiweißverbindung, schuppenbildender Hornstoff
Kopulation:	Paarung
lateral:	Seitlich
Mimese:	Schutzanpassung mittels Färbung, Gestalt und Verhalten
Morphologie:	Studium des Baues von Organismen
Occipitallappen:	Hinterkopflappen
Population:	Tiere einer Art, die ein bestimmtes Areal bewohnen
präorbital:	Auf der Stirn gelegen
Receptacula seminis:	Gewebestruktur im Eileiter, die zum Aufbewahren von lebenden Spermien dient
rostral:	Auf der Nase gelegen
Tuberkelschuppen:	Spezielle Form von Höckerschuppen
Zeitigungsdauer:	Die Entwicklungsdauer des Eis von der Eiablage bis zum Schlupf

15. Artenregister

Basiliskenchamäleon 79
Bergchamäleon 104
Bradypodion 47
Bradypodion carpenteri 47
Bradypodion damaranum 48
Bradypodion dracomontanum 49
Bradypodion fischeri 50
Bradypodion gutturale 52
Bradypodion karroicum 52
Bradypodion melanocephalum .. 53
Bradypodion nemorale 54
Bradypodion pumilum 55
Bradypodion setaroi 56
Bradypodion tavetanum 58
Bradypodion tenue 59
Bradypodion thamnobates 59
Bradypodion transvaalense 60
Bradypodion uthmoelleri 62
Bradypodion ventrale occidentale 62
Bradypodion xenorhinum 63
Brookesia 137
Brookesia betschi 137
Brookesia bonsi 137
Brookesia decaryi 138
Brookesia ebenaui 139
Brookesia griveaudi 140
Brookesia legendrei 140
Brookesia minima 141
Brookesia nasus 143
Brookesia perarmata 143
Brookesia peyrierasi 144
Brookesia ramanantsoai 145
Brookesia stumpffi 146
Brookesia superciliaris 148
Brookesia therezieni 149
Brookesia thieli 149
Brookesia tuberculata 150
Brookesia vadoni 151
Buntes Zwergchamäleon 55
Calumma 65
Calumma boettgeri 65
Calumma brevicornis 66
Calumma cucullatus 67
Calumma furcifer 68
Calumma gallus 68
Calumma gastrotaenia 68
Calumma globifer 69
Calumma hilleniusi 70
Calumma malthe 70
Calumma nasuta 72
Calumma oshaughnessyi 73
Calumma parsonii 75
Calumma tigris *78*
Chamaeleo *78*
Chamaeleo affinis 78
Chamaeleo africanus 79
Chamaeleo bitaeniatus 80
Chamaeleo calyptratus 81
Chamaeleo chamaeleon 82
Chamaeleo cristatus 85
Chamaeleo deremensis 86
Chamaeleo dilepis 87
Chamaeleo eisentrauti 88
Chamaeleo ellioti 89
Chamaeleo feae 90
Chamaeleo gracilis 91
Chamaeleo harennae 92
Chamaeleo hoehnelii 92
Chamaeleo jacksonii 94
Chamaeleo johnstoni 98
Chamaeleo laevigatus 102
Chamaeleo laterispinis 102
Chamaeleo marsabitensis 103
Chamaeleo melleri 103
Chamaeleo montium 104
Chamaeleo namaquensis 106
Chamaeleo oweni 107
Chamaeleo pfefferi 108
Chamaeleo quadricornis 108
Chamaeleo quilensis 109
Chamaeleo roperi 111
Chamaeleo senegalensis 111
Chamaeleo tempeli 113
Chamaeleo werneri 113
Chamaeleo wiedersheimi 115
Chamaeleo zeylanicus 116
Dreihornchamäleon 94
Erdchamäleons 137
Europäisches Chamäleon 82
Fersensporn-Chamäleon 91
Furcifer 117
Furcifer antimena 117
Furcifer balteatus 118
Furcifer belalandaensis 119
Furcifer bifidus 120
Furcifer campani 121
Furcifer cephalolepis 122
Furcifer labordi 123
Furcifer lateralis 125
Furcifer minor 127
Furcifer oustaleti 128
Furcifer pardalis 129
Furcifer petteri 134
Furcifer polleni 135
Furcifer verrucosus 135
Furcifer willsi 136
Gewöhnliches Chamäleon 82
Helmchamäleon 92
Jemen-Chamäleon 81
Kamm-Chamäleon 85
Lappenchamäleon 87
Marshall´s Erdchamäleon 154
Pantherchamäleon 129
Rhampholeon 152
Rhampholeon boulengeri 152
Rhampholeon brevicaudata 152
Rhampholeon chapmani 153
Rhampholeon kerstenii 153
Rhampholeon marshalli 154
Rhampholeon spectrum 154
Seitenstachel-Chamäleon 102
Seitenstreifenchamäleon 80
Stummelschwanzchamäleons 137
Südafrik: Lappenchamäleon 109
Teppichchamäleon 125
Vierhornchamäleon 108
Wüsten-Zwergchamäleon 62
Wüstenchamäleon 106
Zwergchamäleons 47